Reihe Bergabenteuer

ALBERT PRECHT

Tausendundein Weg

AS Verlag

Für Herta

Du hast geweint, wenn ich mich selbst beweinte
Du warst bei mir, wenn ich mich nicht mehr fand
Du warst es, die das Ungereimte
In mir so oft zu einem Vers verband.

Konstantin Wecker

Bildnachweis:
Sigi Brachmayer: S. 204 (2)
Josef Mayer: S. 201
Hans Neumayer: S. 208 (2)
Oswald Oelz: Umschlagvorderseite links,
Umschlagrückseite rechts, S. 6, 205
Alle anderen Abbildungen stammen
aus dem Bildarchiv des Autors.

www.as-verlag.ch

Gestaltung: www.vonarxgrafik.ch,
Heinz von Arx, Urs Bolz, Zürich
Lektorat: Karin Steinbach Tarnutzer, Zürich
Druckvorstufe/Fotolithos: Matthias Weber, Zürich
Farblithos: Photolitho AG, Gossau (Zürich)
Druck und Einband: Ebner & Spiegel GmbH, Ulm
ISBN 3-905111-97-7

Inhalt

Die unendliche Leichtigkeit des Kletterns

Oswald Oelz

Die Schlüsselstelle der Route «Bulle 60» in der Südwand des Jebel Rum in Jordanien (6c).

Albert spreizt sich 35 Meter über unserem Standplatz einen weit überhängenden Riss nach oben, das Seil hängt frei durch, nach 20 Metern – Schwierigkeitsgrad V+, versicherte er Sigi Brachmayer und mir mit Augenzwinkern – misslang der wenig entschlossene Versuch, einen Klemmkeil zu legen, und so kletterte Albert eben weiter. «Wenn ich allein gehe, darf ich auch nicht stürzen», meinte er und summte dann einmal mehr die Melodie des Gefangenenchors aus «Nabucco». Wir sind in den letzten 100 Metern einer neuen Route am Jebel Misht im Oman, zwei Friends in einem offenen Riss versuchen mir Sicherheit zu suggerieren, Sigi bedient locker das Seil, und ich schaue zu. «Madness on sight», so haben die Engländer, auch sie wahrlich keine Hasenfüße, Alberts und Sigis Erstbegehungsstil genannt. Dies flasht mir durch den Kopf, als ich sehe, wie Alberts rechter Fuß im Sand des Risses rutscht – schnell nachtreten, der mit Sicherheit horrible, potenziell erst nach 500 Metern endende Sturz ist verhindert. «Mei, jetzt bin i g'rutscht», ist der einzige Kommentar.

Klettern mit Albert bedeutet – wenn einmal die Adrenalingewöhnung eingetreten ist – die Apotheose, also die Perfektion oder Vergöttlichung der Leichtigkeit des Kletterns. Eine Linie dort zu ziehen, wo scheinbar keine Möglichkeit ist, zuschauen beim Hinauftanzen, Reduktion nur auf die Bewegung und den Kontakt mit dem Fels und dann beim Nachsteigen die Erfahrung der eigenen, nicht so gänzlichen Leichtigkeit. Als wir uns vor 26 Jahren am Makalu kennen lernten, war Alberts Sein noch nicht so leicht. Die Erfahrung der Langsamkeit in der Höhe, seine Mühe mit der Akklimatisation und die ständigen Kopfschmerzen machten den kleinen, schmächtigen Eisenbahner, der aus selbstverlorener Sinnlosigkeit, Armut und unglücklichen privaten Verhältnissen ausgebrochen war, zum Mitläufer einer heterogenen Mannschaft. Wir trafen uns im Schneesturm des Basislagers und verloren uns aus den Augen.

Nach den Frustrationen der Makalu-Südwand erinnerte sich Albert seiner wahren Berufung und setzte seine Sammlung kühner neuer Felsrouten fort, so wie andere Leute Briefmarken sammeln. Das Raunen der Szene über die beispiellose Kühnheit mancher dieser Anstiege drang gelegentlich bis zu mir, ebenso die Zusammenstöße der Protagonisten des bohrhakenfreien, sauberen Stils und der Eroberer mit dem Hilti-Bohrhammer. Nach der Nachtschicht in der Eisenbahn ein Glas Wein zum Frühstück und Kaffee, dann eine ganz große Erstbegehung und am Abend wieder Rangieren, das war sein

Rhythmus jener Zeit. Die Möglichkeiten des Freikletterns wurden mit fundamentalistischer Kletterethik ausgelotet und erweitert. Jahrzehntelang war Precht in der vordersten Linie, wie auch das spätere Urteil über die Erstbegehung einer neuen Direktroute am Heiligkreuzkofel im Jahre 1983 zeigt. 19 Jahre später machte nämlich Hanspeter Eisendle, einer der führenden Alpinkletterer der Dolomitenszene, eine «frühe» (!) Wiederholung und meinte, so etwas hätte er sich in jenen Jahren nicht zugetraut und sich auch nicht vorgestellt, dass damals schon in diesem Schwierigkeitsgrad und mit so spärlicher Absicherung geklettert wurde.

Schließlich aber forderte die permanente Überbelastung doch ihren Tribut, eine vorübergehende zerebrale Lähmung und ein runder Rücken wegen ruinierter Bandscheiben erzwangen den Verzicht auf die Berufsausübung. Man erwartete Resignation oder zumindest Kürzertreten. Doch als psychische wie auch physische Therapie folgten Alberts Jahre im Wadi Rum in Jordanien mit über hundert Neutouren von bis zu 32 Seillängen und mit weiterhin spartanischer Absicherung. Precht-Touren an den Sandsteintürmen waren und sind berühmt, wurden und werden aber wegen der hohen klettertechnischen und moralischen Ansprüche kaum wiederholt. Im entsprechenden Guidebook schreibt Tony Howard, die Routen seien kompromisslos und die Abstiege «frightening», also erschreckend. Hier war es, wo ich ihn wieder traf, zunächst geistig, dann telefonisch und schließlich im Fels.

Und jetzt sind wir wieder zusammen und klettern im Oman in einer großen Wand. Albert lacht nach 50 Metern laut hinaus und fordert mich auf nachzukommen. Er ist mit Leichtigkeit und Lust geklettert, hat noch die Schlussüberhänge durchstiegen, und als ich nachsteige, merke ich, dass V+ einfach mein Ende der Schwierigkeitsskala bedeutet. Dies ist vielleicht seine 900. Erstbegehung, er weigert sich neuerdings, seine Neutouren zu zählen und zu nummerieren, früher gab es noch die 500, die 601 und wahrscheinlich noch die 700. Heute klettert er ausschließlich aus Lust und Freude und nicht für Rekorde – und strahlt diese Zufriedenheit und erfüllte Lust mit freundlichem Wohlwollen aus. So waren wir am letzten Tag eines anderen Oman-Aufenthaltes zunächst eine schöne Kante erstmals geklettert, saßen um 2 Uhr nachmittags zufrieden am Gipfel, und für Sigi und mich war der erfüllte Tag eigentlich gelaufen. Albert teilte uns mit, er wolle noch ein bisschen klettern, verließ uns und stieg über eine unbekannte Wand 400 Meter in die Tiefe. Auf der anderen Seite des Berges eröffnete er anschließend noch in eineinhalb oder zwei Stunden eine 500-Meter-Route, um wenig später zufrieden lachend – «Mei, ich hob' des Kletterfieber» – bei unseren Zelten aufzutauchen und sofort mit dem engagierten Kochen fürs Abendessen zu beginnen.

Kletterfieber erfasst ihn in regelmäßigen Zyklen, Kreativität, Phantasie und antizyklisches Reflektieren machen diese Karriere aus. Dabei ist der Mann empfindsam, er weiß, dass Leben Verlust ist, der Verlust der Mutter, der Kuh «Butter», des Hundes «Bergmann», des ersten Kletterfreundes und viele weitere Verluste. Dazu kommen die Tiefschläge im Privatleben und die Angriffe der neidvollen Konkurrenten. Wie für A. F. Mummery war und ist dann das Klettern in den Bergen der Trost und die Therapie, die alle Unbill des Lebens ertragen lässt.

Auf dem Gipfel reden wir über Bohrhaken. Ich hätte gern zwei davon an den kritischen Ständen gehabt, Albert meint, dann hätte das Abenteuer seinen Reiz verloren, die ganz kleine Ungewissheit, ob wir das Ende des Tages erleben würden, wäre ausgeschaltet gewesen. Und das ist so. Wir erlebten ein wirkliches Abenteuer, das nur dann möglich ist, wenn auch das Risiko des Scheiterns darin enthalten ist. «Abenteuer ist, wenn man wünscht, dass es vorbei ist», sagt auch unser Freund Hanspeter Eisendle. Die entstehende Angst ist die Würze des Abenteuers und macht unser sinnloses Tun sexy. Angst ist ein unabdingbarer Bestandteil des ernsthaften Bergsteigens und des wirklichen Abenteuers, und die Überwindung dieser Angst ist eine Droge, die süchtig macht – und nach der Albert Precht besonders süchtig ist. Zudem hat sie ihm das Überleben ermöglicht, da sie im kritischen Fall die Mobilisation der letzten Reserven ermöglicht, er ihr manchmal auch nachgegeben und verzichtet hat. Trotzdem wurde der fundamentalistische Bohrhakengegner zum Sanierer eines Teils seiner Routen: Plötzlich hatte ihn die Angst um den Sohn und seine Freunde eingeholt, der Absturz von Seilschaften, die seine Routen nicht klettern konnten, bedrückt. Glücklicherweise gibt es noch Fundamentalisten, die ihre Positionen auch anpassen können. Unverzichtbar ist die Freiheit, zu tun, wozu wir Lust haben.

Nun hat sich der Kreis geschlossen. Albert hat sein Schneckenhaus zur Schatzhöhle ausgebaut, wie Onkel Dagobert kann er hier in seinen Schätzen wühlen. Die Edelsteine seiner Anstiege sind in Skizzen gefasst, sie finden sich in monumentalen, in Schweinsleder gebundenen Tourenbüchern, und sie werden nicht mehr gezählt.

Und nun, in diesem Buch, lässt uns Albert in seine Schatzkammer. Wir dürfen die «Gloria Patri» klettern, die gnadenlose Ausgesetztheit der haltlosen Sandsteinplatten im jordanischen Wadi Rum erleben und in der Route «Geschenk Gottes» fast erfrieren. Der Sand der Jebel-Barrha-Westwand rieselt in unsere Haare, und manchmal trennen uns nur wenige Sandkörner vom Absturz. Dann wieder dürfen wir für einmal an einem soliden Bohrhaken Stand machen und entspannen, bevor wir uns wieder hinaus in die Platten mit den winzigen Rauigkeiten tasten.

Der Bergbauernhof «Edt» am Buchberg.

BERGBAUERNBUB

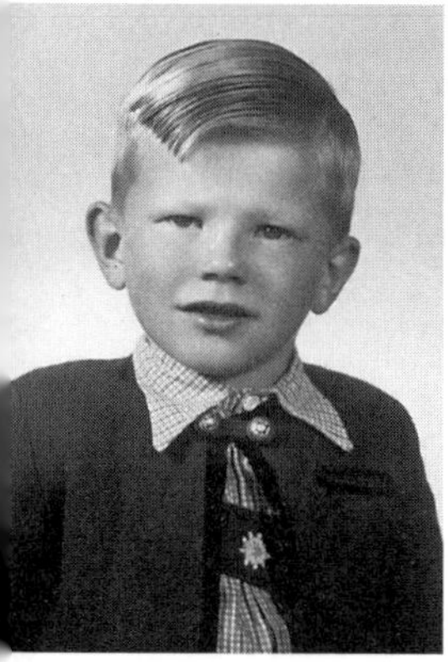

Schon in frühen Kinderjahren war ich von einem Freiheitsdrang getrieben.

Jener Bauernbub, der nach dem Krieg während des Wirtschaftsaufschwungs aufwuchs und mit ansehen musste, wie sich scheinbar jedermann alles kaufen und sich den Bauch voll schlagen konnte, schien davon ausgeschlossen. Zu dieser Zeit hatte der Bauernstand allgemein viel von seiner Bedeutung verloren, und erst recht die Bergbauern wurden als die letzten Hinterwäldler angesehen. Feldarbeit, Stallausmisten mit dem damit einhergehenden Gestank und andere bäuerliche Schwerarbeit hatten Priorität vor der Schule und den Schulaufgaben. Da nahm er gern den langen und beschwerlichen Schulweg und all die anderen Unannehmlichkeiten auf sich, um dem bäuerlichen Joch zu entfliehen.

Diese «Unannehmlichkeiten» wurden meist von den so genannten «Marktlern» verursacht, den Kindern der Marktgemeinde, die nicht selbst Gestricktes oder gar Gestopftes tragen mussten. Deren Kleidung nicht nach Stall roch und die in der Pause nicht wie er selbst gebackenes Schwarzbrot mit harter Rinde und ranziger Butter essen mussten. Von jenen Kindern, denen Semmeln und Weißbrot und Wurstaufschnitt selbstverständlich waren und deren größte Freude darin bestand, den Bergbauernbuben, der von all diesen Dingen nur träumen konnte, zu erniedrigen und zu verspotten.

Sein Zuhause war damals einer der höchstgelegenen Kleinbauernhöfe in Bischofshofen im Salzburger Land. In über 900 Meter Seehöhe gelegen, war das Gehöft am Buchberg nur über einen steilen Karrenweg zu erreichen. Die Gebäude beschränkten sich auf ein aus Holz gezimmertes Wohnhaus und ein etwas größeres Wirtschaftsgebäude mit einem Stall für ein paar Kühe, etliche Schweine und Schafe sowie mehrere Hühner. Im Obergeschoss, in der Tenne, wurden Getreide, Stroh und Heu gelagert, auch sonstiger Wintervorrat für Mensch und Tier. Die steil von einem runden Bergrücken abfallenden Felder waren nur unter mühsamer körperlicher Anstrengung zu bearbeiten.

Die Lage dieses Bergbauernhofes allerdings kann als großartig bezeichnet werden, war er doch von traumhaften Bergen umgeben. Im Westen leuchteten Hochkönig und Hagengebirge in der morgendlichen Sonne, im Norden zogen die steil abfallenden Wände des Tennengebirges die Blicke auf sich, und es brauchte nur eine ganz kurze Wanderung durch ein Wäldchen, dann entfaltete sich im Osten der Gosaukamm mit dem Dachstein zu einem breiten, einmaligen Panorama.

Vater war früher Eisenbahner, musste aber lange vor meiner Geburt wegen eines schlimmen Arbeitsunfalls aus dem Dienst scheiden. Schwer von diesem Unfall gezeichnet, peinigten ihn von da an sein Leben lang Kopfschmerzen, Schwerhörigkeit und Schwermut. Erst ein Hörapparat führte eine Linderung

Vater bei der Kaffeejause.

herbei. Im Gegensatz zur Mutter, die mit Leib und Seele Bäuerin war, konnte Vater dem Bauerndasein wenig Freude und Liebe abgewinnen. Außerdem war er als bekennender Sozialdemokrat ein Exot unter all den politisch anders gesinnten Bauern, was die Entscheidung noch schwieriger machte.

Mutter stammte aus einer großen Bauernfamilie und konnte sich die Zukunft auch nur als Bäuerin vorstellen. Als am Buchberg ein völlig heruntergewirtschafteter Bauernhof zum Kauf frei wurde, erfüllte sich ihr Traum vom eigenen Reich, dessen Umsetzung jedoch einiger Überzeugungskraft gegenüber dem Vater bedurfte.

Die Beziehung zwischen Eltern und Kindern in jenen Zeiten und unter jenen Umständen kann mit heutigen Verhältnissen nicht mehr verglichen werden. Hinzu kam noch die Kargheit des Bergbauerndaseins, die Gefühle und Zärtlichkeiten in den Hintergrund drängte und einer gewissen Verhärtung Vorschub leistete.

Oft half ich Vater, Fuhrwerke auf großen, eisenbeschlagenen Holzrädern mit der an der Deichsel vorgespannten Kuh heimzubringen. Meistens war die Last der Kuh viel zu schwer. Sie wurde störrisch, und Vater ärgerte sich und schimpfte laut vor sich hin, bis die schweißtreibende Fuhre endlich an Ort und Stelle war.

Die Arbeiten gemeinsam mit Vater waren eher mühselig und immer seinem tadelnden «Stell dich nicht so dumm an»-Blick ausgesetzt. Am meisten gescholten wurde beim Pflügen der Äcker: zwei Kühe im Gespann und ein Bauernbub, der alles lieber getan hätte, als seinen Schweiß auf den Boden

Mutter war mit Leib und Seele Bäuerin.

tropfen zu sehen. Eine Menge Kraft von Mensch und Kuh musste aufgeopfert werden, bis der Acker zum Bestellen bereit war, die goldenen Getreidefelder in der Sommersonne leuchteten und wieder reif zum Abschneiden wurden. Bis das Brot, das Mutter im Backofen backte, wohlriechend ins Haus gebracht wurde, war es allerdings noch ein langer, mühseliger Arbeitsweg.

Auf unserem Bauernhof wurde in meiner Kindheit noch alles selbst erzeugt; Selbstversorger eben. Weil alle zusammenhalfen und Vaters kleine Rente dazukam, konnte uns das Bergbauernleben gerade ernähren, doch erzielten wir weder Erträge noch Ersparnisse. Das Erarbeitete reichte zum Existieren. Man erwartete keinen Luxus und erhob auch keinen Anspruch darauf. Außerdem hätte die angeborene Bescheidenheit der Eltern Luxus auf der Stelle mit schlechtem Gewissen bestraft.

In den Taufurkunden meiner Geschwister standen die Namen Anna, Maria, Johann, Barbara und Elfriede. Doch in unserer bäuerlichen Ausdrucksweise wurde aus der Anna die Anni, zur Maria wurde Maridi gesagt, der Johann wurde Hons gerufen, während aus Barbara Wettl wurde und aus Elfriede eine Frieda. Ähnlich hießen auch Pferde und unsere Kühe. Nur mein Name wurde – unerklärlicherweise – nie verfälscht. Mein einziger Bruder ging zur Hauptschule, und meine älteste Schwester war schon fast sechzehn, als ich im Sommer 1947 das Licht der Welt erblickte. Mutter war nicht mehr die Jüngste – vielleicht legte das damals die Vermutung nahe, dass aus diesem «späten Sprössling» nicht mehr viel werden könne.

Bei so vielen Kindern nützt sich bis zum Jüngsten jede Erziehungsideologie ab, und ich durfte mit einigen positiven Erscheinungen von diesem Bonus profitieren. Vater hatte mich auch immer vor den Ruten geschützt, die mir meine Schwestern – vor allem die um sechs Jahre ältere Frieda – in die Fenster stellten. Und wenn jemand in der Familie eine sich einschleichende Verwöhnung genießen durfte, war das wohl ich gewesen.

Heute noch mit Schaudern erfüllt mich die kinderfeindliche Beterei von mühseligen Rosenkränzen, deren Sinn erst gar nicht in Frage gestellt wurde. Mutter war von ihrer Erziehung her erzkatholisch, auf der anderen Seite aber auch, wie viele andere in dieser Zeit, immer noch von heidnischen Bräuchen beeinflusst, wenn nicht sogar mit einer Menge Aberglauben beladen. Lag das Messer mit der Schneide nach oben, kam noch Besuch; sang das linke Ohr, war jemand gestorben – es gab unzählige Unsinnigkeiten, besonders in den Raunächten um Weihnachten.

Das Kulturleben war streng auf religiöse und heidnische Traditionen beschränkt, sieht man ab von der Normalität des täglichen Waschens im Brunnentrog oder, im kalten Winter und selten genug, mit heißem Wasser in einem hölzernen Bottich.

Möglicherweise können Bilder aus sehr früher Erinnerung die Wirklichkeit verzerren. Aus heutiger Sicht lassen sich Kindheitserlebnisse, denen man längst entwachsen ist, sowieso nicht mehr objektiv bewerten. Schon gar nicht will ich darüber urteilen, wem es damals besser oder schlechter erging; auch die Armut ist ein relativer Begriff. Meine Kinderzeit war zumindest vom Trend des beginnenden Wirtschaftsaufschwungs begleitet und nicht mehr jenen Schwernissen ausgesetzt, die vor dem Krieg oder während des Krieges Geborene erlebten.

Trotzdem waren die Folgen des Krieges im Alltagsleben noch zu spüren. Immer noch gab es Kriegsverschollene, vielleicht tot, vielleicht doch noch halb lebendig in einem der Straflager Sibiriens. Hoffnungen, die letztendlich oft vergebens waren.

Die drei älteren Schwestern Wettl, Anni und Maridi (von links).

Die Nazis hatten sich in Luft aufgelöst oder in lammfromme Bürger zurückverwandelt. Manchmal, wenn Besuch da war, hörte man Dispute über die furchtbaren Bombardierungen, über diese und jene Bekannte, die dabei zu Tode kamen. Es wurden Vermutungen geäußert und Spekulationen angestellt, wer noch immer oder nicht mehr Nazi war. Gerichtet darüber, welcher Bauer sich in Zeiten der Hungersnot anständig oder nicht anständig benommen hatte. Das Wort «Hitler» war ein streng verbotenes, egal ob in der Schule oder im privaten Bereich. Fiel der Name trotzdem, bekreuzigten sich die Frauen immer noch, als spräche man vom leibhaftigen Teufel. Den grauenhaften, schmerzenden Blick zurück, in die tödlichen Abgründe der Kriegswelt, verbot man sich.

In einer Kommode, in der allerlei Zeug aufbewahrt war, wusste ich ein Büchlein liegen. Ein eigentlich für mich nicht erlaubtes, in dem Kriegsgeschichten zu lesen und schreckliche Bilder zu sehen waren. Auf Bajonette aufgespießte Leiber in Soldatenuniform. Ein anderes Bild, das einen Haufen nackter, abgemagerter, ineinander verknäulter Leichname zeigte. Grauenvoll.

Trotz Scheu und Angst zog es mich immer wieder hin zu den Bildern. Aus dem Blickwinkel des Kindes sah ich in diesen Toten meine Onkel, von denen Mutter so oft erzählte, um die sie trauerte und die sie immer in ihre Gebete einschloss. Lange vor meiner Zeit hatten sie geholfen, den Bauernhof zu restaurieren. Ihre Gesichter kannte ich aus Fotoalben: vergilbte Bilder, die blutjunge, fesche, hoffnungsvoll dreinblickende Burschen zeigten. Stolz, in sauberen Soldatenuniformen, später elendig dahingestorben im scheußlichen Krieg.

Die folgende Episode ist wohl die am weitesten zurückliegende, die mein Gedächtnis freigibt. Diese Erinnerung könnte aber auch nur in meiner Einbildung existieren, weil mir die Geschichte später wieder und wieder vorgehalten wurde. Es war ein äußerst brutales, revolutionäres Attentat: Die «Trangerinnen» – so nannte ich meine Schwestern, wenn ich zornig auf sie war – bürsteten den Holzboden der Küche, und ich wurde auf die Eckbank verwiesen. Wahrscheinlich war mir dieser Platz bald zu eng und zu fad geworden. Ich war jedenfalls sehr wütend. Ich sei – und das erzählten meine Schwestern bei jedem Familientreffen – auf der Holzbank gestanden und hätte gebockt. Bald sei meine Geduld am Ende gewesen, und mit den Worten: «Ihr blöden Trangerinnen, schauts her, i hob' zwoa Messa im Sock!» hätte ich gleichzeitig zwei zur damaligen Zeit sehr häufig verwendete Taschenfeitl – kleine Klappmesser – aus der Hosentasche gezogen.

Im Vergleich zu meinen Klassenkameraden war ich immer der Kleinste, in der Schule höchstens Durchschnitt – und ich war eben der Sohn eines Bergbauern. Dafür hatte ich die einem Bauernbub angeborene rohe Kraft und war sicher bei Mutproben und Raufereien nicht der Feigste oder Schwächste, was es meist gegen die «Marktler» zu beweisen galt.

Zu dieser Zeit zogen allerlei Gestalten von Hof zu Hof. Taglöhner, Pfannenflicker und Hausierer, sogar Bettler waren darunter. Erstere boten ihre Waren und Dienste an, während die Bettler nur darauf aus waren, ihren Hunger und Durst zu stillen. Zuweilen hatte ich Erbarmen mit diesen Leuten und hoffte insgeheim, der Vater würde ihnen etwas abtreten, was aber selten genug vorkam. Im ersten Volksschuljahr, welches gerade zur Kornernte begann, hatte ich ein Erlebnis, das mir von nun an diese Leute in einem anderen Licht erscheinen ließ.

Ich kam von der Schule heim. Die Eltern und Geschwister schnitten mit der Sichel in mühseliger Arbeit die kostbaren Ähren und banden sie zu Garben, um diese anschließend zum Trocknen auf Hiefler – spitze Stecken – zu stecken. Wie goldene Manderln standen diese dann auf dem Kornfeld. Mein Essen stand bei solchen Gelegenheiten auf dem Küchentisch. Gerade als ich mich hungrig über die Knödel mit Kartoffelsalat hermachen wollte, stand plötzlich ein Bettler in der Küche, der diese Situation wohl schon ausgekundschaftet hatte. Er drängte mich von meinem Essplatz in die Ecke, und ich musste hungrig mit ansehen, wie er mein Mittagessen verschlang, um anschließend grußlos vom Tisch zu gehen und vom Hof zu verschwinden.

Mit neun Jahren bekam ich vom Vater eine neue, hellgrau glänzende, schweinslederne Kniebundhose. Mir wurde klar gemacht, dass kaum ein anderer Bauernbub eine solche besäße, doch hielt sich meinerseits die Freude in Grenzen. Eine einfache Jeans, so eine, wie sie die «Marktler» trugen, wäre mir viel lieber gewesen. Doch für so etwas «Amerikanisches» hatte Vater kein Verständnis. Nein, eine viel zu weite Kniebundhose musste es sein, die ihrem Namen nicht mal gerecht werden konnte, reichte sie mir doch hinunter bis zu den Fersen. Außerdem war sie auch rundherum um einige Nummern zu groß.

Doch welche Ansprüche konnte ein Bauernsohn in den Augen seiner hart arbeitenden Eltern schon haben? Da hieß es nur: «Der Bub wird dreinwachsen!» Von nun an musste ich dieses pludernde Ungetüm tragen, und ich kam mir vor wie eine Maus im Elefantenfell. Das Selbstverständnis einer Generation, die zwei Weltkriege erlebte, erhob schon die kleinste Verschwendung zur Todsünde und ließ in dieser Hinsicht keine Sentimentalitäten wegen einer zu groß geratenen Hose zu. Sie musste aufgetragen werden, da nützte kein Meckern und kein Weinen. Tag für Tag hatte ich mich nun den Klassenkameraden, die natürlich mit zeitgemäßer, moderner Kleidung herumliefen, zu stellen, und niemand scherte sich um die Komplexe eines Bauernbuben.

Damals besaßen wir neben Schafen, Schweinen und Hühnern auch drei Kühe, von denen eine, um Futter zu sparen, auf die Alm getrieben wurde. Dieser Auf- und Abtrieb war die Steigerung des Schlimmen, denn die Kuh musste vom Buchberg hinab ins Tal, mitten durch das Zentrum des Ortes und über das dem Buchberg gegenüberliegende Gainfeld hinauf zum Mitterberg getrieben werden. Es war nicht der weite Weg oder die Steigung, was mich dabei das Fürchten lehrte. Es war die Peinlichkeit der Situation, sich den «Marktlern» auch noch als Kuhtreiber zu präsentieren.

Vater führte das durch den Straßenlärm verschreckte Vieh. Meine Aufgabe bestand darin, das scheue und verängstigte Tier mit dem Stock vorwärts zu treiben. In diesem Ungetüm von Lederhose, den Treibstock schwingend und den Kuhschwanz vor Augen, in Gummistiefeln hinter der Kuh einherschreiten zu müssen war in meinem damaligen Weltbild Demütigung in vollendeter Form. Ich konnte mir ausrechnen, dass die Kuh in absehbarer Zeit den Schwanz heben und sich erleichtern würde. Genau das würde aber nicht irgendwo an einem versteckten Ort hinter Hügeln und Bäumen passieren, sondern, wie sollte es anders sein, genau an jenem Ort, an dem uns die Anteilnahme eines schadenfrohen Publikums sicher war.

Eine einzige Kuh auf die Alm zu treiben war mühseliger als eine ganze Herde, und es dauerte lange, bis die Kuh endlich dort war, wo sie hin sollte. Wahrscheinlich hatte sie aus Erfahrung gelernt, und der Speisezettel des Bauernhofes wäre ihr lieber gewesen, als sich auf der Alm selbst zu versorgen. Für die Kuh, vom Vater – der zunehmend ungeduldiger wurde – am Halfter mehr gezogen als geführt, schien es ebenso mühsam zu sein wie für mich, der ich ihr hinterherstolperte. So trug ein jeder von uns dreien seinen heimlichen Ärger durch das lange Gainfeldtal hinauf zum Mitterberg, bis endlich der Almboden sich vor uns ausbreitete. Dort waren wir die Kuh endlich los.

Tief verborgen in meinem Kinderherz keimte jedoch ein tiefes Gefühl des Hingezogenseins, der Liebe zu den Bergen. Jenen Bergen, deren Bild ich vom Bauernhof, vom kleinen Ausschnitt meines Zimmerfensters aus, bei der Heuarbeit, beim Mistausbreiten oder auf dem Schulweg immer vor mir hatte. Nun, auf der Mitterbergalm, war ich dem Ort meiner Sehnsucht so nahe.

Einmal, das Wetter war wunderschön und die Felsen der Mandlwand leuchteten besonders verlockend, nahm ich allen Mut zusammen und fragte Vater, ob ich hinauflaufen dürfe zu den Felsen. «Bub, ich sage dir – und das gilt für alle Zeit», sagte Vater in befehlendem Ton, unterstrichen vom erhobenen Zeigefinger, «du kannst am Almboden, im Wald, am Buchberg und Hochgründeck herumrennen wo und wie du willst, aber ich erlaube dir keinesfalls, zu den Felsen zu gehen. Du hast keine Ahnung, wie gefährlich das für dich wäre. Hast du mich verstanden, Bub?» Ich wusste: Hier war Betteln hoffnungslos. Die heimliche Anziehung blieb jedoch, und mit ihr die kindliche Bewunderung der geheimnisvollen Felsenwelt.

Aus heutiger Sicht verstehe ich natürlich Vaters Verbot, das Argument der Gefahr. Damals war ich enttäuscht. Doch der weiterhin gewahrte Abstand zu den ersehnten Gipfeln hatte auch sein Gutes: Der Reiz des Unbekannten blieb erhalten. Das Wundervollste dieser Zeit war die kindlich naive Vorstellung der Schöpfung und die ehrliche, unverklärte Fähigkeit zum Staunen – jener Zauber des unbefangenen Staunens, der im späteren Leben verloren geht, wenn die Wissenschaft alles begründet und erklärt und entzaubert.

Auch wenn sich die Lebensbedürfnisse auf bloße Notwendigkeiten reduzierten, war das Heranwachsen auf einem Bauernhof nicht immer nur karg und schwierig. Im Gegenteil: Es hatte auch Vorteile. Das Leben war beseelt von einer in heutigen Zeiten kaum mehr anzutreffenden Freiheit. Mit Pfeil und Bogen bewaffnet, gehörten mir und den wenigen gleichaltrigen Buben der benachbarten Bauernhöfe das weite Terrain des Buchbergs und des Hochgründecks. Besonders begeistern konnte ich mich für das Baumklettern. Ich war der beste und schnellste aller Baumkletterer. Ich erhob diese Disziplin zur liebsten und am häufigsten praktizierten der uns möglichen Sommersportarten. Mutproben ließen uns von Baum zu Baum springen wie die Affen.

Eines Tages besuchte ich für einige Tage meinen Cousin in Lend. Es gab dort riesige Buchen, die noch nie von Kinderhand erklettert worden waren. Welche Herausforderung für mich! Ich entschied mich für die größte. Ihr riesiger Stamm und die mächtige Krone hatten sofort meine Aufmerksamkeit auf sich gezogen. Ein weit ausladender Ast, dessen dünne Zweige in anspringbare Nähe reichten, erlaubte den Einstieg. Hangelnd, balancierend und mich hinaufziehend gelangte ich zu den oberen Astreihen mit engeren Abständen, und der Weg zur Baumkrone war frei. Die Besteigung war erst gültig, wenn man über die Blätterfläche des Baumes hinaussehen konnte. Ich hatte es als Einziger geschafft. Ich war der neue Held in der Kinderbande von Lend.

Instinktiv hatten wir uns Spielregeln und eine Ethik auferlegt, die es nicht zuließen, unsere Ziele durch irgendwelche Hilfestellungen leichter zu erreichen. Ohne es zu wissen, hatten wir Preuß'sche alpine Reinkultur auf Bäume übertragen. Ich konnte nicht ahnen, dass mich derartiges Gedankengut noch oft im Leben einholen würde, dass diese zur Lebensform erhobene Philosophie sich zur Zerreißprobe für mich und viele Freundschaften entwickeln könnte, ja, sie sogar im Stande sein würde, mir die Grenzen der Toleranz vor Augen zu führen, zu der ich fähig – oder eben nicht fähig – bin.

Das Bergbauernleben hatte seine Regeln und Normen – und keinen Platz für Sentimentalitäten, auch was die Beziehung zu Tieren anging. Die Kuh «Butter» gab es schon, als ich zur Welt kam. Sie hatte in ihrer fruchtbaren Zeit jährlich ein Kalb geboren, hatte Fuhrwerk und Pflug gezogen und lange Zeit viel Milch gegeben. Nun war die Kuh alt, die Kraft aus ihr gewichen, sie hatte keinen Nutzen mehr. Doch ihr wurde nicht mit dem Ruhestand gedankt, sondern es warteten die kräftige Metzgerhand und die Wurstmaschine. Eine Kuh war Nutzvieh und wurde deswegen erbarmungslos geschlachtet.

Aus meiner Sicht gehörte «Butter» genauso zum Bauernhof wie Mutter, Vater und die Geschwister oder der Hund «Bergmann». Der Hund war wie die Kuh mit mir aufgewachsen. Als ich zwölf war, wurde er von zwei Jägern aus dem Haus geholt. Er hätte, so sagten sie, Schafe gerissen.

Banges Warten, bis der Schuss erschallte. Hunderte Erinnerungen an gemeinsame Erlebnisse mit meinem Spielgefährten und Wegbegleiter be-

Mein Hund «Bergmann»: Für ihn sollte es der letzte Winter sein.

schwerten mein todtrauriges Herz. Ich spürte erstmals in meinem Leben ein Gefühl der Entwurzelung.

Mit «Butter» sollte ich bald darauf den zweiten Vertrauten verlieren. Wie oft war ich hinter der Kuh hergestiefelt, hatte sie mit Ärger und Ungeduld oder auch Mitleid angetrieben, hatte sie verwunschen und gehasst. Wie oft hatte sie mir Leid getan, wenn Vater den Wagen zu schwer belud, der Pflug sich zu tief in den Boden grub und der Kuh vor lauter Anstrengung die Augen hervortraten. Oft hatte sie mich durch ihre großzügig verteilten Fladen vor allen Leuten zum Gespött gemacht. Jetzt kam ihr Ende, und es wollte mir das Herz zerreißen. Es war nach dem Tag des Hundemordes mein traurigster Kindheitstag.

Die Kuh ahnte ihr Schlachthausschicksal; sie spürte, dass dies kein Almgang war, sondern dass es einem Abschied für immer entgegenging. Ein Kuhauge ist wie ein Guckloch in die Traurigkeit. Ihr den Tod ahnender, angsterfüllter Blick, ihr Hilfe suchendes Umschauen nach mir, ihr Muhen aus tiefster Inbrunst, wobei sie ihren Kopf bergwärts in Richtung des Bauernhofs drehte: Das alles stürzte mich in tiefe Verzweiflung, Beklemmung, Trauer und Schuldgefühl über meinen schäbigen Verrat. Die fast Gleichaltrige, die Verständnisvolle, die Weise – ich hatte oft das Gefühl, sie wisse alles, was am Bauernhof geschehe –, und nun ging sie durch meine Mithilfe, durch mein Antreiben ihrem Ende entgegen.

Nach der Heirat meiner beiden Schwestern Anni und Maridi während meiner Schulzeit gab es mehr Platz im Bauernhaus. Ich bezog ein eigenes Zimmer im Erdgeschoss. Eigentlich war mein neues Zimmer ein Abstellraum für all jene Dinge, die man über den Winter oder dann wieder über den Sommer auf dem Hof gerade nicht brauchte.

Natürlich war der Raum ungeheizt. Das Bett stand an der Außenwand. In der kalten Winterszeit glitzerte die ganze Wandseite, die voller Schneekristalle war. Die Eisblumen an den Fenstern blühten wochenlang, ohne auch nur einmal abzutauen. Es war die Nordseite des Hauses.

An der wärmeren Seite des Raumes lagerten die aromatisch riechenden eingewinterten Äpfel auf mehreren breitflächigen Stellagen, zugedeckt mit Decken und Kleidungsstücken.

Oft litt ich unter Gelenkschmerzen. Die Mutter meinte, es wäre Gicht. Doch der Schularzt sagte, es gäbe keine Gicht bei Kindern, und daher konnte es auch keine sein. Ich solle nicht so wehleidig tun. Trotzdem hatte ich hin und wieder arge Schmerzen.

In den Sommerferien durfte ich von nun an für einige Wochen zu meinen Schwestern nach Pöham. Für städtische Begriffe war Pöham damals das letzte Nest, zumindest für jene, die durch den Ort fuhren und ihn als klein und provinziell empfanden. Ich jedoch sah ihn mit den Augen eines Bergbauernbuben.

Das Dorf hatte in seiner Abgeschiedenheit seine eigene Welt, eine damals noch nicht verstandene Qualität. Der von der Bundesstraße bedrängte Ortskern bestand aus einer Kirche, einer zweiklassigen Volksschule und zwei Gasthäusern. Entlang der Straße, der Bundesbahn und dem Fritzbach zog sich eine Reihe von lieblichen Einfamilienhäusern. Das Haus meiner Schwester und ihres Mannes stand etwas außerhalb von Pöham. Ein gleichaltriges Mädchen, Leni, die jüngste Schwester meines anderen Schwagers, wohnte im selben Haus und war meine liebste Spielgefährtin. Neben dem Babysitten, das auch unsere Aufgabe war, blieb viel Zeit zum Spielen und für kleinere Abenteuerreisen.

Der Fritzbach, der Hochwasser führte, hatte unsere Aufmerksamkeit erregt. Das andere Bachufer lockte, und wir suchten nach einem geeigneten Ort, um das reißende Wasser zu überqueren. Eine Schwachstelle bot sich an: Eine vom Wasser unterschwemmte Birke war umgefallen und hing quer über den Bach. Nur etwa 2 Meter von unserem Ufer entfernt endeten ihre letzten Äste. Meine Abenteuerlust war geweckt. Leni riet zwar ab, aber gut: Sie war ein Mädchen.

Ich nahm kurz Anlauf und sprang mit einem mächtigen Satz einen der stärkeren Äste an. In dem Moment, als mein Körper in die Fluten tauchte, zogen diese mich mit; es gelang mir aber, mich am äußersten Ende des Astes festzuhalten. Nun erkannte ich die Gefahr und versuchte, mich an den bedenklich dünnen Zweigen näher an den Stamm heranzuziehen. Würde ich sie über die Maßen belasten? Ich war nicht kraftlos – wenn die Zweige hielten, konnte ich mich auf diese Weise lange festhalten. Zog ich jedoch mit aller Kraft, würden sie wahrscheinlich abreißen.

Leni hatte meine Situation erkannt und lief so schnell sie konnte über die Bahngeleise zum Haus meiner Schwester. Anni rettete mich schließlich aus der misslichen Lage. Zuvor sprang sie – da für einen Umweg keine Zeit blieb – von der mehr als 2 Meter hohen Mauer der Uferbefestigung, die Bahnstrecke und Bach trennte.

Ich war um eine Erfahrung reicher und stolz darauf, Lebensretter zu haben. Die nächsten Tage vergingen bescheidener. Wir zählten – das war unsere Lieblingsbeschäftigung – die wenigen Autos der Touristen, die damals diese Straße benutzten, um Richtung Meer zu fahren.

Max Kreuzberger hieß mein Klassenvorstand in den oberen Klassen der Pflichtschule. Er verstand es, den Bauernstand vor den «Marktlern» ins rechte Licht zu setzen. Mit Fußballspielen und lustigen Volksliedern, begleitet von seiner Ziehharmonika, erzeugte er eine neue Harmonie in der Klasse, und es entstanden Freundschaften zwischen «Marktlern» und Bauern.

Im Winter gab es wöchentlich einen Skitag. Wenn genug Schnee lag, gingen wir meistens, die Ski auf den Schultern tragend, aufs Hörndlwald. Es gab wohl einen kleinen Skilift in Bischofshofen, aber das Hörndlwald war die größere Herausforderung und das spannendere Abenteuer, auch wenn die Piste noch mit den Ski getreten werden musste.

Hörndlwald war auch verbunden mit dem Skispringen, denn die Abfahrt ging an der Buchbergschanze – die direkt vor unserem Bauernhof lag – vorbei. Bischofshofen hatte durch die Großschanze und durch den dort beheimateten Skisprungweltmeister Sepp Bradl eine besondere Skisprungtradition. Auch unser Lehrer war ein großer Skisprungfan und selbst begeisterter Skispringer. Für uns war er ein guter, umsichtiger Trainer und Organisator eines jährlichen Wettbewerbs auf der Buchbergschanze, den ich manchmal für mich entscheiden konnte.

Die Wasserversorgung war in früheren Zeiten für viele Bauernhöfe problematisch. Wir hatten zwar eine eigene Quelle, und der Bauernhof lag wie eine Aussichtsterrasse auf einem wunderbaren Geländerücken, für die Zuführung von Wasser war diese ausgesetzte Lage jedoch sehr schlecht. Die Leitung war lang und nahm einen komplizierten Weg durch eine tiefe Senke, denn das Wasserbassin befand sich praktisch gegenüber unserem Hof an einem sumpfigen Waldhang. Dazwischen lag ein Taleinschnitt und der steile Gegenhang. Da das Bassin etwas höher lag als der Hof, reichte im Normalfall der Wasserdruck aus, um genügend Wasser für Mensch und Vieh am Hof zu haben. Wenn jedoch die Wasserrohre undicht waren, was öfter vorkam, war es mit dem physikalischen Gesetz des Wasserdrucks nicht mehr weit her.

Die Wasserleitung sorgte für allgegenwärtige Ängste und Ärgernisse und kostete viel Geduld und Arbeitszeit. Das Leck zu suchen und zu flicken, die Einzelteile zu erzeugen und die Leitung auszubessern: All dies waren langwierige Arbeiten. Vom rohen Stamm schön gewachsener Lärchen, die im Wald ausgesucht und geschnitten wurden, bis zur fertigen Leitung, alles wurde selbst gemacht. Mit einige Meter langen Langbohrern wurden möglichst astlose Lärchenstämme dem Holzkern entlang ausgebohrt.

Handgeschmiedete Eisenmanschetten hielten die einzelnen, etwa 3 Meter langen Stämme zusammen, die schließlich eine geschlossene Leitung bil-

Meine beiden Schwäger Hermann und Hiasi, in der Mitte mein Bruder und ich.

deten. Mehrmals im Jahr wurde ihr Zustand überprüft, dort, wo Wasser ausrann, wurden neue Teilstücke eingefügt. Besonders die Manschetten rosteten gern, und das Holz faulte an diesen Stellen. Eine jährliche Ernte war für einen sich selbst versorgenden Bauernhof lebenswichtig, ebenso sehr aber, wenn nicht gar zuallererst, war Wasser für die Wirtschaft von immenser Bedeutung. Die Angst vor dem Einfrieren des Wassers über den Winter hing alljährlich einer Drohung gleich über uns, sobald die ersten Fröste den nahen Winter ankündigten. Besonders in schneearmen Wintern, wenn keine massive Schneedecke den Winterfrost isolierte, war die Leitung extrem anfällig. Stand das Wasser an einer Stelle still, war in kürzester Zeit die gesamte Leitung eingefroren.

«Das Wasser ist schon wieder eingefroren» – diese Nachricht war jedes Mal ein Schock für die gesamte Familie und löste große Emotionen aus. Vater haderte mit der Welt und fluchte mit der innigen Derbheit eines Bergbauern. Mutter flehte ergeben den Herrgott an. Wir Kinder nahmen es leichter, doch auch wir wussten Bescheid, was es hieß, für den Rest des langen Winters kein Wasser am Hof zu haben. In stundenlanger, quälender Arbeit musste das Wasser in Behältern, die auf Tragkraxen gebunden waren, am Rücken zum Hofe geschleppt werden. Nach einiger Zeit wurden auch diese Quälereien zum fast selbstverständlichen Tagesablauf.

Welche Kostbarkeit es war, wenn im Frühjahr das Wasser wieder in überflüssiger Üppigkeit im Brunnentrog sprudelte, wurde mir in späteren Zeiten bei Wassermangel am Berg und vor allen in der Wüste noch oft in Erinnerung gerufen.

Berufsschulzeit im ersten Lehrjahr: links neben mir der Klassenkollege, den wir «Boss» nannten.

Mit meinem Schwager zog auf dem Bauernhof ein Mensch ein, der mir nicht zugetan war. Er und meine drittälteste Schwester sollten den Hof übernehmen. Ich hatte zur selben Zeit die Schule abgeschlossen, flüchtete vom Hof und zog zu meinen beiden Schwestern nach Pöham.

Das Haus von Anni und ihrem Mann Hermann – im oberen Stockwerk wohnte Maridi mit ihrer Familie – stand im Grund einer Geländefalte, von der die Aussicht auf die Berge sehr beschränkt war. Nur ein winziges Zipflein Berg, ein unbedeutender Ausläufer des Hochkönigs, war zu seltener Zeit zu erspähen. Den Weggang vom Bauernhof bereute ich im Grunde nicht, auch die Trennung von den Eltern trug ich mit Fassung, viel stärker aber fehlte mir das vertraute Bild der heimatlichen Umgebung. Der Blick auf die Berge, der sich mir von unserem Bergbauernhof täglich bot.

Dafür begann in Pöham eine Straße, mit der viele neue Freiheiten verbunden waren. Die Tore in die große, fremde Welt standen, wenn schon nicht weit, dann doch wenigstens einen Spalt offen. Pöham hatte außerdem den Vorteil, dass die Tischlerei, in der ich 1961 in die Lehre gegeben worden war, mit dem Fahrrad und später mit dem Moped besser erreichbar war. Bevor ich in einer Schule verblödete, sollte ich lieber einen Beruf erlernen. Ein Handwerk hätte «goldenen Boden», war Vaters Überzeugung.

Die Tischlerei von Hermann Dankl war ein Kleinbetrieb mit drei Gesellen. Viele Handwerker waren wirkliche Künstler ihres Fachs, und ich behaupte, dass das Handwerk damals einen viel höheren Stellenwert verdient hätte und auch heute noch verdienen würde. So manches Möbelstück, das mit meisterlichem Geschick – früher noch von Hand – angefertigt wurde, war echte und solide Kunst. Doch leider eine brotlose Kunst, denn sie wurde als «normale Berufstätigkeit» hingestellt und abgegolten.

Auch der Dankl Hermann war ein Künstler seines Fachs, ein berufener Tischler, was zu beweisen er zu meiner Zeit leider nur mehr ganz selten im Stande war. Wenn der Meister «Maß nehmen» ging, wusste jeder, welche Maße er eigentlich meinte. Seine Alkoholabhängigkeit, vielmehr seine damit verbundene Gutgläubigkeit, wurde von der Kundschaft oft ausgenutzt. Nach einigen Runden Schnaps erhandelte man sich eine niedrig kalkulierte Offerte. Auf die wichtigen Maße dagegen war kaum Verlass. Einbauschränke, Tür- oder Fensterstöcke passten nur selten in die entsprechenden Ausschnitte des Mauerwerks.

Am Schwächsten, dem Lehrbub – der war ich – entlud sich dann der ganze Frust. Anfangs war ich überrascht und schockiert, denn solche Alkoholexzesse waren mir von meinem Elternhaus her völlig fremd.

Vater war nur in der Zeit des Schnapsbrennens manchmal leicht angesäuselt. Das kam vom dauernden Einatmen des Alkoholdunstes oder von den mehrmals zu nehmenden Proben. Vermutlich ließ sich dann seine Schwerhörigkeit leichter ertragen, denn er machte irgendwie einen fröhlichen Eindruck, lachte öfter als sonst, und wir Kinder freuten uns darüber.

Jetzt lernte ich die Schattenseite des Alkohols kennen, und erst viel später erkannte ich, dass auch diese hässliche Lebenserfahrung ihren Wert hatte. Ich durfte respektive musste hautnah spüren und erleben, wie zerstörerisch die Droge Alkohol auf den Menschen wirkt. Wie Respektspersonen zu Hampelmännern werden, in meinem Fall: auf der einen Seite Lehrlinge oft grundlos beschimpfen oder sogar schlagen und auf der anderen Seite sich bei ihnen ausweinen und Trost suchen. Läuft er Amok oder wird er, aufgelöst in Selbstmitleid, seine Situation beweinen? Diese Frage stellte sich mir im Normalfall leider oft.

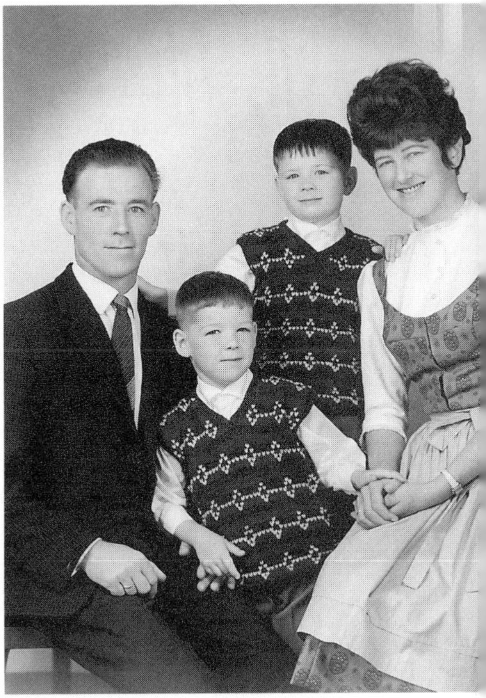

Meine Schwester Anni mit ihrem Mann Hermann und den Kindern Herbert und Helmut.

Es war schwer, sich auf den Meister einzustellen. In nüchternem Zustand war er ein fescher Mann; man bewunderte sein Können, seinen Intellekt und vor allem seine Warmherzigkeit, die er aber nur ganz selten wirklich zeigte. So als schämte er sich ihretwegen, verdeckte er sein weiches Wesen hinter einer fast traditionell zu nennenden Barschheit.

Ich mochte meinen Beruf. Aus einem rohen Holzbrett etwas Bestimmtes anzufertigen, das entsprach meinen kreativen Vorstellungen. Das war in meinen Augen die größere Leistung als so manche sinnlose und wahnwitzige «Kunst», für die so unvorstellbare Geldsummen ausgegeben wurden. Noch heute liebe ich den Geruch einer Tischlerwerkstätte und genieße es, meine eigenen Möbel zu planen und zu verwirklichen. Früher geschah es nicht selten, dass ich bis tief in die Nacht arbeitete und den Rest der Nacht den nächsten Morgen herbeisehnte – in extremster Weise total in meiner Arbeit aufging.

Es machte mir nie Freude, irgendetwas nachzubauen. Nein, eigene Ideen verwirklichen, das war es, was mich in höchste Erregung versetzen konnte. Genauso, wie sich später Ideen und Planungen zu Erstbegehungen breit machten. Der Weg vom Erkennen einer Klettermöglichkeit durch eine Felswand bis zur Überzeugung, dem Abenteuer gewachsen zu sein, ist mit viel Glaube und Zweifel gepflastert. Diese Vorbereitungszeit, in der die Ideen reifen, ist oft atemberaubender als die abschließende Umsetzung in die Realität.

Ich war schon in Kinderjahren von einem Freiheitsdrang getrieben, streunte mit Pfeil und Bogen durch die Wälder und gewöhnte mich so an das Gefühl, frei zu sein. Später, zur Pöhamzeit, wurden die Wanderungen länger und auch etwas extremer. Es war eigentlich nur ein Kennenlernen einer Landschaft. Ein Wiedererwachen einer Kindersehnsucht. Ein ehemals verbotener Bereich: die alpine Welt. Obwohl diese Erkundungen keiner Verheimlichung mehr bedurften, hatten sie doch immer noch das Prädikat des Verbotenen an sich. Gerade dieser Umstand machte alle Entdeckungen noch geheimnisvoller und emotionaler.

Ich erinnere mich noch gut daran, als ich das erste Mal auf dem Hochthron stand, auf der wunderschönen Pyramide am schönsten Gipfel des Tennengebirges, den ich als Kind mit vielen Sehnsüchten bewundert und oft in meinen Träumen bestiegen hatte. Nun sah ich von dieser Spitze unten im Salzachtal das helle Band der Salzach, welches sich in eleganten Windungen von Werfen flussaufwärts nach Bischofshofen schlängelt. Die spitzen Kirchtürme und die Geleise des Verschubbahnhofs – einer Zither gleich – sowie das kleine Städtchen rundherum, alles war wie mit Kinderspielzeug hingebaut.

Das Land lag so flach, weit und friedlich, in einer perfekten Ordnung da. Mein Blick wanderte zu unserem Hof, der wie hingeduckt stand, rundherum leuchteten die Getreidefelder golden zwischen den frischen, grünen Wiesen, die bereits zur zweiten Heumahd heranwuchsen. Hätte mich Vater sehen können, er hätte mit verachtender Gestik den Sinn und Zweck in Frage gestellt. Insgeheim aber wäre er vielleicht stolz auf mich gewesen.

Mit dem ersten Ersparten – ich verdiente im ersten Lehrjahr umgerechnet 4 Euro in der Woche – erstand ich 1962 meinen Wunsch Ski. Es war ein Metallski von Atomic, 2,05 Meter lang, mit einer Lederriemenbindung. Mit uralten Fellen bestückt, bestieg ich den winterlich verschneiten Hochkönig, vorbei an der Mandlwand, der Torsäule und weiter zum Eis der «Übergossenen Alm».

Dem Bergverbot des Vaters entwachsen und nun dem jahrelang unterdrückten Wunsch meiner Kinderjahre folgend, zog ich meine Spur. Endlich in diese geheimnisvolle Welt vorzustoßen löste ungeahnte Emotionen in mir aus. Nun erfüllten sich die Bilder einer Ahnung, die ich während sehnsüchtigen Staunens ins verbotene Land in mir entwickelt hatte. Träume, Illusionen und kindliche Vorstellungen hatten meine Neugierde geweckt. Sie ließen das Ferne der Landschaft und gleichermaßen das Ferne in mir näher und näher rücken. Das so lang mit mir Verbundene, aber doch Unnahbare war eins mit mir geworden. In jugendlicher Ehrfurcht, in erregter, verliebter Harmonie, ei-

Auf Skitour zum Hochkönig.

gensinnig, doch fast rauschhaft willenlos – in einer bisher nie erlebten Eigentümlichkeit Zuflucht suchend, war ich umfangen von nie erlebter Stille und Einsamkeit. In der Vehemenz des Augenblicks konnte ich es nicht ahnen, aber aus späterer Sicht waren das wohl die entscheidenden Eindrücke, die meiner Bergleidenschaft zu Grunde liegen.

Wie ein Feuer brannte in mir das ehrgeizige Verlangen, die Horizonte vor mir zu gewinnen, bis alle die noch nie geschauten Gebirgsketten rund um den Hochkönig unter mir lagen und ich in jenem Licht stand, das mich ein Leben lang gefangen nehmen sollte. Damals stellte ich keine Fragen, ich ließ das Feuer in mir lodern, sah die Welt in neuen, frischen Farben, auch wenn diese Welt für alle anderen ein unverstandener Wahnsinn war. In mir wuchs das Verlangen, das Müssen, da gab es nichts zu erklären, alles war in naive Unerfahrenheit und in eine herrliche Unbefangenheit getaucht. Ob es das Abenteuer, eine Gottsuche oder eine Flucht aus den Normen der Gesellschaft war, was mich trieb, interessierte mich nicht.

Zur Zeit meiner ersten Kletterrouten am Hochkönig begann ein junges Pächter-Ehepaar auf der Mitterfeldalm. Ich fühlte mich dort gleich wohl. Die Mutter der Wirtin, die alte Berta, umsorgte mich und meine Kletterfreunde besonders. Sie wartete jedes Mal in Sorge, bis wir endlich vom Klettern zurückkamen. Wir fühlten uns verstanden.

Im Tal war, zumindest in jenen Zeiten, ein Kletterer ein Exot, ein Esel, der sich der heißen Sommerhitze aussetzte, während andere im Schwimmbad oder am See unter dem Sonnenschirm lagen. Noch unbegreiflicher waren unsere Aktivitäten im Winter, wenn die Wärme der Zentralheizung zweifellos eine angenehmere Gemütlichkeit versprach als ein Biwak, in dem man vor Kälte schlotterte. So waren wir geringschätzigem Unverständnis ausgesetzt, denn die Motive der dummen Buben, die sich völlig unnütz diesen Drangsalen aussetzten, konnte niemand nachvollziehen. Unten im Tal wurden wir, wenn überhaupt, dann nur als störend wahrgenommen.

Bei den Wirtsleuten der Mitterfeldalm dagegen, da «waren wir wer». Wir konnten von unseren Erlebnissen erzählen. Vom soeben Durchgestandenen, dessen freudige, schmerzliche, erschöpfende oder schockierende Eindrücke nur so aus unseren Mündern sprudelten. Damals war meine Kletterei auch eine Art von Hilfeschrei, eine Suche nach Verständnis, nach Nähe und nach Erfüllung.

Die Mitterfeldalm ist mir zeit meines Lebens ein bisschen Heimat geblieben.

Von den Perspektiven, die sich mir boten, erschien mir das Auf-die-Berge-Gehen die verlockendste. Zur Begeisterung und wachsenden Leidenschaft mag unbewusst eine selbst verordnete Therapie beigetragen haben: die rettende Flucht vor der nüchtern-funktionalen und rationalen Welt. Mein Leben erhielt durch das Bergsteigen nun eine unglaubliche Freiheit.

Wie viele junge Menschen, hatte auch ich meine Probleme mit den Normen der Gesellschaft. Zwischen Anpassung und Trotz war ich bald im Himmel, bald in der Hölle; das kindliche Urvertrauen blieb dabei auf der Strecke. Alle Welt versucht, dem jungen Menschen ihren Weg, ihre Ideologie aufzudrängen. Die Selbstverständlichkeit der anderen soll auch ihren Lebensweg vorgeben. Das Schlagwort heißt: anpassen. Man will ihnen Verantwortung, Entscheidungen abnehmen, und man ist immer mit gut gemeinten Ratschlägen zur Stelle. Der junge Mensch darf in der sterilen Ordnung nicht versagen, nicht scheitern, nicht schwach sein, ohne sich schämen zu müssen. Doch wo soll er die nötige Erfahrung machen, ohne Angst vor dem Scheitern haben zu müssen? Jene Erfahrung, die nicht dauernder Verurteilung bedarf und die für das Leben stark macht? Wo soll er seine Gefühle schärfen, woher die Maßstäbe nehmen, ob Verirrtes irrig ist oder Sinnvolles seinen Sinn auch wirklich getroffen hat? Sind es – unter anderem – nicht diese Enttäuschungen und Behütungen, die den Heranwachsenden aus den eingespielten Klischees, Ritualen und Traditionen der Gesellschaft ausbrechen lassen?

Sicherlich lassen sich durch Naturerlebnisse Ausgeglichenheit und neue Energien gewinnen, um der Welt besser die Stirn zu bieten. Das Bergsteigen war für mich eine Herzensangelegenheit, aber auch eine Möglichkeit zur Flucht in eine andere Welt.

Nach drei Jahren schloss ich die Tischlerlehre mit Auszeichnung ab. Auf Grund der Perspektiven als Handwerker, die zu jener Zeit alles andere als ro-

Die Mitterfeldalm im Winter, im Hintergrund das Tennengebirge.

sig waren, wechselte ich 1965 zu den Österreichischen Bundesbahnen in die Abteilung Fahrdienst und Fahrverschub. Der Staat zahlte zwar noch schlechter – knapp 200 Euro im Monat –, aber eine feste Ausstellung und Vergünstigungen wie der Erlass des Wehrdienstes ließen das Angebot schmackhaft erscheinen.

Mein um etwa zehn Jahre älterer Bruder war schon länger bei der Bahn, als Zugbegleiter. Im Gegensatz zu mir hatte er alle Dienstprüfungen abgelegt, jeweils mit Auszeichnung. Er war aus hundertprozentiger Überzeugung Eisenbahner, mit brillantem Wissen über alle Dienstvorschriften und einer Genauigkeit bis ins letzte Detail. Der Durchschnitt aus uns beiden hätte sicherlich immer noch zwei respektable Eisenbahner abgegeben.

Wahrscheinlich war ich für einen bürgerlichen Beruf, als Eisenbahner oder als Beamter, einfach nicht geeignet. Ich hatte eine Art angeborene Freigeistigkeit, die kaum Belehrungen zuließ. Mein Stolz verbot mir, mich von Leuten herumkommandieren zu lassen, die ihre Obrigkeit hervorkehrten, deren Position mich höchstens provozierte und die ich deswegen auch nicht leiden konnte. Meistens waren banale Dinge, wie das Nichttragen einer Krawatte oder der Dienstkappe, der Auslöser für Zurechtweisungen.

Leider sollte die Zeit in Pöham, die sich als recht gesellig herausgestellt und die durch meine Anfänge als Bergsteiger an zusätzlichem Reiz gewonnen hatte, ein jähes Ende finden. Die Liebe zu einem blutjungen Mädchen war der Auslöser. Schwanger gleich nach der ersten Liebesnacht – das veränderte unsere in vielen Bereichen doch noch unbeschwerte Lebenssituation schlagartig. Sefine war fünfzehn, ich knapp zwanzig. Zum Entsetzen aller, einschließlich des Standesbeamten, entschlossen wir uns, naiv wie wir waren, zur Heirat. Die Zelte in Pöham wurden abgebaut, wir zogen zu den «Marktlern» nach Bischofshofen.

Zu unserem kleinen Mädchen gesellte sich gleich noch ein Bub. Das Eheglück hätte märchenhaft sein können. Es sollte aber doch anders kommen.

Nebenbei arbeitete ich in der Tischlerei meines Lehrmeisters. Sein Alkoholproblem bestand wie eh und je. Doch jetzt wurde ich als echter Tischler respektiert, bekam interessante Arbeiten, in die ich auch eigene Ideen einfließen lassen konnte. Aus der einstigen Hassliebe entwickelte sich eine angenehme, freundschaftliche Beziehung zum Meister. Plötzlich verband uns ein Drama: Drei seiner Brüder waren 1942 an der Westkante des Kleinen Fieberhorns abgestürzt. Durch mein bergsteigerisches Engagement – ich hatte es immerhin schon zum ortsbekannten Bergsteiger gebracht – war ich für ihn, wenn es um dieses Thema ging, der wichtigste Ansprechpartner.

Auch ich konnte ihm von einem prägenden Erlebnis an der Westkante erzählen. Der Winter war eigentlich vorbei. Der warme Wind fraß den Schnee von den Bergen. Im Tal begannen die Felder zu grünen. Ostern stand vor der Tür. Ich hatte über die Feiertage frei und plante, einige Tage auf der Werfener Hütte zu verbringen. Dementsprechend schwer war mein Rucksack. Dazu hatte ich noch die Firngleiter dabei.

Wenn man über den Lichtenberg und weiter durch das Kar zum Kleinen Fieberhorn aufsteigt, bietet sich die Westkante an, um den Zustieg mit einer Kletterei abzurunden. Die Idee, mit all der Ausrüstung über die Westkante zu klettern, war verrückt, passte aber zu meiner damaligen Unvernunft – fast alles, was ich tat, war mehr oder weniger verrückt. Die Westkante gehört zwar nicht zu den schweren Touren, sie ist aber wegen ihrer Brüchigkeit und der steilen, schrofigen Passagen eine nicht ungefährliche Kletterei. Am unangenehmsten und am anstrengendsten war jedoch das Nachziehen des Rucksacks.

Mit einer viel zu dünnen Reepschnur versuchte ich, das Ungetüm mitsamt den widerspenstigen Firngleitern heraufzuziehen. Überall, als wehrte er sich mit Händen und Füßen, verfing und verkeilte sich der Rucksack.

Bis zum Schulterriss unterhalb vom Fensterl – normalerweise eine der schönsten Kletterstellen in dieser Tour – war die Kletterei schneefrei. Dieser Riss jedoch lag im Schatten, die Strahlen der Spätwintersonne konnten ihn noch nicht erreichen. Nur außen war der Fels trocken; die Innenseite des Risses war mit Schnee und Eis zugedeckt.

Sefine mit unserer Tochter Heike in noch gemeinsamer, glücklicher Zeit.

Mit Respekt und einem schlechten Gefühl spreizte ich die überhängende Gufel empor. Die einzigen Griffe bot der Riss. Bald waren meine Finger gefühllos. Dazu verfing sich auch noch das Rucksackseil. Zurückklettern war unmöglich. Meine Situation wurde von Sekunde zu Sekunde bedrohlicher. Würde ich genauso enden wie die drei Brüder meines Chefs? Der letzte Ausweg war irgendeine Sicherung.

Vorsorglich hatte ich mir von Hannes Pichler, einem etwas älteren Freund vom Bergrettungsdienst, einen Eispickel geliehen. In meiner Not war der Pickel die Rettung, denn irgendwie gelang es mir, dieses bereits historischen Teil zwischen Eis, Schnee und den Klemmblöcken im Rissinnern zu verankern. In meiner Unerfahrenheit vertraute ich mein Gewicht ohne Bedenken der alten Pickelschlaufe an, während ich meine Finger aufwärmte und das Rucksackseil frei machte. Der Rest der Tour gelang dann ohne weitere Zwischenfälle.

Als ich diesen Zwischenfall beim nächsten Bergrettungsabend Hannes erzählte, schlug er die Hände über dem Kopf zusammen. Anschaulich demonstrierte er mir, auf welches Risiko ich mich eingelassen hatte: Er verspreizte den Pickel an einer Halterung und zerrte mit aller Kraft an der Schlaufe. Sie riss, und Hannes flog zur anderen Seite des Raumes.

Das war mir die größte Lehre meines Lebens, der Ausrüstung nicht blindlings zu vertrauen. Deutlich war mir vor Augen geführt worden, wie knapp ich einem Absturz entgangen war. Solche Fehler macht man nicht bewusst – ich war ein unerfahrenes Greenhorn. Der Anschauungsunterricht von Hannes war perfekt und blieb mir ein Leben lang im Gedächtnis.

Gott hatte mich schützend über diese gefährliche Zeit getragen. Ich hätte später noch oft abstürzen können, aber selten aus einem derartigen Unverständnis heraus. Die Gefahren, das Risiko wurden nicht kleiner, aber durch zunehmende Erfahrung abschätzbarer. Der Instinkt eines routinierten Kletterers gleicht der Klugheit und Raffinesse eines Bombenentschärfers, der weiß, welche Drähte zu durchtrennen sind.

Erste Streifzüge in die alpine Welt:
am Großen Fieberhorn.

DROGE BERG

Lehrgeld zahlen» bedeutet, sein Leben zu riskieren. Immer wieder überschätzen unerfahrene Bergsteiger ihr Leistungsvermögen oder bringen sich in alpine Gefahren. Meine Anfänge waren sicherlich auch eine riskante Gratwanderung. Die Entwicklung ging urplötzlich. Ein leidenschaftliches Feuer, das sich in Windeseile entfachte, über Jahrzehnte lodernd brannte und sich bis heute nicht mehr löschen ließ.

Man hat mir oft den Absturz prophezeit oder Komplexe angedichtet, die ich selbstverständlich nicht ausschließen kann und will. Wer wollte anderen noch nie etwas beweisen? Jede Eitelkeit setzt auf gewisse Art und Weise einen Komplex voraus. Wenn komplexgeladenes Tun derart begeistern kann und sich nicht negativer auswirkt als meine Kletterei, sehe ich darin allerdings kein großes Problem. Nach bald vier Jahrzehnten des Bergsteigens dürften sich sämtliche nachgesagten Komplexe endgültig abgenützt oder erübrigt haben. Und trotz all der prophezeiten Abstürze lebe ich immer noch.

Natürlich war es für viele überraschend, dass da ein Greenhorn kam und die damals schwierigsten Routen klettern konnte. Und das oft noch allein, ohne Sicherung. Die Berge lagen vor meiner Haustüre: das Tennengebirge, der Hochkönig und der Dachstein mit unzähligen Routen. Welch riesiges Betätigungsfeld für einen Newcomer! Ich war vielleicht ein Außenseiter, aber ein hoffnungsvoller, lebendiger, und sobald ich am Berg unterwegs war, war ich ein anderer Mensch voller neuer, guter Gedanken.

Es gab eine Wunschtour, ein besonderes Abenteuer, ein Ziel, das der Höhepunkt meiner jungen alpinen Laufbahn sein sollte und diese geprägt hat. Die von Leo Schlömmer und Peter Perner nach wochenlanger Arbeit 1967 fertig gestellte «Direttissima» in der Dachstein-Südwand lockte uns zu einer Winterbegehung. Spätestens nach der legendären Wanddurchsteigung durch die Steiner-Brüder im Jahr 1909 hat diese Wand Weltruf erlangt. Irgendwann kommen alle, die im Bergsteigen Rang und Namen haben oder gerne hätten, zum Dachstein, um in seiner mehr als 800 Meter hohen Wand zu klettern. Uns lockte zwar auch die Wand, mehr noch aber das winterliche Abenteuer selbst. Kleinere Wände waren uns im winterlichen Zustand öfter gelungen, doch waren das ausschließlich Eintagestouren gewesen.

1969 gab es einen kalten Winter, mit einer stabilen Schneedecke. Die Wand war entsprechend verschneit, von den Überhängen hingen Kaskaden aus Eiszapfen. Auf den Bändern lagen überwechtete Schneeablagerungen. Aus Fels, Schnee und Eis bauten sich Balustraden zu einer riesigen Wandflucht auf.

Das Dreigestirn der Südwand stand am 10. März 1969 klirrend kalt und starr da, an jenem noch nicht ganz im Tag gelandeten Morgen. Martin Weiß, Franz Berger, Lois Dellago und ich bilden zwei Seilschaften. In den erwa-

Im 50-Meter-Überhang der Direttissima in der Dachstein-Südwand am dritten Tag der Winterbegehung.

chenden Tag hineinstapfend gelangten wir, wegen des tiefen Schnees nur recht mühsam, zum Wandfuß. Der untere Teil der Route führt über den Weg von Irg und Franz Steiner, den so genannten Steinerweg, zum Dachfirst. Auf seinem Giebel richteten wir das erste Biwak ein. Notdürftige Nächtigung: ein Sitzplatz, erste Reihe für jeden. Zu Füßen die Hochebene der Ramsau, etwas tiefer der Nebelwurm des oberen Ennstals.

Wir hatten ein Funkgerät dabei; ein Novum für die damalige Zeit, doch plump und schwer. Die Verbindung zu Rudi Wurzer und Hans Neumayer, unseren Freunden vom Bergrettungsdienst, tat uns moralisch gut. Das Wichtigste war jedoch, den aktuellen Wetterbericht zu erfahren. Der Funk versprach weiterhin gutes, aber kaltes Wetter – minus 18 Grad auf der Dachsteinwarte! Objektive Gefahren hatten wir keine zu befürchten.

Romantisch? Ja! Aber von Erholsamkeit konnte in dieser Nacht keine Rede sein. Lois hatte Fieber, und auch Martin hustete und spuckte Blut. Der Entschluss abzuseilen fiel am nächsten Morgen beiden schwer; dennoch siegte die Vernunft, auch wenn der neue Tag zum Klettern verlockte.

Franz und mich führte unser Weg über das «Steinerband» nach rechts. Schräg abseilend, erreichten wir die große Schneeschlucht, den eigentlichen Einstieg der Direttissima. Überhänge, mit Eis gefüllte Risse und hakentechnische Schwierigkeiten ließen die Zeit wie im Flug vergehen. In totaler Finsternis richteten wir das nächste Biwak ein, auf winzigem Platz. Die Nacht verbrachten wir praktisch schlaflos.

Der nächste Tag brachte die anstrengendste Etappe des Winterunternehmens. Schneefreies, weit überhängendes Gelände, abgeschlossen von einem riesigen Dach. Wie das Gewölbe eines Kirchenschiffes formten sich die Wandfluchten über uns. Kraftraubende Kletterei. Brüchiger Fels. Fragile Haken. Fragwürdige Holzkeile. Atemberaubende Ausgesetztheit. Und schwere Rucksäcke. Sofern es möglich war, zogen wir die Rucksäcke am zweiten Seil nach. Eine Hundearbeit, die uns zwar wärmte, aber nach und nach zu Krämpfen in den Armen führte. Seit dem Vortag hatten wir schon nichts mehr zu trinken. Der Trockenspiritus musste sich irgendwie in einen Rucksack der Absteigenden geschwindelt haben. Jedenfalls hatte der Kocher seine Funktion verloren. Zu Brot und Speck musste bloßer Schnee den Tee ersetzen. Wir waren vom Durst geplagt und fürchteten, der Wassermangel im Körper würde zu noch mehr Krämpfen führen.

Der kleine Standplatz vor dem Riesendach gehörte zu jenen Orten, an denen Abenteuer nicht nur zu spüren, sondern auch zu riechen sind. Es ist ein Geruch, den ich nicht näher definieren kann, der aber vermutlich von abenteuerlichen Erinnerungen aus früher Kindheit herrührt. Diesen Geruch konnte ich später ab und zu noch wahrnehmen.

Das große Dach präsentierte sich trocken, abgesehen von einer Galerie aus Eiszapfen am äußersten Ende des Daches. Eine ganze Seillänge Dach, Überhang, das Plagen mit den schweren Rucksäcken. Dazu noch die lästige Seilreibung; Expressschlingen waren zu dieser Zeit noch unbekannt.

Der Tag verging viel zu schnell. In schon gewohnter Dunkelheit versuchten wir, ein Plätzchen für das Biwak zu pickeln. Eine eng abfallende Schneenische erlaubte kaum eine zweckmäßige Sicherung, ließ aber ein Sitzen ohne Sicherung erst recht nicht zu. Über uns befand sich eine überhängende und glatte Kaminpassage, die auch ohne Vereisung dem heutigen siebten Grad allemal entsprechen würde. Ein Ungetüm von einem Eiszapfen hing wuchtig und drohend vom Überhang, bis knapp vor unsere Köpfe. Wie das Fallbeil eines Schafotts.

Das Pech, den guten Biwakplatz gerade um eine Seillänge nicht zu erreichen, verfolgte uns die ganze Wand hindurch. Es war nie möglich, ohne Seilsicherung zu übernachten. Von Schlaf im eigentlichen Sinne konnte in allen drei Nächten in der Wand nicht die Rede sein. Im höchsten Fall ein Dahindösen – meistens jedoch zähneklapperndes Kältezittern. Zusammen mussten wir mit einem Zdarskysack auskommen; gemeinsam in ihn hineinzuschlüpfen ließ wiederum die örtliche Situation kaum zu, so dass immer abwechselnd einer von uns der nächtlichen Kälte ausgesetzt war.

Wir hatten aber Glück, denn obwohl die Nächte sehr kalt waren, konnten wir doch zuversichtlich dem nächsten, beständigen Sonnentag entgegensehen. An den letzten beiden Tagen war die Erwärmung so stark, dass sogar Wechten aus dem Gipfelbereich abbrachen. Wir waren davon nicht bedroht, wohl aber eine andere Seilschaft, die einen Tag später eingestiegen war. Ihr Ziel: der Steinerweg.

Nach zwei Wandbiwaks stiegen sie etwa 100 Meter westlich von uns in zufälliger Parallelität zur selben Minute aus der Wand. Und wie es manchmal der Zufall will, war es ein alter Bekannter: Harry Rost mit einem tschechischen Freund.

Nach vier Tagen – genau waren es 86 Stunden – gehörte der Moment, als die Wand den Blick nach Norden freigab, zu den beglückendsten meines Lebens. Balancierend verfolgte ich noch ein Stück den scharfen Schneegrat bis zu einer kleinen Senke, setzte mich müde im Reitsitz auf die Gratschneide, das Seil um die Hüfte gelegt, und sicherte Franz nach.

Mit Franz Berger (links) nach der gelungenen Winterbegehung; im Hintergrund die Dachstein-Südwand.

Das Ziel schien erreicht, die Anspannung, unter der wir die ganze Zeit gestanden waren, war gewichen – und mit ihr die Konzentration. Schon war der Gipfel vor Augen. Meine Aufmerksamkeit gehörte bereits einer kleinen Gruppe Menschen, unseren Freunden, die unter dem Gipfelkreuz standen und den historischen Moment unseres Ausstiegs aus der Wand beobachteten. Endlich robbte auch Franz über die letzte Wechte und stand auf sicherem Boden.

An Steilheit und Ausgesetztheit gewöhnt, kam uns der simple Schneegrat wie ebener Boden vor. Plötzlich und für alle völlig unerwartet wurde uns vor Augen geführt, dass Unglücke sich meist dort ereignen, wo man sie am wenigsten erwarten würde. Franz rutschte aus und schlitterte über die immer steiler werdende, vom Wind glatt polierte Nordflanke abwärts. Erst kurz bevor das Schneefeld in steile Felsen überging, spannte sich endlich das Seil, und ich konnte den Sturz bremsen.

Bleich vor Schrecken hießen uns die Freunde willkommen, umarmten und beglückwünschten uns: Hans Neumayer, der Bergretter, der bei allen unseren

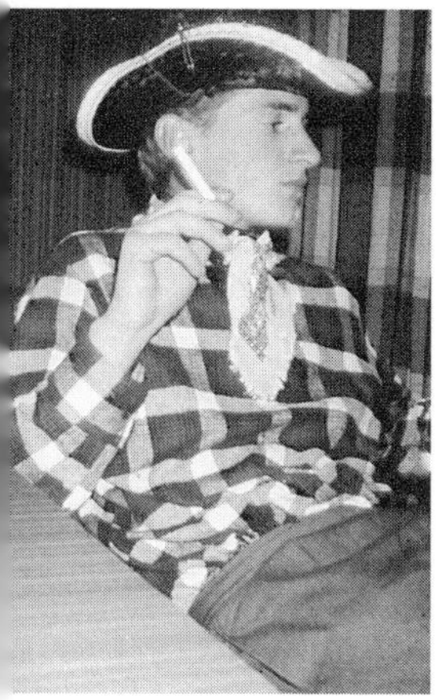

Sepp Hippolt, bester Freund der Jugendzeit.

Unternehmungen, die über das Normale hinausreichten, wie eine graue Eminenz im Hintergrund wirkte und wachte. Leo Schlommer, einer der Erstbegeher dieser Route, dessen Präsenz uns besonders ehrte. Martin und Lois, die wieder halbwegs gesund waren. Auch Harry Rost und der Tscheche waren inzwischen am Gipfel angelangt.

Es war nicht der heiße, mit Honig gesüßte und lange Zeit ersehnte Tee, sondern die menschliche Nähe, die Worte, der Blick und die mit Dank erfüllte Freude in ihren Augen, die mich buchstäblich zu Tränen rührten.

Die Erinnerung weiß vieles nicht mehr im Detail, doch diese Phase des Glücks, das Ablegen aller Zweifel und Ängste, die von einem Besitz ergreifen, wenn man «der Welt abhanden gekommen» ist, ist mir in meinem Leben mit großer Deutlichkeit immer wieder begegnet. Schwer nachzuvollziehen, dass das scheinbare Gefangensein unmittelbar danach ein kaum ausdrückbares Freiheitsempfinden auszulösen vermag.

Die Dachstein-Südwand-Seilbahn war gerade im Bau; die Materialseilbahn lief schon und brachte uns alle zur Talstation. Wie hatten wir uns auf ein Paar Frankfurter und auf ein Bier gefreut! In den langen Biwaknächten davon geschwärmt. Nun, am Ziel angelangt, schmeckte es uns überhaupt nicht. Wir hatten so viel Schnee gegessen, dass Rachen und Schlund völlig ausgetrocknet und entzündet waren. Das Hinunterwürgen der Speisen war eher schmerzhaft, und selbst das Bier wollte trotz großer Genugtuung über das Gelungene nicht richtig schmecken.

Meine Hände waren von unzähligen Wunden übersät, die Finger hatten leichte Erfrierungen. Im Wartezimmer des Arztes, den ich tags darauf aufsuchte, erzählten die Patienten von einem Werfener und einem «B'hofner» (B'hofen ist die Abkürzung der Einheimischen für Bischofshofen), die vier Tage in der Dachstein-Südwand gewesen sein sollten, so stände es in der Zeitung. Ich versteckte meine geschundenen Hände und freute mich insgeheim.

Franz hat nach diesem Unternehmen das Klettern sein lassen, eine Familie gegründet und die verbliebene Energie in die berufliche Karriere investiert. Er war schon immer vernünftiger als ich. Vernunft war nie meine Stärke; ich ließ mich eher von Lebenssituationen treiben und traf Entscheidungen oft aus dem Bauch heraus. Vernunft – mit diesem Begriff lag ich oft im Konflikt, denn ein von Zeitgeist geprägtes «vernünftiges Verhalten» mochte ganz und gar nicht zu meinem Naturell passen. Ich lebte meine eigene Vernunft, und die war ein beliebig dehnbarer Raum. Oft verspürte ich den Wunsch, auch die Grenzen dieses Raums noch zu überschreiten; letzten Endes fehlte mir der Mut. Das «Gesamtkunstwerk Ich» war noch in der Phase orientierungsloser Pubertät eingeschlossen. Oft ging ich den berühmten Schritt zu weit und manövrierte mich in selbst gemachte Probleme. Nicht selten fühlte ich mich auch als jener Körperteil, den die Kuh im Norden hat, wenn sie nach Süden geht.

Mein Jugendfreund Sepp Hippolt trat ebenfalls in die Dienste der Österreichischen Bundesbahnen. Später waren wir gemeinsam in einer Partie des Fahrschubs. Unsere Aufgabe war, leere Güterwagen abzustellen und die vollen, nach ihren Bestimmungsbahnhöfen geordnet, in den Zug einzureihen. Meistens geschah dies in der Nacht – eine gefährliche, verantwortungsvolle Arbeit, in dunklen Anschlussgleisen von Fabriken und Industrieanlagen, wo Güterwagen in richtiger Reihenfolge beigestellt werden mussten. Im Winter lag oft knietief Schnee. In manchen Sommernächten regnete es die ganze Schicht lang. Wir hatten auch Güterzüge als Schlussschaffner zu begleiten. Meist saßen wir, zur Langweile verdammt, einen Roman lesend in einer winzigen Blechkapsel mit Hand- und Notbremse am Zugschluss.

Martin Weiß im Zustieg zur Eiger-Nordwand. Kurz nach dieser Aufnahme stürzte er tödlich ab.

Im Sommer, nach einer anstrengenden Tour, konnte diese stupide Betätigung recht erholsam sein. Zur Winterszeit aber konnte man sich Kälteres kaum vorstellen. Üblicherweise ließen sich die verbeulten Türen nicht schließen. Es gab keine Möglichkeit zu heizen, keine Sprechverbindung zur Zugspitze und nur in seltenen Fällen Kontakt zu den Bahnhöfen.

Oft waren die Züge lang und die Last schwer; über steile Bergstrecken war ein Vorspann aus einer oder zwei zusätzlichen Lokomotiven notwendig. Die Aufgabe des Schlussschaffners war es, zur Spitze des Zuges vorzudringen und die Lokomotive an- respektive am Ende der Steilstrecke wieder abzuhängen. Erst nach erfolgreicher Bremsprobe war der Zug wieder abfahrbereit. Blieb er aus irgendeinem Grund liegen, wartete man, manchmal stundenlang, der Kälte ausgesetzt, ohne Informationen, aber der Hoffnung ergeben, dass es endlich weitergehen möge.

Trotz allem kam mir die Art der Beschäftigung nicht ungelegen, war sie doch eine Möglichkeit, mich abzuhärten und für winterliche Unternehmungen zu akklimatisieren. Martin Weiß war weiterhin mein häufigster und verlässlichster Partner. Es gelangen uns sehr schnelle Begehungen großer Routen, etwa in der Torstein-Südwand, in der Hochkogel-Nordwestwand sowie kombinierte Wege am Großglockner. Das Ziel war ein gemeinsamer Bergurlaub in den Westalpen, und natürlich standen dort auch die so genannten großen Wände auf dem Plan.

Unsere Form war gut und die Kondition ausgezeichnet. Weil der Eiger am Weg lag, wollten wir die beständige Wetterlage nützen und gleich die Nordwand anpacken. Mit einem Biwak hatten wir gerechnet, doch so weit sollte es erst gar nicht kommen. Wir wollten schnell sein; nur das Allernotwendigste war dabei. So rannten wir im Morgengrauen über die schroffen Felsen und mittelsteilen Schneeflanken des Wandfußes empor.

Ich ging voraus, Martin etwa 10 Meter hinter mir. Plötzlich hörte ich ein ungewöhnliches Geräusch. Als ich mich umdrehte, sah ich zu meinem Entsetzen Martin eine gefrorene Schneerinne hinunterstürzen, sich überschlagend und immer schneller werdend, bis er meinen Blicken entschwand.

Endlich bei ihm. Er lebte. War ansprechbar. Ich konnte ihn auf einem Band lagern. Er sagte, er sei froh, dass ich bei ihm sei, und klagte, ihm sei heiß. Bald darauf verlor er das Bewusstsein. Inzwischen hörten slowenische Kletterer meine Hilferufe und eilten herbei. Gemeinsam versuchten wir, Martin, dessen Puls zu schlagen aufgehört hatte, wiederzubeleben. Ohne Erfolg. Martin war tot.

Dieser Tod war mir unbegreiflich. Martin war ein so bedachter Mensch und ein exzellenter Bergsteiger. Wie konnte er an einer Stelle wie dieser abstürzen? Sein Tod war so schrecklich, kam so furchtbar unerwartet, plötzlich, wie ein Blitz aus heiterem Himmel. Zum ersten Mal im Leben hatte die Welt einen tiefen Abgrund vor mir aufgerissen, in meinem Inneren schmeckte alles nach bitterer Leere, nach Anklage, nach Schuld, nach Reue und nach Schwermut. Ich war in einer bisher nicht gekannten Grauzone von Empfinden und Bewusstsein und Suche nach Antworten.

Wie sachlich der Tod sein kann, habe ich dann im Polizeirevier von Grindelwald hautnah erfahren. Wie sich der Tod in einigen Zeilen zusammenfassen lässt und staatliche Organisation ihre Arbeit verrichtet, mit einer Selbstverständlichkeit, die – wenn auch unumgänglich – abstößt und betroffen macht. Die Beamten erledigten ihre Arbeit nach Vorschrift und Gesetz. Ihre Welt war weit entfernt von meiner, die verletzt, verloren und gestorben war. Während es bei den Behörden zur Tagesordnung gehörte, Verunglückte zu bergen, Unfallberichte zu verfassen – gerade im Zusammenhang mit der Eiger-Nordwand –, lähmte mich eine Verzagtheit, die keine klaren Gedanken mehr zuließ. Beklemmende Heimfahrt.

Mein seelischer Zustand war verheerend, der Verlust des Freundes unbegreiflich. Jetzt, wo alles so unwiederbringlich vorbei war, setzten Erinnerungsschübe ein. Es gab viel Gemeinsames in unserer zwei Jahre dauernden Freundschaft. Wie weggewischt sollte auf einmal alles sein, vorbei, Vergangenheit. Seine Bescheidenheit, seine nie aufdringliche Herzlichkeit und seine sympathische Schlichtheit, alles war mit ihm in die andere Welt gegangen, obwohl er noch da war, in jedem Gedanken, in jedem Tun.

Am Tag danach der Canossagang: zu seinen Eltern, seinen Geschwistern, seiner Braut. Das Begräbnis.

Die erste Bergtour danach. Der Steinerweg in der Dachstein-Südwand mit Hans Neumayer. Er, der ältere Freund, konnte mir die nötige Kraft und Stabilität geben, im Bergsteigen wieder einen Sinn zu finden.

Das Kleine Fieberhorn am Südwestrand des Tennengebirges besticht durch seine bizarre Gestalt. Ein Kletterberg wie aus dem Bilderbuch, mit einer zum Salzachtal gerichteten Felswand, die bisher in ihrem Zentrum noch unbestiegen war. Gemeinsam mit Franz und Martin hatte ich diese Wand im vorigen Jahr versucht und in der Einstiegsseillänge mehrere alte Haken gefunden. Hans Trampitsch, ein Kletterer, der einer Generation vor uns angehörte, hatte sich hier noch vergeblich bemüht. Die Zeit für die Wand war noch nicht reif gewesen.

Franz hatte sein Kletterzeug schon an den berühmten Nagel gehängt. Martin war tot. Herbert Gaar, mit sechzehn einer der Jüngsten im Kreise der Bergrettungskameraden, begleitete mich beim nächsten Versuch. Zu Beginn unserer Kletterzeit waren wir einige Routen zusammen geklettert. Herbert war ein vorlauter, netter Bursche, ausgestattet mit einem penetranten Lachen, das seine Lebensfreude charakterisierte. Doch er war leider körperlich und psychisch nicht mit jenem Talent ausgestattet, das für ein positives Abschließen dieser Route nötig gewesen wäre.

Schon der untere Teil der Wand war kein Honigschlecken, oben erhöhten sich die Schwierigkeiten zusehends. Als Krönung wartete im oberen Wanddrittel ein beträchtliches Dach, das direkt und unter kraftraubendem akrobatischem Einsatz überklettert werden musste. Als gebranntes Kind wollte ich mich dem Risiko eines Scheiterns keinesfalls stellen. Zu sehr war ich noch in qualvoller Erinnerung befangen. So kehrten wir nach 150 Metern um.

Wie sollte ich Herbert mein oder unser Problem erklären? Ich war zu feige, um offen zu sagen, dass er der Tour nicht gewachsen war, und glaubte, der Situation aus dem Weg gehen zu können, indem ich die Wand allein anging. Der Entschluss war da, das Schicksal wollte es jedoch anders.

Der große Alpinist Franz Hawelka, umschwärmt von weiblichen Fans.

Der Alpengasthof Mahdegg war früher, als Autos schon üblich, unter Kletterfreunden allerdings selten und für mich jenseits aller Träume waren, sehr oft notwendiger Stützpunkt. Im Gegensatz zu heute fanden sich meist mehrere Kletterer ein, um gesellig zusammenzusitzen, zu singen und wilde Geschichten zu erzählen. Der damalige Pächter des Gasthofes war Franz Hawelka, ein aus wirtschaftlicher Sicht schlechter Wirt, aber ein großartiger Alpinist. Er verwöhnte lieber die Kletterer mit Gratiswein, als zahlende Gäste zu bedienen, die eigentlich seine Existenz gesichert hätten.

Insgeheim war Franz eines meiner damaligen Vorbilder, wenn es darum ging, sich aus einer Sache nichts zu machen – das Heute zu genießen und an das Morgige, so weit es irgendwie ging, nicht zu denken. Er war ein Fan von Willo Welzenbach, kannte alle seine großartigen Wege durch die größten kombinierten Wände. Die so genannten drei großen Alpenwände Eiger-Nordwand, Matterhorn-Nordwand und Walkerpfeiler gelangen Franz zu Beginn der Sechzigerjahre innerhalb von zwei Wochen. Als dann seine besten Freunde Andi Schlick im Schneesturm am Manaslu, Kurt Reha am Dhaulagiri und Toni Schramm bei einem Lawinenabgang in der Silvretta ums Leben kamen, setzte er mit einer letzten Erstbegehung in der Südwand der Torsäule seiner alpinen Laufbahn ein jähes Ende.

Im Januar vor unserem Dachstein-Unternehmen waren wir zu einer gemeinsamen Klettertour am Hochthron unterwegs. Der Schnee und die Wandverhältnisse waren miserabel. Trotzdem war Tempo angesagt. Wir mussten schnell sein, denn – und das sagte mir Franz erst in der Wand – er hatte am Abend einen Diavortrag in Salzburg. Das Salzachtal war schon in dämmriges Licht getaucht, als wir uns mit viel zu langen Ski über Bruchharsch die Hänge talwärts mühten.

Im Gasthof angekommen, bat mich Franz, schnell beim Zusammenstellen der Dias zu helfen. Unter einem Schrank zerrte er einen riesigen, total verstaubten Plastiksack hervor und streute den Inhalt – es waren Tausende von Dias in loser Schüttung – auf den Boden der Großküche. So gut und schnell es ging, versuchten wir aus dem chaotischen Durcheinander die Dias für den Vortrag halbwegs chronologisch einzuordnen. Die Bilder zeigten Berge in der Sahara, Klettereien am Mount Kenia, Erstbegehungsversuche auf heimischem Boden, Eisklettereien in der Großglockner-Nordwand, wunderschöne, verstaubte Aufnahmen vom Kaukasus, von der Ushba-Überschreitung, vom

Schreckhorn, Liskamm, Monte Rosa, Eiger, Matterhorn ...

Mit stoischer Ruhe und viel zu spät machte sich Franz schließlich in Richtung Salzburg davon. Seine Besucher werden die Verspätung verziehen haben, denn seine Vorträge waren Raritäten. Seltene Gelegenheiten, so als würde Walter Bonatti im nepalesischen Tumlingtar referieren.

Franz war, obwohl er die Öffentlichkeit scheute, ein talentierter Vortragsredner. Sozusagen ein Naturtalent: Eine brillante Mischung aus Persönlichkeit, Sprache und Gestik untermauerte seine Erzählungen. Der Funke sprang sofort auf die Zuhörer über. Da waren verstaubte, seitenverkehrte oder auf dem Kopf stehende Dias nicht das Problem.

Mit seiner Schäferhündin «Anka» das Haus hütend, stöberte ich noch lange, am Boden sitzend, in Hawelkas Dias. Sein Bergleben lag vor mir ausgebreitet. Ich sinnierte darüber, wie leicht sich doch das Leben eines Spitzenbergsteigers in einem Plastiksack verstauen lässt. Ein Chaos von Erinnerungen. Eine schizophrene Bilderwelt. Sind Erinnerungen nicht auch sprunghaft und nur im bewussten Denken einer Chronologie unterworfen? Lange saß ich noch weltvergessen da, mit Ehrfurcht die Kostproben vom Boden auflesend.

Kleines (rechts) und Großes (links) Fieberhorn im Tennengebirge. Der Martin-Weiß-Gedenkweg am Kleinen Fieberhorn führt in Falllinie durch die glatte Wand rechts; links davon die Westkante, in der 1942 die drei Dankl-Brüder abstürzten.

Ein Gemisch geheimnisvoller Bilder: selbstmörderische Aktionen bis hin zu himmelhochjauchzenden Gipfelfreuden, geschrieben vom Drehbuch Alpinismus. Im Diarahmen deklassiert zu einem Bündel Sachlichkeit. Was können Fotos schon über die Wirklichkeit aussagen? Über die Angst? Über die Hoffnung? Über den Glauben? Über den Zwist? Oder über die Liebe und all die vielen Begleiterscheinungen, die das Leben eines Bergsteigers – und nicht nur das eines Bergsteigers – ausmachen?

Scheinbar war ich so etwas Ähnliches wie der Lieblingsschüler Hawelkas. Ich spürte, dass er mich besonders gern mochte, und ich fühlte, dass er mich vor allem wegen meiner kompromisslosen Solotouren schätzte. Ich bewunderte diesen bärenstarken Mann, weil er sich über meine Erfolge in ungewöhnlich herzlichem Verständnis freuen konnte.

Hawelka war es aber auch, der sich Sorgen um mich machte. Als ich mich anschickte, die Fieberhorn-Südwestwand im Alleingang zu versuchen, war ihm das sehr zuwider. Der Zufall wollte es, dass ein Schweizer Kletterer bei ihm zu Gast war. «Nimm ihn mit», sagte Hawelka zu mir. Zu Hans Gunten – so hieß der Schweizer – meinte er: «Ich gebe dir freie Station, aber hilf ihm! Wenigstens beim Tragen, oder, noch besser, begleite ihn, so weit du hinaufkommst!»

Gunten war knapp älter (und natürlich etwas größer) und kein schlechter Kletterer. Beim Bouldern an den Blöcken neben dem Zugstiegsweg konnte ich sein Talent bereits erkennen. Die Einstiegslänge würde endgültig zeigen, ob er dem Unternehmen gewachsen sein könnte. Mit Argusaugen prüfte ich seine Kletterbewegungen, während er die meist überhängende Seillänge nachstieg. Meine letzten Zweifel waren zerstreut, und mit Genugtuung merkte ich, dass ihm das Klettern echten Genuss bereitete. Die Freude an der Kletterei wuchs, und irgendwann war klar, dass Gunten mich durch die Wand begleiten würde, weil das Weitergehen wohl auch zur einzigen Möglichkeit geworden war.

50 Meter unter dem Dach befindet sich ein flaches Latschenplätzchen mit einem kleinen Höhlenportal, ein idealer Biwakplatz. Es blieb noch etwas Zeit; so bereiteten wir die Seillänge bis unter das Dach vor und seilten uns zurück zum Biwakplatz.

Unangenehme Zugluft war zu spüren. Das war zwar nicht gut für das Biwak, aber meine Sensoren witterten Abenteuer. Die Nacht war ohnehin viel zu lang, um durchzuschlafen, und so verabschiedete ich mich von meinem Begleiter: «Sollte ich am Morgen noch nicht hier sein, dann seile ab; womöglich finde ich einen Weg zur Eisriesenwelt.» Die nicht ganz ernst gemeinte Bemerkung spielte auf das riesige Labyrinth der Eisriesenwelt an, die das Tennengebirge unterirdisch durchzieht, teilweise für den Fremdenverkehr erschlossen und mit einer Eisfläche von 20 000 Quadratmetern und 40 Kilometern Gesamtlänge die größte Eishöhle der Welt ist.

Gunten verkroch sich im Biwaksack, ich mich in den engen Höhlengang. Leider hatte ich nur eine Handlampe. So hatte ich nur eine Hand zum Klettern zur Verfügung und musste andererseits darauf achten, die Lampe sicher und fest in der Hand zu halten. Ein enger Schlund, manchmal nach unten offen, führte ins Berginnere. Der Umstand, dass die Höhle noch nie von Menschen betreten worden war, erhöhte meine Pulsfrequenz. Gerade in einer Höhle wird das Abenteuerliche sehr deutlich fühlbar. Wäre ich nicht so sonnenverliebt, könnte ich mir diese Art von Abenteuer sehr gut vorstellen.

Nach etwa 100 Metern endete der Gang an einem Versturz, wie das die Höhlenforscher nennen. Eine genauere Untersuchung brachte eine schmale

Kluft an der Höhlendecke zum Vorschein. Hartnäckig arbeitete ich daran, lose Blöcke wegzuräumen, um meinen Körper durch diesen Trichter zu schieben. Dahinter führte der Gang weiter, bis er abrupt in einer Halle oder besser in einem Schlund von riesigem Ausmaß auslief. Zu meiner grenzenlosen Überraschung musste ich erkennen, dass der Berg, unser Fieberhörndl, innen völlig hohl sein musste.

Wasser rauschte. Im Licht der Lampe gespenstisch geformte, glänzende Höhlenwände. Kalter Wind. Feuchter Luftzug. Überwältigt von der Mächtigkeit dieses Naturschauspiels stand ich vor dem Abgrund. Das Licht der Lampe reichte nicht aus, um die Wände jenseits des Schlundes zu erkennen. Die Halle musste riesig sein. In mir ein Gefühl, als wäre ich der Wirklichkeit entrückt. Mein Weg im Berg war jedoch für dieses Mal hier zu Ende.

Im Dach des Martin-Weiß-Gedenkwegs, während der Erstbegehung.

Das Geschichtsträchtigste dieser Route war aber vor allem die Tatsache, dass ich in dieser Neutour erstmals Bohrhaken verwendete. Bohrhammer und Laschenbohrhaken existierten zu jener Zeit noch lange nicht. Unsere Bohrhaken waren Winzlinge von 6 Millimeter Stärke und mit einer Länge von 2 Zentimetern. Sie wurden in langwieriger Arbeit mit einem Handmeißel gesetzt.

Das Dach selbst ging gut, auch wenn wir nur mehr sehr schlechtes Hakenmaterial zur Verfügung hatten. In der gesamten Seillänge wurde kein einziger neuer Haken verwendet. Von den «Rostgurken» (frei nach Pit Schubert) waren nur noch die allerschlechtesten übrig geblieben. Die an das Dach anschließende Platte erforderte den Einsatz von Bohrhaken. Die Zeit verstrich, während ich in Akkordarbeit im Wettlauf mit dem vergehenden Tag Löcher meißelte und Haken einschlug. Dramatischerweise brach genau beim letzten Loch der Bohrer. Das Loch war höchstens einen Zentimeter tief. Was tun?

1970 gelang mir mit Sepp Seidl die erste Winterbegehung des Martin-Weiß-Gedenkwegs.

In meiner Not erinnerte ich mich an einen Haken, den ich – sicher nicht in weiser Voraussicht – als Reserve im Rucksack hatte. Einen von Herbert Gaar, der Schlosserlehrling war, angefertigten Bohrhaken. Der Hakenschaft stand etwa einen Zentimeter über die Öse hinaus. Diesen Teil setzte ich in das Loch ein. So konnte die Öse am Fels aufliegen, das ergab zumindest die geringsten Hebelkräfte. Gott sei Dank hielt das Ding, denn das nahe Gewitter trieb uns zur Eile. Inzwischen war es dunkel. So schnell wie nur möglich flüchteten wir über die restliche Wand und die Westkante zum Gipfel. Längst hatte sich das Gewitter über uns entladen. Die Blitze waren jedoch nicht nah genug, um uns vor Angst erstarren zu lassen. Die Nacht war stockdunkel, und leichte Regengüsse empfingen uns am Gipfel. Wir ließen alles Unnötige dort liegen und kletterten und seilten uns über die Nordwand ab.

Das Unglück am Eiger und der Tod des Freundes waren ständige Begleiter. Egal, wo ich mich befand, von diesem furchtbaren Ereignis wurde ich immer eingeholt. Es gab kein Entrinnen aus diesem Verzagtsein, aus dieser Leere. Das Geschehene war mir immer vor Augen und in meinen Gedanken. Es ließ sich nicht ausklammern oder ignorieren. Auch diese Erstbegehung war dauernd von Martin begleitet. Die Zeit werde Heilung bringen, sagte man mir.

Den Weg durch die Südwestwand des Kleinen Fieberhorns widmete ich Martin zum Gedenken. Was könnte man sonst tun für einen Toten, als seinen Namen wenigstens in Ehren zu halten? Der «Martin-Weiß-Gedenkweg» erhielt bis zur Jahrtausendwende fünfzig Begehungen und durch Fritz Grünwald, einen Alpingendarmen aus Werfen, dann doch noch eine Solobegehung. Zum dreißigsten Todestag Martins haben wir die Route saniert. Nun werden Kletterer an den Standplätzen mit geklebten Haken und besserem Material zwischen den Ständen verwöhnt. Schon zuvor war mir zusammen mit Sigi Brachmayer ein direkter Einstieg und Ausstieg gelungen; so bildet diese Kombination den längsten Kletterweg im Bereich der Werfener Hütte.

Mit Joe Bachler (rechts) zum ersten Mal in den Dolomiten: Unser Vorbild war damals unumstritten Reinhold Messner. Begeistert wiederholten wir seinen «Südtirolerweg» in der Marmolada-Südwand.

ZWEI SCHMETTERLINGE

Im Jahr 1970 lud der Österreichische Alpenverein eine Auswahl von Bergsteigern zu einem Austausch mit russischen Alpinisten in den Kaukasus ein. Sepp Seidl, mit dem ich die Erstbegehung des Torsäule-Südpfeilers gemacht hatte, begleitete mich. Außerdem gesellten sich die beiden Abtenauer Heini und Martin, zwei lustige Typen, für die wir sofort Sympathie empfanden, zu uns.

Wir teilten auf der Hin- und Rückfahrt die Zugabteile sowie die Quartiere am Ausgangspunkt unserer Bergziele. Zusammen erstiegen wir den Elbrus, einen unschwierigen Schneeberg, doch mit 5642 Metern Europas höchste Erhebung. Nur bei den schweren Zielen trennten sich unsere Wege.

Die beiden Abtenauer erzählten von einem Sechzehnjährigen, der ein großes Talent im Klettern und allgemein im Bergsteigen haben solle. Sofort wurde ich hellhörig, denn Seilpartner für extreme Unternehmungen waren in unserer Umgebung rar.

Einige Wochen später, bald nach der Rückkehr vom Kaukasus, besuchte ich diesen Joe, von dem die Abtenauer so geschwärmt hatten. Eigentlich hieß er Georg Bachler. Joe nannten ihn seine Freunde in Abtenau, und das ganze Lammertal kannte ihn später unter diesem Namen. Vom ersten Augenblick an war gegenseitige Sympathie zu spüren; mit der Zeit steigerte sich unsere Verbundenheit und Zuneigung zu einer gegenseitigen Abhängigkeit, die der Hingezogenheit Liebender glich. Vom absoluten Vertrauen aufeinander gezeichnet, befruchtete unsere jahrelange stabile Partnerschaft unsere alpinen Aktivitäten, die Qualität des von uns praktizierten Alpinismus.

Beide waren wir vom Entdeckerdrang getrieben. Gemeinsame Erstbegehungen waren die logische Folge. Gosaukamm, Dachstein, Tennengebirge und Hochkönig lagen schließlich vor unserer Haustür. Kurz nachdem wir uns kennen gelernt hatten, gelang uns eine sehr anspruchsvolle Erstbegehung – sie wurde bis heute nur einmal wiederholt! – durch die 700 Meter hohe Südwestwand des Rauchecks. Es ist der höchste und von Norden her der leichteste Berg im Tennengebirge und auch für Wanderer zugänglich. Die gesamte südseitige Wandflucht war noch unbegangen, denn gleich zu Beginn ziehen sich zwei übereinander liegende Querwulste über die ganze Wandbreite. Diese Barrieren wiesen alle Versuche ab und schützten die Wand erfolgreich vor Kletterern.

Inzwischen bestimmten selbst auferlegte Spielregeln und eine damit verbundene Ethik unseren Alpinismus. Langes Herumprobieren passte nicht mehr in unser Bild vom Klettern, auch schlossen wir den Einsatz von Bohrhaken kategorisch aus. Der Gedenkweg für Martin Weiß hatte die Bekehrung erwirkt: Durch den Bohrhaken war plötzlich nichts mehr unmöglich. Ich hat-

te aus eigener Erfahrung erkannt, dass das faszinierende Unmögliche geschützt werden musste, um dem Alpinismus seinen Wert, seine wahre Qualität und auch seine Tradition zu erhalten. Diesem Credo entsprechend führten wir lediglich die angepasst an das Ziel minimale Ausrüstung mit. Wir waren bestrebt, eine Route ohne vorhergehende Versuche in einem Zug vom Wandfuß bis zum Gipfel zu klettern, wenn nötig mit Biwak.

Die Unternehmungslust steht ihm ins Gesicht geschrieben: Joe Bachler.

Wie schon erwähnt, hängt die Südwestwand des Rauchecks zu Beginn weit über. Die beiden Querwülste waren nur in kraftraubender Kletterei und mit äußerst kniffliger Absicherung zu überwinden. Den oberen Rand des Überhanges vor Augen, gingen mir sowohl die Griffe als auch die Kraft aus. Als letzte Möglichkeit versuchte ich, einen Griff, der leider knapp außer Reichweite war, anzuspringen. Was mir auch gelang; doch die Kraft in den Armen war endgültig verbraucht, und ein mächtiger Sturz war die Folge.

Stürze galten als Makel. Das Stürzen war mir immer zuwider, und meine ernsthaften Stürze könnte ich an den Fingern einer Hand abzählen; sie haben Seltenheitswert. Dieser Flug gehörte zu den ernsthaften, doch endete er wegen des überhängenden Geländes relativ harmlos. Es gelang mir auch später

In der zweiten Seillänge der Raucheck-Südwestwand, im weit überhängenden Wulst.

in gut abgesichertem Sportklettergelände nie, leichtfertig ins Seil zu springen. Im Gegenteil: Ich plagte mich bis zur letzten Sekunde, einen Sturz, und wenn es auch nur ein kleiner Rutscher war, zu vermeiden. Damit lag ich weit ab von jener Normalität des Ins-Seil-Springens, wie es in der heutigen Sportkletterszene üblich ist. Im herkömmlichen Alpinismus verbietet die Ernsthaftigkeit des Geländes und die oft praktisch nicht vorhandene Sicherungskette sowieso jede Art von Sturz.

Ende Oktober sind die Tage bereits bedrohlich kurz, dafür die Biwaknächte unverschämt lang. Einen Dreiliterkanister mit Tee, versetzt mit viel Zucker und noch mehr Rum, zogen wir mit Hilfe einer langen Reepschnur durch die Südwand des Rauchecks nach. Wir glaubten, der süße Rumtee würde uns die lange Nacht verkürzen, uns benommen in geruhsamen Schlaf wiegen. In Wirklichkeit erreichten wir das genaue Gegenteil. Das Durstgefühl verstärkte sich nach jedem Schluck, ließ uns kaum zur Ruhe kommen und wurde am nächsten Tag fast unerträglich.

Am Morgen war es eisig kalt; wir ersehnten die wärmenden Sonnenstrahlen. Die Kletterei war ernst, der Fels brüchig und die Absicherung an der Grenze des Verantwortbaren. Später am Tag das Kontrastprogramm: Wir schwitzten in der warmen Herbstsonne. Das Schlimmste jedoch war der vom Rumtee verursachte furchtbare Durst, die Kopfschmerzen und die Übelkeit. Und das Einzige, was wir zu trinken hatten, war jener bewusste Tee. «Ich könnte speien, wenn ich den widerlichen Rum rieche», fluchte Joe. «Du hast eben nicht das Zeug zu einem echten Seemann», spottete ich mit Sarkasmus, denn mir erging es genauso, auch mich ekelte der Geruch aus dem Kanister längst an. Noch den ganzen Tag und die halbe Nacht waren wir in der Wand, begleitet von quälendem Durst und angesäuselt vom Alkohol.

Die Zweitbegeher Sepp Inhöger und Peter Rohrmoser erzählten später, sie hätten Haken vorgefunden, die zwischen Fels und Rasenpolstern steckten. Das war vermutlich die einzige Möglichkeit gewesen, die halb körperbreiten, senkrechten Risse ein wenig abzusichern. Ich konnte mich daran allerdings nicht mehr so recht erinnern, woran der Rumtee sicherlich nicht unschuldig war.

Das Biwak am Gipfel war nur kurz, denn bald nach Mitternacht überraschte uns ein Wettersturz – und das mit einer unvorstellbaren Plötzlichkeit. Im Mond- und Sternenlicht waren wir noch zum Gipfel gestiegen. Nun waren die Schneewolken ins Land gezogen. Es stürmte und schneite aus allen Rohren. Auf der Nordseite geht das Raucheck in das Plateau über, und da wir das Gebiet gut kannten, war es kein Problem für uns, trotz der Unbilden des Wetters den Abstieg zu finden.

Franz Hawelka hatte inzwischen den Gasthof Mahdegg verlassen. So hatten wir schon vor einiger Zeit den Bergbauernhof Unterholz zu unserem neuen Stützpunkt gewählt. In Unterholz waren wir immer sehr gut aufgehoben. Der Bauer, der Hansei, war in seinen jungen Jahren oft selbst in Kletterrouten unterwegs gewesen. Trotz seines Hörschadens verstand er die Kletterer besser als die Hüttenwirte sämtlicher anderer Stützpunkte auf dieser Talseite. Der Hansei schaute auch immer vom Bauernhof aus mit dem Fernglas nach «seinen Buben». Unvergesslich sind mir im Zusammenhang mit der Raucheck-Südwestwand vor allem die Omeletten geblieben, die der Hansei uns nach diesen Diättagen um 4 Uhr früh servierte.

Joes und mein Leben waren bestimmt von der Hauptsache Berg und den Nebensächlichkeiten der Alltagsexistenz. Wie zwei Schmetterlinge flatterten wir von Ziel zu Ziel, kosteten von diesem und jenem Gebiet, labten uns an den schönsten Kletterblüten, welche die Alpen zu bieten hatten. Inzwischen gesellte sich ein größerer Freundeskreis zu uns. Wir beide waren jedoch die Zampanos, welche die Kletterszene weit über die Landesgrenzen hinaus beherrschten.

Mehrere Freunde begleiteten uns zu einem Kletterurlaub nach Nordnorwegen ins Lingengebirge, ein wenig bekanntes, völlig einsames Berggebiet südlich von Tromsö. Wunderschöne Kletterwochen, viele Erstbegehungen, super Wetter, Mitternachtssonne, Zeitlosigkeit. Auf der Heimfahrt eine Nacht auf St. Pauli.

Am Tag nach meiner Rückkehr aus den Bergen Nordnorwegens gelang Richard Franzl, Sepp Seidl und Willi Prax die Erstbegehung der Hochkönig-Südwand-Direttissima, die eigentlich auch mein Wunschtraum gewesen war. Jetzt konnte ich nur noch gratulieren, versuchen, mich trotzdem zu freuen über Richards Erfolg. Richard, der als treibender Motor dieses Unternehmens galt, schöpfte seine Kraft und Ausdauer aus harter Arbeit, die er im Beruf und bei einigen Nebenbeschäftigungen zu leisten hatte. Die Erinnerung amüsiert mich, weil Richard mir damals – ich bin etwa zehn Jahre jünger als er – als etwas über Dreißigjähriger zu alt fürs Klettern erschien. Dass «der Alte» noch zu solch enormen Leistungen fähig war, versetzte mich in ehrfürchtiges Staunen. Jedenfalls war die Direttissima weg, und ich habe mich ehrlich mitgefreut, denn es gab eigentlich niemanden, der sich den Erfolg mehr verdient hätte als diese drei.

Es muss erwähnt werden, dass zur damaligen Zeit Erstbegehungen, Winterbegehungen, auch Solobegehungen ein wesentlich höherer Stellenwert beigemessen wurde – ein Wert, der auf der Schwelle ins neue Jahrtausend durch den Technologieeinsatz verloren ging. Den Bergen respektive dem Alpinismus im Allgemeinen wurde dadurch ein alles möglich machendes Mäntelchen verpasst. Mit dem Ausschalten des Unmöglichen hatte man in kürzester Zeit dem

Alpinismus sämtliche Grundwerte, welche die eigentliche Faszination ausmachen, entzogen. Heute sind solche Erstbegehungen daher auch nicht viel mehr als die Tatsache, dass es da eine neue Route gibt. Damals waren die Werte anderer Natur. Vielleicht wird vor diesem Hintergrund nachvollziehbar, dass ich – nachdem die Erstbegehung der Direttissima nun gemacht war – heimliches Interesse an einer Alleinbegehung hegte.

Vorsichtig hatte ich mich bei den etwas älteren, erfahrenen Freunden nach der Chance für eine Alleinbegehung erkundigt. Ich erntete ein mitleidiges Lächeln, es hieß: «Das wäre was für Wahnsinnige. Einen Alleingang in dieser Route? Das würde ich mir gern anschauen!» Ein verstecktes Lächeln. Die Worte von Richard: «Nein, keine Seillänge möchte ich allein gehen!» Ich glaubte, einen feinen Klang von Hohn und Ironie herauszuhören. Der Stachel saß. Die als unmöglich hingestellte Utopie wurde Herausforderung und Ansporn, es allen zum Trotz doch zu versuchen.

Am Fuß der Hochkönig-Südwand, anlässlich meiner Solobegehung der Direttissima.

Wenige Tage später konnte ich die Bedenken meiner Freunde besser verstehen. Beeindruckende Ausgesetztheit, unter und über mir gelbliche Überhänge, weit und breit kein Haken. An einem vorstehenden Felszacken sicherte ich mich nach links über eine senkrechte Platte und stemmte eine überhängende Verschneidung empor – eine Kletterei an der Grenze meines Könnens. Etwa 30 Meter weiter rechts sah ich dann einen Riss mit einigen Schlingen und Hakenösen, für mich allerdings unerreichbar.

Die Tatsache, abseits der Route zu sein, begeisterte mich wenig, auch war mir der Weg zurück inzwischen unmöglich geworden. Andererseits war ich nie ein Feigling gewesen und vermochte aus Notlagen immer Kraft zu schöpfen. In banger Spannung, aber ohne Panik führte mich der einzige mögliche Weiterweg um eine Kante noch weiter links. Dort tat sich überraschend ein System aus Verschneidungen und Rissen auf, das die gelbe Überhangzone durchzog. Der nicht sehr vertrauenswürdige Fels trieb schließlich meinen Puls doch noch nach oben. Ich hatte furchtbare Angst, mit einigen Kubikmetern Fels aus der Wand zu stürzen.

Eine wasserzerfressene Platte oberhalb der Überhänge erlaubte dann zum Glück die Querung zur Originalroute. Einige weitere Überhänge ließen sich in einem tiefen Spalt im wahrsten Sinne des Wortes hintergehen. Erst als riesige Klemmblöcke den Weg verschlossen, wurde ich wieder in die freie Wand hinausgedrängt und von ungemeiner Ausgesetztheit empfangen. Noch einige kritische Wandstellen, die von Wasser überronnen waren, waren zu überwinden, dann legte sich die Wand zurück. Der genaue Routenverlauf war mir nicht bekannt. Zu dieser Zeit waren Routenbeschreibungen und Topos noch nicht an der Tagesordnung, und so gelang mir ungewollt noch ein direkter Ausstieg über die letzten 200 Wandmeter. Im Vergleich zum unteren Wandteil war das ein genussvolles Ausklettern, bevor ich nach fast zwölf Stunden Kletterzeit am Gipfel stand.

Wie auf alle jungen Kletterer übten die Dolomiten auch auf uns eine besondere Anziehungskraft aus. Joe, inzwischen 18, und ich, 25, waren immer noch ohne fahrbaren Untersatz, sieht man von unseren Fahrrädern ab. Willi Bogensberger, ein Freund, mit dem ich ab und zu klettern ging, erbarmte sich unser und chauffierte uns ins Land der Kletterträume.

Wir entschieden uns für den «Südtirolerweg» in der Marmolada-Südwand. Reinhold Messner, ein junger Kletterer aus Villnöss, und ein Weinhändler namens Konrad Renzler waren 1969 die Erstbegeher dieser Route. Vor allem die Person Reinhold Messners hatte uns interessiert; wir wussten von seinen spektakulären Neutouren in den Alpenwänden, von der dramatischen Nanga-Parbat-Überschreitung. Uns begeisterte seine Geisteshaltung gegenüber dem Alpinismus, und er bestärkte uns in unserer Auffassung von Ethik und Stil des Kletterns.

Die Kletterei war großartig, noch eindrucksvoller war für uns Dolomiten-Neulinge aber die grandiose Bergwelt. Willi, unser Chauffeur, der schon etwas älter war, kannte die Dolomiten wie seine eigene Westentasche. Er zeigte uns Berg um Berg, Wand um Wand – Ziele, auf die wir in künftigen Jahrzehnten oft zurückkommen sollten.

Es war Sommer 1971. Joe und ich waren gerade den Martin-Weiß-Gedenkweg geklettert und befanden uns auf dem Heimweg. Mein Jugendfreund Sepp kam uns entgegen. Er, der sonst immer ein Lachen auf den Lippen hatte, war heute ungewöhnlich ernst. Meine scheue Befürchtung wurde mir auf der Stelle bestätigt. «Deine Mutter ist gestorben», sagte Sepp traurig, «mein herzliches Beileid.»

Nach langer, quälender Krankheit war der Tod schließlich eine Erlösung für sie gewesen. Das entschuldigt allerdings nicht, dass ich an jenem Tag am falschen Ort war. Dass diese Klettertour in meinem Leben eine zu viel war. Das Versäumnis, ihr nicht beigestanden zu haben, war nicht rückgängig zu machen, der Abschied war unwiederbringlich. Eine Schuld, die ein Leben lang auf mir lasten sollte.

Mutter hatte sich nie geschont, sich eigentlich immer nur geschunden und abgerackert. Sieben Kinder – eines war lange vor meiner Zeit sehr jung an Diphtherie gestorben – und der Bauernhof, das war Arbeit ohne Ende. Sorgen. Krieg. Ihre jüngsten Brüder, für die sie mütterliche Gefühle empfand, dahingerafft im sinnlosen Krieg gegen Russland. Namen auf Soldatenkreuzen. Wenn überhaupt. Fünfzehn Geschwister, Mutter gehörte zu den Ältesten, da hieß es anpacken, schon zu Kinderzeiten. Den sieben Almsommern als Sennerin hatte sie oft nachgeträumt. Es war die unbefangenste, glücklichste Zeit ihres Lebens, wie sie oft erzählte. In diesen jugendlichen Sommermonaten genoss sie trotz schwerer Almarbeit eine vorher nicht gekannte Freiheit und Selbständigkeit. Diese Zeit hat in Mutter ein Leben lang nachgetönt.

Jene Erinnerung, dazu ein anerzogenes Pflichtbewusstsein, religiöse Gottesfurcht, aber auch Gotteshoffnung und ihr lebensbejahender Frohmut haben sie schwierigste Zeiten überstehen lassen. Ihr Leben war alles andere als leicht gewesen, vor allem auch wegen Vaters Arbeitsunfall und seiner damit verbundenen Taubheit, Wetterfühligkeit und Schwermut. Ich erinnere mich an beklommene Abende meiner Kindheit, wenn Vater sein Leben sinnlos fand, seine Kopfschmerzen nicht mehr ertragen konnte und vor lauter Verzweiflung die Einsamkeit suchte. Mutter und Kinder sorgten sich. Verzagten, beteten und weinten. Vater konnte zwar Mutters Wunsch nach einer bäuerlichen Existenz erfüllen, selbst hatte er aber lange Zeit nicht wirklich Freude daran. Für ihn war es meist nur eine verfluchte Plage.

Dagegen war für Mutter die bäuerliche Arbeit lebenswichtig, wenn sie auch oft über ihre Kräfte ging. Bezogen auf unser Familienleben, hatte alles seinen zwingenden Tagesablauf, seine feste Ordnung, man pflegte das Überlieferte und ordnete alle romantischen Gefühle einem notwendigen Realismus des Bergbauerndaseins unter. Es wäre undankbar und oberflächlich, meiner Mutter Gefühlskälte nachzusagen. Auch glaube ich nicht, einer Nestwärme beraubt worden zu sein. Die Beziehung der Eltern zu ihren Kindern war nur von einer anderen Qualität, einer anderen Natürlichkeit und Nüchternheit unterworfen. Nach dem Krieg lebte man nicht von sentimentalen Umarmungen, sondern vom Nützlichen. Überall holten einen noch Todesnachrichten ein. Und auf dem Bauernhof musste das Wenige, das man hatte, zum Überleben reichen.

Küsse, Zärtlichkeiten gegenüber den Kindern gab es kaum. Die größte Nähe zur Mutter hatte ich bei einem Besuch im Krankenhaus empfunden. Sie war an den Augen operiert worden, und die anschließenden zwei Wochen im Krankenhaus waren ihrer Ansicht nach die faulsten Tage ihres Lebens gewesen. Als Zeitvertreib spielten wir ein Spiel. Es hieß «Hütchen hüpf». Nie vorher oder auch danach erlebte ich Mutter in einer ausgelasseneren und fröhlicheren Stimmung.

Ein Kinderleben lang an der Seite der Mutter, aber erst im Krankenhaus, in den unsympathischen, kühlen Räumlichkeiten einer Augenklinik, erfahre ich Mutters heiteres, herzliches und kindliches Wesen. Zum Aufbau eines Erwachsenenverhältnisses blieb uns nicht die Zeit; ihr Tod kam dem zuvor.

Mit Fahrrädern trafen wir uns an einem Julitag 1972 auf der Bundesstraße unterhalb der Hochkogel-Nordwand. Joe kam von Abtenau, ich von Bischofshofen. Auf dem Rücken große Rucksäcke, in denen Ausrüstung für eine Neutour verpackt war. Die bis zu 1000 Meter hohe, einige Kilometer breite Wandflucht des Hochkogels sucht ihresgleichen. Es gibt nur wenig vergleichbar Ernstes in den nördlichen Kalkalpen. Glatte, senkrechte Plattenfluchten gaben der Wand lange den Nimbus der Unbesteigbarkeit.

Um den Knoten zu lösen, waren wir öfter am Rand der Bundesstraße gestanden und hatten mit angehaltenem Atem die Wand studiert. Nun hieß es, die ausfindig gemachten Möglichkeiten aus der Nähe anzusehen. Seit dem Gedenkweg für Martin Weiß war einige Zeit vergangen, mehrere Neutouren, Solobegehungen und Winterunternehmungen füllten die Tourenbücher. Der Bohrhaken war längst aus dem Rucksack verbannt.

Die Eintrittskarte zur Hochkogelwand ist ein äußerst widerspenstiger Latschenrücken, den es zu überlisten gilt. Auf der anderen Seite schützt der Latschenrücken die Wand vor allzu vielen Kletterern. Nach kurzem Wandvorbau beginnt die Plattenflucht mit einer schräg nach rechts ziehenden, messerscharfen Hangelleiste. Zunehmend ausgesetzt, führt sie zu einem System von Rissen und Verschneidungen.

Von jener spannungsgeladenen Neugier ergriffen, die mich immer bei Neutouren befällt, konnte ich es an den Standplätzen kaum erwarten, bis Joe endlich da war. Immer wieder drängte ich zur Eile und war jedes Mal froh darüber, endlich weiterklettern zu können. Das soll nicht heißen, dass Joe langsam war, ganz im Gegenteil, doch meine Ungeduld ließ sich kaum zähmen.

Am Ende des langen Klettertags waren wir froh, dass der mit dem Fernglas ausgekundschaftete Biwakplatz auch wirklich gut war. Eine Nische in halber Wandhöhe, ein flaches überdachtes Plätzchen, inmitten der riesigen Steilwand die einzig mögliche Stelle, in liegender Stellung übernachten zu können.

Die Landjäger waren beim Nachziehen des Rucksacks allerdings in den Schluchten des Hochkogels verschwunden. Der Adler wird sich freuen. Brot ohne Wurst geht auch, außerdem hatten wir genug Wasser. Bald nach dem Einschlafen weckte uns prasselnder Regen und fernes Donnern. «Ein kleines Gewitter», sagte Joe. Es kam nicht überraschend, denn während des Kletterns hatte schon drohendes Gewölk ein baldiges Gewitter befürchten lassen.

Das Gewitter hörte tatsächlich bald auf, aber der Regen wollte nicht mehr enden. Am Morgen war Waschküche angesagt. Im Windschatten des riesigen Nordwandecks waren wir vom Sturm einigermaßen geschützt. Er sollte sich unten im Tal viel ärger auswirken. Das Salzachtal verengt sich zum Pass Lueg hin zu einem Trichter. Dadurch legen Winde derart an Heftigkeit zu, dass nicht selten Bäume entwurzelt und Bundesstraße und Eisenbahnstrecke dadurch unterbrochen werden.

«Weg der Freunde»: in der 100-Meter-Verschneidung.

Damals sahen wir das Bergsteigen von seiner ideologischen Seite. Konservative Ursprünglichkeit prägte unsere Einstellung, unseren Stil, die Art und Weise unserer Unternehmungen. Unser Credo war: anschauen, hingehen und durchklettern, ohne Versuche, mit minimaler Ausrüstung, in einem Zuge – falls notwendig mit Biwaks – bis zum Gipfel. Und es war absolut keine Klettertour denkbar, die nicht ein Gipfel als Abschluss gekrönt hätte. «Etwas Waschküche» war kein Grund, der uns in dieser traditionsgeladenen Zeit zur Umkehr gezwungen hätte.

Es regnete leicht, wir kletterten weiter, die «Hundert-Meter-Verschneidung» war die nächste Etappe. Das obere Ende der Verschneidung verengte sich zu einem Riss, über den sich ein regelrechter Wasserstrahl ergoss. Gleich nach einigen Metern wurde mir die Unmöglichkeit bewusst. Ich hatte mir zwar vorgestellt, wie es gehen könnte, aber Vorstellung und Verwirklichung sind einmal mehr zwei Paar Schuhe. Wie oft habe ich beispielsweise schon den innigsten Wunsch verspürt, wie ein Schlagerstar singen zu können – ich konnte die Texte von Gilbert Bécaud und Freddy Quinn auswendig und hatte die Melodien genau im Ohr, doch ich konnte einfach nicht singen. Zu Zeiten straft das Leben mit Eunuchenschicksalen: Man weiß wie, aber man kann leider nicht. So erging es mir in der Hochkogel-Nordwand.

Ohnehin schon durchnässt bis auf die Haut, kam es auf weitere Versuche nicht an. Doch was ich und wie ich es auch anstellte, letzten Endes blieb ich ein Eunuch. Der treue Freund Joe, der wie festgeklebt auf einem kleinen Stand an der wasserüberronnenen Wand hing, schlotternd vor Kälte und Nässe, lugte mit großen Kuhaugen unter der zugezogenen Anorakkapuze hervor. Mit misstrauischem Herr-steh-uns-bei-Blick verfolgte er meine fruchtlosen Versuche. Hier blieb nur der Rückzug.

Klettergurte beschränkten sich Anfang der Siebzigerjahre auf den Brustgurt. Heutige Seilbremsen oder Abseilmethoden waren unbekannt. Aus einer Reepschnur wurde improvisierend ein so genannter «Grödner Abseilsitz» geknüpft. Ein Schraubkarabiner wurde zwischen den Beinen eingehängt, das Seil an diesem Karabiner umgelenkt und über die rechte Schulter und den linken Arm geführt. Die Abseilbremse funktionierte mit Einsatz des Körpers.

In unserem Fall lag das größte Problem für uns im überhängenden Gelände und in der Geschlossenheit der Plattenwand. Naturgegeben liegt die Route fast immer außerhalb der Falllinie; wir mussten unbedingt versuchen, auf dem Aufstiegsweg zu bleiben, um den Kontakt zur Wand nicht zu verlieren. Nachträglich gesehen sind es gerade jene verzwickten Abenteuer, die man sich niemals wieder wünschen würde, die uns zum erfahrenen Alpinisten heranreifen lassen.

Überrascht waren wir vom Ausmaß des Sturmes im Tal. Mehrere Bäume und Erdrutsche blockierten noch immer die Bundesstraße, als wir abends bei heftigem Regen und Hagel das Tal erreichten. Dem Wettersturz folgte eine längere Regenzeit; erst zwei Wochen später gelang die endgültige Wanddurchsteigung in dreizehn Stunden ohne Biwak. Der «Weg der Freunde», wie wir die Route nannten, manifestierte die langjährige Partnerschaft von Joe und mir. Die größte Tour konnte gerade genügen, um unsere wunderschöne Gemeinschaft zu symbolisieren.

Der Mont Blanc mit seinen riesigen Eiswänden, gekrönt von Granitspitzen, unzählige Tourenmöglichkeiten verheißend, ließ uns in Demut staunen. Wir freuten uns natürlich auf die eine oder andere Wand, gleichzeitig hatten wir aber auch viel Respekt. Sollte es die eine oder andere Überheblichkeit in mir gegeben haben, dann hatte ich diese spätestens nach der Eiger-Tragödie abgelegt.

Neben mehreren anderen großen Eistouren gelang uns die Droites-Nordwand, eine 1000 Meter hohe, 70 Grad steile Eis- und Felswand, erstbegangen im September 1955 von Cornuau und Davaille in sechstägiger Kletterzeit. Nach einer schlaflosen Nacht waren wir froh, aus der hoffnungslos überfüllten Argentièrehütte flüchten zu können. Beinahe wäre unsere Tour am flachen Gletscherboden schon zu Ende gewesen, denn wir versanken bis über die Schuhe im Gletschersumpf.

Am Wandfuß trockneten wir über dem kleinen Spirituskocher unsere nassen Sachen, dann stiegen wir, so weit unser Mut reichte, seilfrei die Wand hoch. Das Eis war gut; ohne Stufen pickeln zu müssen, waren wir schneller als erwartet bei den ersten Felsen. Dass wir ein eingespieltes Team waren, äußerte sich in Sicherheit und Tempo. Der Fels war ohnehin unsere Spezialität, und in kombiniertes Gelände waren wir beide verliebt. Es war das Großartigste und versinnbildlichte unsere Vorstellung von Alpinismus.

Kombinierte Touren, wie hier die Droites-Südwand, waren für uns die Königsdisziplin des Bergsteigens.

Müsste ich allerdings heute mit der Eisausrüstung von damals klettern, hätte ich wahrscheinlich fürchterliche Angst: ein Stubai-Eisbeil mit plumpem Holzstiel, an das wir selbst Hand anlegten und an der Spitze der Haue Widerhaken einschliffen. Für die andere Hand ein Eisstichel, an den Füßen Steigeisen mit Frontalzacken. Abgesichert wurde die Kletterei mittels Marba-Eisspiralen und Eishaken ähnlich jenen, die schon Welzenbach und Rigele bei der

Erstbegehung der Wiesbachhorn-Nordwestwand verwendet hatten. Jedenfalls konnten wir mit dieser Ausrüstung damals gut umgehen und sie wirksam einsetzen.

Wir waren um 3 Uhr nachmittags am Gipfel und zwei Stunden später auf der Couverclehütte. Abgesehen von Messners Alleingang waren wir die Ersten, die ohne Biwak durch die Wand kletterten. Die meisten Seilschaften müssen zwei oder drei Biwaks in Kauf nehmen. Zu unserer freudigen Überraschung wurden wir vom Hüttenwirt der Couverclehütte mit überschwänglicher Freundlichkeit empfangen. Der Grund: Über Funk hatte er vom Wirt der Argentièrehütte von unserem Rekordgang erfahren. Dankbar nahmen wir die Einladung zum Nachtmahl an. Wir litten sowieso unter notorischem Geldmangel.

Erstmals im Leben saßen Joe, Richard und ich in einem Flugzeug. Zwei weitere Expeditionsmitglieder – der im Ski-Weltcup tätige Sepp Portenkirchner und der Weltenbummler Toni Sponer – waren hingegen gewiefte Flugpendler und hatten die Situation allzeit im Griff. Toni, eigentlich kein Bergsteiger, war zufällig zu unserer Gruppe gestoßen, seine Sprachkenntnisse – er war in fünf Sprachen perfekt, vor allem auch in Spanisch – erleichterten den organisatorischen Bereich. Öffneten beispielsweise durch Gespräche am Telefon vom Hotelzimmer aus Wege, die sonst stundenlangen Wartens in irgendwelchen behördlichen Vorräumen bedurft hätten.

Toni, mit der wilden Ausstrahlung eines Charles Bronson, war aber doch mit einem sanften Gemüt beseelt, das einen berufenen Entwicklungshelfer geehrt hätte. Frauenherzen flogen ihm weltweit zu. Seine Bekanntschaften in Rio de Janeiro kamen der ganzen Expedition zugute. Wir genossen die Gastfreundschaft eines rassigen brasilianischen Mädchens mit südländischem Temperament. Leider mussten wir anderen, die wir nicht in der bevorzugten Position Tonis waren, uns lediglich damit begnügen, von ihr durch die schönsten (und grässlichsten) Straßen und Gässchen der Großstadt chauffiert zu werden. Eine Kostprobe ihres Temperaments hatte sie jedoch auch für uns parat, nämlich die Hochgeschwindigkeitsfahrten zu den schönsten Sehenswürdigkeiten der Stadt.

Nur aus Bildern eines Vortrags von Wolfgang Axt waren mir diese Landschaften bekannt. Welche Kontraste für einen Bergbauernbub, der noch immer – zumindest mit einem Fuß – in der Kleinkariertheit seiner Herkunft verhaftet war. Aber wie gerne hätte er all die Eindrücke um sich eingetauscht für eine Nacht mit dieser Frau ...

Am nächsten Tag ging es weiter nach Lima. Der österreichische Botschafter Gerhard Wiedor – den ich fast dreißig Jahre später zufällig im Oman wieder treffen sollte – half uns bei vielen Erledigungen. Nach drei Tagen saßen wir bereits im Bus in Richtung Huaraz und Yungay in der Cordillera Blanca. Ein erschütternder Anblick: Zehntausende von Menschen wurden hier am 31. Mai 1970 durch einen auf Grund eines Erdbebens vom Huascarán abgebrochenen Bergsturz verschüttet.

Fährt man von Yungay aus über die damals neu errichtete Schotterstraße ins Llanganucotal, so sieht man rechts den talbeherrschenden Huascarán mit seinen gewaltigen Nord- und Westabstürzen. Auf der linken Seite steht die Huandoygruppe mit ihren drei Gipfeln. Von hier aus sah man nur den obersten Teil des 6160 Meter hohen Südgipfels, dessen Südpfeiler unser Ziel war. Erst nach dem Ersteigen des ersten Moränenhügels, nach etwa 1000 Höhenmetern, bot sich die ganze Wucht und Pracht der Südabstürze unseren Blicken dar. Es war wie im Paradies: Unzählige bunte Sträucher und Blumen säumten die Bergwiesen. Dazwischen standen wie Gespenster uralte Bäume. Das Tal lag eingebettet zwischen Fünf- und Sechstausendern, deren Spitzen gleichsam das Firmament zu stützen schienen.

Auf 4800 Meter Höhe stellten wir ein vorgeschobenes Lager auf, drei Gehstunden vom Pfeilerfuß entfernt. Die Südwand, über 1000 Meter hoch, ist größtenteils überhängend. Sie gehört zu den wildesten Wänden in den Anden. Den Ostgrat rechts – stark überwechtet, mit unzähligen kleinen Grattürmen – erkletterte bereits eine französische Seilschaft. Den westlichen Abschluss der Südwand bildet der Südpfeiler, der seine scharfen Konturen in den tiefblauen Himmel schneidet. Eine geschwungene, steile Linie vom Einstieg bis zum Gipfel – der ideale Weg zu unserem Ziel.

Der Pfeiler sah wild aus, steil und abweisend. Wir erkundeten ihn mit dem Fernglas, um eine ideale Durchstiegsmöglichkeit zu finden. Im unteren Teil des Pfeilers führte ein steiles Eisfeld hinauf zu einem senkrechten, teilweise sogar überhängenden, 300 Meter hohen Felsabbruch. Ein Risssystem leitete durch diesen Abbruch, das uns wahrscheinlich einen Durchstieg ermöglichen würde. Ein steiles Eiscouloir, das zwischen riesigen Felspfeilern eingebettet war, zog weiter zu einem Grat, der, stark überwechtet, nach 400 Metern am Pfeilerkopf endete. Bis dorthin waren es etwa 1200 Höhenmeter. Hier sollten auch die Hauptschwierigkeiten zu Ende sein.

In den Tagen darauf erkletterten wir das Eisfeld und den Felsabbruch. Wir versicherten weite Strecken mit Fixseilen, um uns bei einem allfälligen Wettersturz einen Rückzug offen zu halten. Die Kletterei war sehr interessant und abwechslungsreich, doch größtenteils extrem schwierig. Steile, vereiste Risse und Kamine wechselten mit glatten, griffarmen Platten. Zwei schwierige Überhänge mussten wir in technischer Kletterei überlisten.

Sieben Tage kletterten wir bereits am Pfeiler und konnten zwei Drittel überwinden. Das Wetter war phantastisch und die Verhältnisse günstig. Wir wollten nun möglichst schnell den Gipfel erreichen und hofften auf gutes Wetter für den Gipfelgang. Sepp und Richard bildeten die erste Seilschaft. Nach einer kalten, stürmischen Nacht brachen die beiden etwas später als geplant auf. In der Morgendämmerung erreichten sie den Pfeiler. Der Aufstieg über die Fixseile ging schnell vonstatten. Richard befand sich bereits an dessen Ende, als er plötzlich ein wildes Getöse hörte: Eine zentnerschwere Granitplatte hatte sich gelöst und sauste geradewegs auf Sepp nieder. 20 Meter tiefer hing er in der freien Luft, aber zum Glück unter einem kleinen Überhang. Sepp wurde am Kopf und an der Schulter von dem stürzenden Fels gestreift, blieb einige Minuten bewusstlos im Seil hängen, doch er konnte sich wieder erholen, wenn er auch starke Schmerzen hatte. Es blieb nur noch der Rückzug. Ziemlich angeschlagen erreichten sie spätabends das Lager. Sepp fiel somit leider für die Gipfelbesteigung aus.

Nach einem Ruhetag verließen wir zu dritt das vorgeschobene Lager. Im Mondschein tasteten wir uns über die Gletschermoränen zum Pfeileranstieg. Mit Hilfe der Steigklemmen gewannen wir verhältnismäßig schnell an Höhe, und im ersten Morgengrauen hatten wir bereits das Ende der Fixseile in 5600 Meter Höhe erreicht. Der Weiterweg war äußerst schwierig. Wir standen am Beginn des Eiscouloirs und mussten Stufen in das harte und spröde Eis schlagen. In den letzten Tagen hatten wir uns gut akklimatisiert, waren gut in Form – Voraussetzung, um derartige außergewöhnliche Schwierigkeiten in dieser Höhe zu meistern. Ich führte unsere Seilschaft und musste mein ganzes Können aufbieten, um diese Eiskaskaden zu überwinden.

Um die Mittagszeit erreichten wir den Grat. Es begann ein Wühlen in den oft bodenlosen Pulverschneemassen. Ab und zu krachte es – die Wechten! Das mahnte uns daran, wirklich gut aufzupassen. Einige Tage zuvor waren drei deutsche Bergsteiger am benachbarten Chopicalqui durch einen Wechtenbruch zu Tode gestürzt.

Endlos erschien uns der Grat. Kurz unter dem Sattel mussten wir in eine riesige Wechte ein Loch schlagen, um auf die andere Wandseite zu gelangen, damit wir dort weitersteigen konnten. Die Strapazen der letzten Tage machten sich bemerkbar und äußerten sich in unendlicher Müdigkeit. Wir waren ausgebrannt.

Bei Sonnenuntergang erreichten wir endlich den Sattel. Im letzten Abendlicht stellten wir das kleine Sturmzelt auf. Dankbarkeit über den gelungenen Tag machte sich in uns breit. Die Nacht war kalt und klar, der Mond eine hell leuchtende Scheibe. Es war fast windstill.

Richard Franzl und Joe Bachler am 6160 Meter hohen Südgipfel des Huandoy in Peru. Im Hintergrund der Huascarán.

Ich konnte nur sehr wenig schlafen und war froh, als wir um 2 Uhr morgens unser Zelt verließen. Der Weiterweg würde über einen nicht mehr allzu schwierigen, 200 Meter langen Grat zum Gipfel führen. Wir kochten noch Tee. Ich hatte starke Kopfschmerzen, auch Joe hatte Kopfweh. Wir stiegen weiter Richtung Gipfel und mussten teilweise tief spuren. Die leicht harschige Schneedecke war trügerisch. Dieses letzte Hindernis erforderte viel Widerstandskraft. Trotzdem empfanden wir innerlich eine große Freude, in Gipfelnähe zu sein.

Die letzte Kuppe, der Gipfel. Weit im Osten stieg der glühende Sonnenball empor, hinter den noch im kalten Dunst liegenden Bergen des Morantales. Alle umliegenden Gipfel waren in ein schimmerndes Rot getaucht. Die letzte Sprosse unserer Himmelsleiter war erreicht – es schien, als wollte ein jeder dem anderen den Vorrang geben, als Erster den Gipfel zu betreten.

Ein neues Ziel hatte uns gefangen genommen: Mit unserem Fahrer Karl Smech (links) und Joe Bachler (rechts) auf der Salzachtal-Bundesstraße unter der Hochkogel-Nordwestwand.

SCHEITERN UND AUFBRUCH

Nach fünf Jahren war unsere Ehe nur noch ein Scherbenhaufen. Man hatte uns ja von vornherein keine Chance gegeben und keine Zukunft zugetraut. Als die Prophezeiung sich bestätigte, stellte niemand die Schuldfrage, am allerwenigsten wir selbst. Wir tragen nur jene moralische Schuld, die wir uns selbst eingestanden: an unserem gemeinsamen Ziel gescheitert zu sein. Worin sollte unsere Schuld auch bestehen? Ein blutjunges Pärchen. Lebenshungrig. Sie außer Schul- und Haushaltsfrust nichts vom Leben gekostet. Er ein unzufriedener Eisenbahner, ein der «Droge Berg» Verfallener. Ein verdammter Narr wohl, der sein Familienglück so leichtfertig verschleuderte und es mit steinigen Wegen eintauschte. Die Narrenfreiheit sprach auch ihn frei von Schuld.

Wir waren selbst noch Kinder, es fehlte uns so viel an Lebenserfahrung, sonst hätten wir die Gründe für unsere Probleme besser verstanden. Dann hätten wir vielleicht ein motivierendes Ziel für die Zukunft vor Augen gehabt, hätten die Realität unserer Beziehung eher ertragen und möglicherweise auch verändern können. So aber stürzten zu viele Einflüsse von außen in eine nur noch von letzter Hoffnung getragene, affektgeladene Ehe und entwerteten auch noch die letzten füreinander verbliebenen Gefühle. Das Chaos unserer Emotionen hatte endgültig den Bogen der Verträglichkeit überspannt. Die gemeinsame Wohnung war zu einem «Schwiegermutterland» verkommen und bot mir kein Zuhause mehr. Ich fühlte mich als Ehemann deklassiert und ergriff die Flucht aus einem an Aggressivität zunehmenden Nervenkrieg.

Die Arme einiger schon seit längerer Zeit weiblicher Wegbegleiter boten Trost und Seelenfrieden und füllten die Lücken ehelicher Liebesentzüge mehr als aus. Leider vertiefte das Abstreifen der Vergangenheit auch die Kluft zu den Kindern. Das in der Beziehung zu Kindern Versäumte führt zu einer nicht mehr wieder gutzumachenden Entfremdung – trotz räumlicher Nähe oder gerade wegen ihr. Diese bittere Erkenntnis musste ich in der Folge machen, und noch mehrmals bedauerte ich meine jugendliche Unkenntnis und Ignoranz.

Meinerseits war die Unreife noch dazu mit einer unstillbaren Bergleidenschaft durchmischt, die alles andere zur Nebensächlichkeit degradierte – die, konkurrierend mit der Familienpartnerschaft, als verantwortungs- und schamlos, als feindlich und zynisch angesehen werden muss. Meinem Verhalten wäre, wenn überhaupt, nur durch Verständnis und viel Toleranz beizukommen gewesen. Außerdem war da die Stimme in mir, die jegliche Überlegung hinsichtlich des von mir erwarteten Verhaltens verabscheute und verhöhnte. Ich schwankte hin und her zwischen der Ablehnung der Normen, des längst zum Spottnamen gewordenen Bürgertums einerseits und der Anerkennung gesellschaftlicher Werte andererseits, die ich mitunter durchaus als notwendig und in ihrer Einfachheit auch als verlockend empfand. Meine pubertäre Bürgerlichkeit sehnte sich zwischen Aufbäumen, Protestieren und Revolution doch immer wieder nach den Annehmlichkeiten des geregelten Mittelmaßes zurück. Letztendlich war ich eben doch zu feige, zu wehleidig, hatte zu wenig von jenem Charakter, der eine völlige Absage an das zivile Leben erlaubt hätte.

Zwar leicht verwahrlost, aber dennoch innerhalb eines bürgerlichen Rahmens hatte ich mich in eine selbst gesuchte, sogar genießende Vereinsamung geflüchtet und hineingelebt. Sie war anscheinend mein Schicksal, und es war mir nicht einmal so unrecht, dem Normalen zu entfliehen. Mein Kopf war schließlich ausgefüllt mit Bergen, Abenteuern, Zielen.

Die Arbeit bei den Bundesbahnen machte wenig Freude. Die Aussicht auf eine geruhsame Pension wurde für mich, wo ich mich doch beim Bergsteigen zunehmend konkreter Lebensgefahr aussetzte, illusorisch. Deshalb war ich auch der Meinung, dass ich mir weitere, für meinen beruflichen Fortschritt notwendige Prüfungen sparen könnte, war ich doch überzeugt, meine Pension sowieso nicht zu erleben. In dieser oft auch von Schwermut überschatteten Zeit waren meine Unternehmungen in den Bergen von heroischen Motiven geprägt und ließen wenig Lebensfreude zu. Trotzdem half mir gerade das Bergsteigen über die Zeit der vielen Leberkäs- und Wurstsemmeln hinweg.

Mein Lebensstil hatte zwei Schwerpunkte: Bergsteigen und Frauen. Letztere waren gleich wichtig und wurden manchmal mit Ersterem kombiniert. Ich musste meinen Frust und eine gewisse Ausweglosigkeit, die sich immer wieder in mir breit machte, abreagieren – beim Klettern und in der Sexualität.

Der eintönige Dienst bei der Bahn war mir als kreativem und freiheitsliebendem Menschen ein Gräuel. Doch ich hatte nicht den Mut, mich zu verändern. Ich war schuldig geschieden worden und musste Alimente zahlen; die Anstellung als Beamter bei den Österreichischen Bundesbahnen garantierte wenigstens ein sicheres – wenn auch kleines – Einkommen.

Mit Wehmut träumte ich oft der Pöhamzeit nach, dem Vagabundenleben und -treiben mit den Freunden. Es war die Zeit, als über Nacht die Beatles die Welt eroberten, Millionen von Fans zur Hysterie trieben, zum Entsetzen der verständnislosen Eltern. Sind die Probleme heute nicht die gleichen? Verstehen wir die Hits und Moden der Zahnspangengeneration von heute? Ein wenig «Woodstock» war in Pöham schon in den frühen Sechzigerjahren zu spüren. Scheinbar war Pöham der Zeit voraus.

Jedenfalls begeisterten uns die Beatles, später die Rolling Stones, die Birds und Manfred Mann derart, dass auf der Stelle eine Elektrogitarre mit Verstär-

Das Bienenhaus meines Schwagers, links unten die «Bienenbar».

ker ins Haus musste. Mein Freund hatte ein Schlagzeug, zum Leidwesen meiner Schwester und aller anderen im Haus, die das fürchterliche, aber dafür umso lautere Getöse mit anhören mussten. Musik braucht Platz, und mein Schwager Hermann löste dieses Problem mit salomonischem Geschick. Er war Imker und hatte ein großes Bienenhaus, dessen Erdgeschoss im Rohbau verblieben war und leer stand. Ziele verleihen enorme Kräfte, und nach wenigen Wochen war mit Unterstützung meines Freundes Sepp Hippolt und des Schwagers die so genannte «Bienenbar» schlüsselfertig.

In Pöham gab es nur zwei Dorfgasthäuser. Nach konservativer Tradition war das Dorf nach Mitternacht so still, dass im Vergleich so manches Achttausender-Basislager im Himalaja als Touristenzentrum durchgehen würde. Unsere Untergrund-Bar war an den Wochenenden voll bis in die späten Morgenstunden. Getränke wurden serviert und konsumiert, ohne dass wir uns um die Steuern kümmerten. Nicht einmal unsere undefinierbare Musik vermochte die Gäste zu vertreiben.

Mit Sepp verband mich nach wie vor eine gute Freundschaft. Nur meine steilen Touren waren manchmal nicht nach seinem Geschmack, und je extremer mein Bergsteigen wurde, desto mehr reduzierten sich auch unsere Gemeinsamkeiten.

Doch das Rad der Zeit wollte ich nun auch nicht zurückdrehen; Pöham war abgehakt.

Zu dieser Zeit war ich im Alpinismus kein unbeschriebenes Blatt mehr. Sechzig Erstbegehungen hatte ich auf meinem alpinen Konto, der Stand stieg stetig. Meine Routen waren gefürchtet; was hätte einen Erstbegeher mehr ehren können?

Eine große Anzahl von Tourenbüchern und Erstbegehungsberichten, die ich über all die Jahre gesammelt habe, spiegelt die damaligen Ideologien, Denkweisen und Zukunftsvorstellungen wider. Sie zeigen, dass unsere Betrachtungsweise durchaus realistisch war, sich in der Zukunft bestätigte. Den folgenden ungekürzten Erlebnisbericht schrieb ich anlässlich einer Erstbegehung im Tennengebirge im Jahr 1973.

«Die Gamsmutterwand! Schon lange faszinierte mich diese riesige Felsflucht am Südostrand des Tennengebirges. Senkrecht, überhängend reckt sich die grau-gelbe Wand 600 Meter zum Himmel empor. Schwarze Kamine und Verschneidungen, die vom Kar bis zum Gipfelkamm ziehen, zergliedern die Wand.

Die Ersten, die im Zentrum der Wand eine Durchsteigung wagten, waren – im Jahre 1930 – Moldan, Schintlmeister und Rößner. Die Bischofshofner Karl Reiter und Andi Mischitz begradigten den Anstieg mit einer neuen Einstiegsvariante, die erst weit oben in die Originalführe einmündet und somit eine fast selbständige Tour darstellt. Die Möglichkeit der markantesten und geradlinigsten Route jedoch war uns, der heutigen Bergsteigergeneration, erhalten geblieben: eine rechtwinklige Verschneidung – wie in einer Zimmerecke stoßen die Wände aneinander.

Der Gedanke an diese Ersteigung nahm so von mir Besitz, dass mir kaum ein anderes alpines Problem wichtiger erschien als die Bewältigung dieser Felswand. Meine altbewährten Seilkameraden Georg Bachler aus Abtenau und Hias Schreder aus Annaberg im Lammertal wollten mich bei dem Unternehmen begleiten.

Die Gamsmutterverschneidung zwischen Licht und Schatten.

Am Samstag, dem 14. September, wollen wir in die Wand einsteigen. Am Vorabend sind wir bei Hias Schreder eingeladen. Seine Eltern interessieren sich sehr fürs Bergsteigen. Unsere Gespräche beinhalten meistens nur dieses Thema.

Die Mutter von Hias sorgt sich um uns. ‹Wie lange werdet ihr brauchen?›, fragt sie.

‹Zwei Tage, vielleicht drei, man kann das nicht genau sagen!›

‹Dann müsst ihr ja in der Wand schlafen? Dazu ist doch kaum Platz›, sagt sie, während sie ein Bild betrachtet, welches am Tisch liegt.

‹Ja, vielleicht müssen wir die ganze Nacht in Schlingen, die an Felshaken verankert sind, in der kahlen Felswand stehen, oder wir finden auch einen guten Platz!›

Eine jungfräuliche Wand birgt viele Überraschungen und vor allem die Ungewissheit, ob eine Durchsteigung überhaupt möglich ist.

Mit enttäuschten Augen blickt mich die kleine Schwester von Hias an. ‹Ich habe aber gesehen, in den Zeitungen und sogar im Fernsehen, damals bei der

Joe fotografierte. «Das müssen Traumaufnahmen werden!», rief er mir zu. Kamin in der Gamsmutterverschneidung.

Erstbegehung der vollkommen glatten Zuckerhutwand sind die Kletterer auch über grifflose Überhänge hinauf, haben Löcher in den Fels gebohrt und Haken eingetrieben! Warum könnt ihr das nicht?›

Jedes Kind weiß heute über das gebohrte Loch und den berühmten Bohrhaken Bescheid. Niemand hat ihnen gesagt, dass das Klettern mit dem Bohrhaken unbergsteigerisch ist, dass die natürliche Weiterentwicklung des Alpinismus nicht im Bohrhaken liegt, sondern in der klassischen Freikletterei und in der Bezwingung größter Wände!

Eine richtige Weiterentwicklung sehe ich weniger in der Technisierung von Ausrüstungsgegenständen als in der Leistung, die ein Mensch zu verrichten im Stande ist. Ich kann mir vorstellen, dass einmal die riesigen Wände der höchsten Berge der Welt ohne Hilfskräfte von Zweierseilschaften oder Alleingängern bezwungen werden können. Dazu aber muss ein Alpinist freilich die besten geistigen und körperlichen Voraussetzungen haben; ungeheuerliches Training und Risikobereitschaft ist notwendig.

‹Na, Anni, wie soll ich dir das am besten erklären? Wir sind in guter Form und sollen das Problem am Berg lösen und nicht beim Einkauf der Bohrhaken im Sportgeschäft! Denn mit dem Bohrhaken kann man jede Felswand bezwingen. Das Ungewisse, die Frage, ob das Durchkommen in einer Wand möglich ist, bleibt so ein bedeutender Faktor. Gerade die Ungewissheit ist es ja, die einem Abenteuer ihren Reiz verleiht. Es ist falsch, die Schwierigkeiten, die wir suchen, auszuschalten, indem wir Bohrhaken schlagen!›

Als Kinder sind wir auf Bäume geklettert, wir nahmen die Äste als Griffe. Wenn keine Äste da waren und der Stamm glatt war, reizte uns das noch mehr, und wir versuchten es so lange, bis es dann gelang – und waren glücklich über unseren Erfolg. Hätten wir Nägel in den Stamm geschlagen, wäre es leichter gegangen, aber wir hätten nicht gefunden, was wir suchten.

Endlich ist es so weit. Während des Aufstiegs zum Wandfuß erwacht der neue Tag. Unfreundlich, schattig wirkt unsere Verschneidung. In ihrer ganzen Wuchtigkeit nimmt sie uns gefangen. Immer wieder schauen wir hin.

‹Wir werden drei Tage brauchen›, wette ich.

Da oben ist der Höhlenüberhang, dann die glatten Felsen. Wird es gehen? Hoffentlich ist es nicht brüchig? Jetzt stellten sich viele Fragen, beim Klettern dann kommt Antwort auf Antwort! Bald sind wir oben bei der riesigen Höhle, die Schwierigkeiten liegen im mittleren Grad, der Fels ist griffig und fest. Ein Traum! An der rechten Höhlenwand leitet eine Rampe zum Überhang, der Fels ist noch immer wunderbar kompakt, es gibt Sanduhren, kleine Aushöhlungen im Fels, in die man Seilschlingen einfädeln kann.

6 oder 7 Meter geht's am Überhang entlang, ich brauche keine Haken zu schlagen. Nach 30 Metern Standplatz.

Meine Freunde kommen nach. Wir sind begeistert, alles wunderbare Freikletterei. Weiter über originelle Kletterstellen – Kamine, Risse, Platten und Quergänge. Ein Überhang, frei geht's empor. Die beiden Seile, ein rotes und ein blaues, hängen lose zu dem kleinen Platz hinunter, wo Hias sichert.

Joe fotografiert. ‹Das müssen Traumaufnahmen werden›, meint er. Seillänge um Seillänge; die eine scheint die andere zu übertreffen. Nur ganz selten werden Haken zur Zwischensicherung geschlagen. Oft treffen wir auf Felsköpfe und Sanduhren. Wir legen Schlingen, hängen das Seil im Karabiner ein. Kleine Griffe und Tritte tragen uns scheinbar hinauf.

Wir nützen einfach die Felsbeschaffenheit, so wie die Natur sie geprägt hat. Die Kletterei bewegt sich durchwegs im fünften Schwierigkeitsgrad, nur selten ist es etwas schwerer, es geht fast immer senkrecht durch die Wand.

Ein Quergang, wieder ein Überhang, dann sehen wir die Ausstiegsverschneidung. Einfach riesig! Die Bergdohlen spielen ihr Spiel mit dem Wind. Ich möchte ihnen zurufen, ihnen meine Begeisterung kundgeben. Ich möchte ihnen sagen, dass ich das Leben liebe und dass ich jetzt da bin, wo ich glücklich sein kann.

Zehn Stunden über eine Himmelsleiter zum Gipfel – und diese Kameradschaft! Ich weiß plötzlich, dass es das war, wovon ich als Kind schon geträumt habe.

Schnell geht der Tag dahin. Der Gipfel, die ersten Sterne, da der Mond, er schenkt uns das Licht zum Abstieg. Wir glauben jetzt wieder mehr an uns und an die Macht Gottes als gestern, als wir vor dem Fernseher gesessen waren. Oder vorgestern beim Tanz in der Bar. Bergsteigen, dieses unwichtige Tun, bringt uns die Zufriedenheit, den Ausgleich zum Alltag, der uns in eine überentwickelte, technisierte Welt einkapselt und verweichlichen lässt. Die glatte Wand da oben, der Kamerad, seine Sicherung, das Seil und der gute, einzige Griff in einer Platte sind wichtiger und beschäftigen mich noch lange, viel mehr als die kommende Benzinpreiserhöhung.»

Himalaja, ein Stichwort für Abenteuer, ein Superlativ des Bergsteigens. Aber auch ein Symbol des Übermächtigen.

Elektrisierende Namen: Everest, K2, Nanga Parbat. Verbunden mit tragischen Gipfelbesteigungen und ausweglosem Sterben in den Flanken des gewaltigsten Horizonts auf Erden.

Überraschend lag eines Morgens ein Brief im Postkasten. Es war die Einladung zur österreichischen Himalaja-Expedition 1974 zum Makalu.

Ich war außer mir vor Glück. Makalu, Makalu! Ich hätte es am liebsten lauthals hinausgeschrien. Das Zauberwort, das plötzlich wichtigste Wort der Welt. Meiner Welt.

Der Makalu ist mit 8463 Metern der fünfthöchste Berg der Erde. Seine Erstbegehungsgeschichte kannte ich vor allem aus dem Buch «Vor den Toren des Himmels». Dieses Buch von Lionel Terray war lange Zeit mein Begleiter in meinen jungen Bergjahren. Makalu, damit verband ich die attraktivsten Bilder meines erst kurzen, aber umso innigeren, unersättlichen Bergsteigerlebens.

Auch faszinierte mich Lionel Terray. Neben Rebitsch, Bonatti und Messner war er die wichtigste Persönlichkeit, die jenseits der eigenen Erfahrungen mein damaliges Denken über den Alpinismus prägte.

Terray war einer der Erstbegeher des Makalu, und jetzt sollte sich der imaginäre Kreis, der mich mit diesem großen Namen verband, schließen, am Schauplatz seines größten Erfolgs. 1974 ging das «goldene Himalaja-Zeitalter» seinem Ende zu.

Doch gab es außer ernsthaften Expeditionen damals kaum Tourismus – kein Vergleich zur heutigen Situation, wie sie sich vor allem in Nepal entwickelt hat. So gesehen war meine Einladung mit der eines Sportlers zu einer Olympiade gleichzusetzen.

Unbezahlter Urlaub von der Bahn war bei der damaligen Personalknappheit über den Dienstweg nicht zu bekommen. Der Zufall aber wollte es, dass ich seit einiger Zeit Mitglied der Hochgebirgsgruppe Bergland war, eine allen anderen Alpenvereinen übergeordnete, weltweite Vereinigung namhafter Alpinisten. Präsident dieses völkerverbindenden Klubs war der Ingenieur Norbert Biely in Wien. Seitenlange handgeschriebene Briefe informierten über Aktuelles und über die Vorhaben verschiedenster Alpinisten aus allen Kontinenten der Erde. Biely ließ seine Verbindungen spielen; so genossen wir einige Male die Gastfreundschaft von André Contamine und Jacques Signier in Chamonix.

Norbert Biely war aber auch Sektionschef im Heeresministerium, und seiner Intervention konnten sich nicht einmal die großen Herren in der Generaldirektion – das Schloss Franz Kafkas – verschließen.

Horst Bergmann, Gerhard Markl und ich bildeten die Vorhut, begleitet von Sirdar Urkien, Sherpas und Kulis, die unser tonnenschweres Expeditionsgepäck ins Basislager schleppten. Expeditionsleiter Wolfgang Nairz, Expeditionsarzt Oswald Oelz, Walter Almberger, Reinhold Messner und noch einige weitere erfahrene Typen kamen wenige Tage später ins Basislager nach.

Mein Zeltkollege Horst Bergmann, ein Kameramann, war besonders um mich Himalaja-Greenhorn bemüht. Oft assistierte ich beim Filmen. Ich war

Walter Almberger zauberte mit seiner Zither heimatliche Klänge ins Basislager.

wissbegierig und konnte von ihm sehr viel an Filmtechnik lernen. Wenn möglich, probierte ich das Gelernte gleich anhand meiner Super-Acht aus. Als Reinhold Messner nach der Expedition bei mir zu Hause auf Besuch war, war er sehr überrascht über den gut gelungenen Film.

Horst Bergmann bestieg vier Jahre später den Everest. Einige Jahre darauf kam die Nachricht von seinem Tod: Herzinfarkt.

Unser Ziel, die 3000 Meter hohe Südwand des Makalu zu besteigen, erreichten wir nicht. Das Unternehmen war vom Wetter nicht begünstigt; auch war vermutlich die Zusammenstellung der Mannschaft nicht sehr glücklich. Eigentlich waren nur Reinhold und ein minimaler Teil der Mannschaft den Schwierigkeiten oberhalb von 7000 Metern gewachsen. Walter Almberger und ich waren zu Beginn der Expedition höhenkrank und erholten uns nur sehr langsam. Einige andere «Schneestapfer» waren ohnehin am Beginn der Steilwand am Ende ihres alpinen Lateins.

Ich darf zu meiner Ehrenrettung erwähnen, dass ich aus mangelnder Erfahrung nicht wusste, wie mein Körper in dieser extremen Höhe reagieren würde. Die Höhe zeigte mir schnell meine gesundheitlichen Grenzen auf: Ich brauchte mehr Zeit als die meisten anderen, um mich zu akklimatisieren. Die immer währenden Kopfschmerzen, der Brechreiz verleideten mir das Klettern in diesen entrückten Höhen. Meine Unerfahrenheit führte zu einer gehörigen Portion Dummheit. Gewöhnt an unser Tempo in den Alpen – wo wir meist unterwegs waren, als wären wir auf der Flucht –, glaubte ich zu Beginn, ich könnte das gleiche Tempo auch im Himalaja vorlegen. Am Basislager auf 5000 Metern angekommen, konnte ich meine Ungeduld nicht zügeln und stieg gleich am nächsten Tag über den Vorbau der eigentlichen Steilwand empor, um einen Platz für das erste Lager zu erkunden. Ich fühlte mich in guter Form, mein Leichtsinn wurde mir erst bewusst, als ich mich abends im Basislager erbrach und von rasenden Kopfschmerzen gepeinigt wurde.

Zu Walter Almberger entwickelte sich eine väterlich-freundschaftliche Beziehung. Wir waren beide «gebrannte Himalaja-Kinder», konnten uns aber ganz gut erholen und warteten zum Ende hin mehrere Tage im Hochlager 3 auf knapp 7000 Metern. In den langen Schlechtwetter-Gefangenschaften erzählte Walter von seiner Eiger-Winterbegehung und seinen Heimatbergen, dem Gesäuse. Die Geschichte, die Route berichtete er penibel genau in verbalen und nonverbalen Erklärungen. Über Scherze, die ihm, gewürzt mit harm-

«Auftanken» im Basislager: Expeditionsarzt Oswald Oelz und Heli Hagner.

loser Boshaftigkeit, immer wieder gelangen und vor denen niemand sicher war, konnte er sich tagelang amüsieren. Der musikalisch begabte Walter konnte mit Zither oder Gitarre Klänge ins Basislager zaubern, welche die verschiedenen Charaktere wenigstens für einige Abende in geselligem Zusammensein, in freundschaftlicher Harmonie vereinten.

Die Harmonie innerhalb der Gruppe war allerdings nicht immer gegeben, denn in so manchen Situationen waren Sherpas und auch schwächere Expeditionsmitglieder – ich eingeschlossen – dem autoritären, aufgeplusterten Gehabe einiger Tiroler «Schneewutzler» ausgesetzt. Nichtsdestotrotz habe ich die Fahrt nicht wirklich bereut, wenn sich auch durch sie ein Schuldenberg anhäufte, der in meiner damaligen Lebenslage nur sehr schwer wieder abzubauen war.

Die Eindrücke während der Flugreise von Kathmandu nach Tumlingtar, entlang der Silberkette der höchsten Berge der Erde, die sich mit einer gezackten Silhouette gegen den wolkenlosen Morgenhimmel abhob: Staunen über diese Unermesslichkeit der gigantischen Gipfel in ihrer fast grausamen Schönheit. Realisten kleiden die Dominanz dieser Bergkette in sachliche Theorie – als Ergebnis einer Kontinentalverschiebung, die vor Millionen von Jahren das höchste und jüngste Gebirge der Erde entstehen ließ. Gefesselt von derartiger Erhabenheit hätte das Herz des Himalaja-Neulings auch ohne diese Erkenntnis heftig gepocht. Und auch die dreizehntägige Anreise durch sämtliche Klimazonen mit verschiedenartigster Vegetation konnte ich so schnell nicht vergessen.

Die natürliche Schönheit der Sherpanis
hatte es mir angetan.

SACKGASSE

Der Steig geht durch kleine Bergsiedlungen entlang dem langen Bergrücken, der sich parallel zum Kamm der Eisriesen von Westen nach Osten zieht. Die Hänge fallen in die tiefen Schluchten des Barun ab. Auf Tausenden Terrassen reifen Reis und Getreide. Breit ausladende Bäume und kleine Wälder spenden Schatten. Im Kontrast zu den kalten, bizarren Eisriesen, welche die Wanderung stets begleiten, erscheint die Landschaft noch lieblicher und kostbarer.

Vielleicht braucht es eine solche Landschaft, um einen Menschenschlag hervorzubringen, der sich durch ein seltenes Maß an Fröhlichkeit, Hilfsbereitschaft und ehrlichem Entgegenkommen auszeichnet.

Die Träger – Männer wie Frauen – gehen, als wäre dies das Natürlichste der Welt, mit schweren Lasten den steilen Pfad bergauf und bergab. Je nach Lagerplatz variiert die Länge der Tagesetappen. In der Regel sind sie jedoch nicht allzu lang.

Zelte und Planen werden aufgeschlagen. Bald steigt Rauch auf. Reis wird gekocht. Die Sahibs und einige der Sherpas sitzen um die größte Feuerstelle. Jeder in seinen Gedanken brütend, sich wärmend, ab und zu, bedächtig, als wäre es eine Kulthandlung, ein Stück Holz in die Glut werfend. Schlanke Flammen lodern empor. Wie bei einer Anbetung starren sie ins Feuer, als könnten sie in ihm die Antworten auf die bangen Fragen der näheren Zukunft lesen.

Später wird gesungen und getanzt, bis die Feuer erlöschen und die gesellige Versammlung sich in kleinere Grüppchen auflöst. Schutz suchend hüllen sie sich in ihre mitgebrachten Wolldecken und dösen dem nächsten Tag entgegen. Am frühen Morgen wird der Marsch fortgesetzt.

Die Kolonne umfasst 150 Träger, die 4 Tonnen Expeditionsgepäck zum Bergfuß transportieren. Dazu kommen elf Sherpas, ein Koch mit einigen Küchenhelfern sowie die drei Sahibs. Die «Herren», von den Einheimischen Sahibs genannt, erkennt man von weitem an ihrer farbigen Kleidung, ihren schändlich leichten Rucksäcken und an den Fotoapparaten. Sahibs sind Menschen, die, so scheint es jedenfalls, viel Geld haben. Und das viele Geld ausgeben, um unverständlicherweise auf einen dieser Berge zu klettern.

Gleich zu Beginn der langen Wanderung war mir eine Gruppe von Mädchen aufgefallen. Junge Sherpanis, Trägerinnen, die wie ihre starken männlichen Wegbegleiter auch 30 Kilo Last zu bewältigen haben, die sie lachend, singend, fast graziös in eleganter Primitivität mittels Stirnband tragen. Verstohlen hatte ich sie beobachtet. Sollte ich auf den Gipfel kommen, dann nur, weil diese kleinen, liebenswerten Geschöpfe die schweren Lasten dreizehn Tage lang taleinwärts und bergauf bis zum Basislager schleppten.

Täglich neue Eindrücke: letzte Behausungen, Hängebrücken, verschneite Pässe und barfüßige Träger. In sicherer Entfernung das im Sonnenlicht leuchtende weiße Kleid der Makalu-Südwand. Wolkenfetzen oder Schneefahnen hingen an seinem Gipfel. Mir erschien es, als schwinge der Berg eine weiße, zerschlissene Flagge. Ein Zeichen, als wollte er sich den anstürmenden, eroberungswütigen Drachentötern ergeben.

Einige Male bildete ich mir ein, ein bisschen Eindruck schinden zu müssen, und nahm einem der Mädchen die Last ab. Als ich das Tragband über meine Stirn legte, kicherten und lachten die Mädchen, riefen sich gegenseitig irgendetwas zu. Ich konnte sie nicht verstehen. Wahrscheinlich wussten sie längst, dass ich bald resignieren würde. Mitteleuropäische Köpfe und Genicke sind für diese Methode des Tragens nicht geeignet.

Trotz ihres ärmlichen Äußeren war die natürliche Schönheit der Sherpanis nicht zu übersehen. Die Freude, die aus ihren Augen strahlte, aus ihrem Lachen klang, aus ihren Gesten zu erkennen war, machte diese Menschen schön. Sie entlausten sich gegenseitig. Das Einfetten der Haare mit Butter, die aus der Milch der Yaks gewonnen wird, erweckte mein Interesse, weil ich Parallelen zu meiner eigenen Jugend erkannte. Erinnerungen an meine Mutter, die sich immer mit dem Fettpapier, in dem die Butter eingewickelt war, die Haare einfettete, oder an die Läuse, die ich ab und zu von der Schule heimbrachte, traten aus der Vergessenheit hervor. Wie schnelllebig doch einerseits alles im Leben ist, und wie sich andererseits gewisse Dinge überall auf der Welt gleichen.

Nicht die Angst vor Läusen, sondern ein Unbehagen angesichts der Khukris, der großen Krummdolche an den Gurten ihrer männlichen Kollegen, sprach gegen einen engeren Kontakt zu den Mädchen, denn die Männer aus dem Stamm der Gurkhas sahen sehr kämpferisch aus. Sie waren jedoch freundlich; unwägbar allerdings war, wie sie sich im Fall einer eindeutigen Annäherung an eines dieser Mädchen verhalten hätten. Berechtigte Bedenken erzeugten einen für Läuse nicht zu überspringenden Respektsabstand.

Dreizehn lange Tage, dann stand der Berg in seiner ganzen Großartigkeit vor mir. Da wusste ich allerdings noch nichts über seine Realität: über die riesigen Schotterberge der Moränen, über die brüchigen Vorberge, die sich uns in den Weg stellten. Ein Fundament aus Steinen und Schotter rundherum.

Die Südwand. Eigentlich nur eine einzige steile Flanke aus Fels, Eis und größtenteils Schnee. Wollte man für Fotos eine echte Wand aus der Flanke zaubern, musste die Kamera in eine entsprechende Position gebracht werden. Vor allem dem Hintergrund musste man Beachtung schenken, sonst wurden die Niedrigsten zu den Höchsten und der im Westen stehende Mount Everest zu einem unbedeutenden Gratsporn, der aus dem Bild zu fallen drohte. Bis zu der Höhe, die ich letztendlich erreichte, ist die «Wand» in Wahrheit nicht viel steiler als die steilsten Wiesen in manchen Gebieten der Alpen, wo die Abhänge in gefährlicher Ausgesetztheit mit Steigeisen an den Füßen gedüngt und gemäht werden müssen, bevor die hart erarbeitete Ernte schließlich der Selbstversorgung dienen kann. Wie unnütz war dagegen mein Vorwärtsstolpern, ermöglicht durch die Steigklemmen und das Seil, das man für mich verankert hatte.

Die Höhe machte aus dem Gehen eine Variante des Kletterns. Eigentlich ein eines Bergsteigers unwürdiges Bild: als würden sich Affen mit letzter Kraft über einen aus der Horizontalen gekippten, zugeschneiten Kartoffelacker retten, gebückt, die eine Hand am Seil, das am Boden einer Markierung gleich eine Linie vorgab, die andere Hand am Pickel, der es ermöglichte, sich ein wenig aufzurichten. Linker Fuß, rechter Fuß, linker Fuß, in die Stapfen des vor mir Gehenden zielend. Klettern? Nein, ein von der Höhe benebeltes Dahinschwanken war es. Ein Hämmern im Kopf, das alle Gefühle abtötete, die ich bislang mit dem Bergsteigen verbunden hatte. Migräne im Endstadium.

Die Makalu-Südwand. Der Anmarsch dauerte dreizehn lange Tage, dann stand der Berg in seiner ganzen Großartigkeit vor mir.

Längst hatte da für mich alles seinen Sinn verloren. Demütigendes Hinaufsteigen an Seilen, mit dem als einzigem übrig gebliebenen Gefühl, nicht mal das zu schaffen. Oder nur deshalb zu schaffen, weil vorne Walter und hinter mir Horst das Gleiche taten. Fühlten sie auch das Gleiche? Gab es etwas Blödsinnigeres auf dieser Welt als mein Dahinstolpern, halb in einem Seil hängend, das andere für ihn fixiert hatten? Das hatte nicht das Geringste mit Kreativität zu tun. Ich wollte klettern! In meinen Vorstellungen und Phantasien kletterte ich über eine senkrechte, 3000 Meter hohe Wand, wie das Bild des

Makalu es vortäuschte. Ich wollte auf dem höchsten Punkt stehen, auf dem fünfthöchsten Punkt der Erde.

Mit Walter Almberger und Horst Bergmann am Beginn der Eisflanke zu Lager 3.

Makalu hieß die Illusion meiner Begierde. 8463 Meter hoch. Nun hing ich wie ein Kranker in den Seilen, in einer mittelsteilen Flanke. So fühlte sich vielleicht ein Patient in einer Nervenheilanstalt, dem das Gitterbett zum Lebensraum wurde. Im Kontrast zur ungemeinen Weite der Umgebung wurde mir meine Beschränktheit erst recht vor Augen geführt.

Ich fühlte mich wie ein Tourist, der auf der Kleinen Scheidegg Münzen ins Fernrohr einwirft und neidisch die Kletterer in der Eiger-Nordwand verfolgt. Wie einer, der auf seinem Platz festgekettet ist, der die Berge nur von weitem anschauen darf, weil er zu unfähig ist. In diesen Momenten des Nach-Luft-Ringens, Röchelns, Spuckens, wieder Luftholens und schrittweise Dahinstolperns kam ich mir völlig idiotisch vor. Meine Anstrengungen hatten mit Bergsteigen längst nichts mehr zu tun und waren so weit entfernt vom Klettern, als stolzierte ein Taucher mit Flossen, Brille und Schnorchel unbeholfen über Wüstendünen.

So ähnlich kam ich mir auch vor in meinem trottelhaften Tun. Der Trottel war ich. Und nur ich. Nicht die Tiroler, von denen ich enttäuscht war. Nicht irgendwer sonst. Das Trottelhafte liegt nicht am Bergsteigen und schon gar nicht am Berg selbst. Das Trottelhafte betraf allein meine Unfähigkeit.

Ich ginge zu schnell, hatten mich die anderen oft gewarnt. Langsames Steigen wäre in dieser Höhe angesagt. Ich aber war immer quirlig gewesen. Für die nötige Langsamkeit hatte ich keinen Erfahrungswert. Langsamkeit war immer negativ gewesen, ob auf dem Bauernhof, auf dem Schulweg und in der Schule oder später in der Tischlerwerkstatt. Unter Blindheit und Taubheit konnte man sich etwas vorstellen, man schloss die Augen oder hielt sich die Ohren zu. Schon als kleines Kind kannte man deren Bedeutung. Aber Langsamkeit – und vor allem noch, sie als Wert zu sehen –, das kam mir nicht in den Sinn, ich war doch kein wirklichkeitsfremder Dummkopf.

Im Höhenbergsteigen jedoch gehört die Langsamkeit aus der Notwendigkeit heraus zur traditionellen Strategie. Ein allmähliches Sich-höher-Buchstabieren, ein Sich-aufwärts-Stottern, Sich-aufwärts-Pausieren.

Die Sinnlosigkeit der Expedition relativierte sich im Nachhinein. Sie hatte mich, aus meiner örtlichen und psychischen Enge heraus, wieder gelehrt zu staunen. Dieses Staunen war keine eigentliche Sinneswahrnehmung, mehr ein unbewusstes Staunen. Staunen angesichts einer gigantischen Bergwelt. Die höchsten, spitzigsten, formschönsten Gipfel, reihenweise, gedrungen in den unendlichen Horizont gestellt. Meine Ohnmacht ließ das Staunen zu einer kaum registrierten Nebensächlichkeit werden, aber das Auge hatte die Information ins Hirn transportiert, wo sie sich tief in mein Bewusstsein grub. Was ich in den vermeintlich sinnlosesten Momenten meines Lebens geschaut hatte, ging mir tiefer als das bewusst Gesehene.

Natürlich lag es an meiner Unerfahrenheit, und mein Verhalten war völlig dilettantisch. Meine Niederlage war Folge einer viel zu hohen, fast arroganten Erwartung. Ich hatte den Anspruch, eine 3000-Meter-Wand auf einen der höchsten Achttausender zu klettern, so wie sie eine Aufnahme aus gegenüberliegender Perspektive zeigte. Dass ich dem Ziel nicht gewachsen sein würde, das Abenteuer nicht bestehen könnte, das kam mir erst gar nicht in den Sinn.

Erst am Berg musste ich Schritt für Schritt erkennen, dass meine Erwartung und die Wirklichkeit immer mehr auseinander klafften. Ich erwachte aus meinem Traum der Super-Felswand-Phantasie, sah mich verbannt in eine mittelsteile Fels- und Schneeflanke und war in keiner Weise fähig, in irgendeiner Form nützlich zu sein. Das Scheitern war in erster Linie ein Missverständnis in mir. Ich selbst war von meiner Unfähigkeit am meisten enttäuscht. Da hätte es die spöttischen Anspielungen einiger anderer nicht gebraucht, die zwar nachvollziehbar, nichtsdestotrotz aber eine empfindliche Beleidigung meines eitlen Ego waren. Heute würde eine solche Niederlage und die entstehenden Kommentare höchstens ein Schmunzeln hervorrufen. Aber damals glaubte ich noch, meine Eitelkeit verteidigen zu müssen.

Von wenigen Ausnahmen abgesehen, gewann ich in der Mannschaft neue Freunde, die sich sowohl durch soziale Intelligenz als auch durch demokratisches Denken auszeichneten, mithin die nötigen Voraussetzungen zum Gruppenbergsteigen besaßen. Horst Bergmann werde ich mein Leben lang als hilfsbereiten, liebenswerten Freund in Erinnerung behalten. Wolfgang Nairz ist ein träumender Optimist, er konnte aber viele seiner Träume verwirklichen, eine nachträgliche Berechtigung für seine phantastischen Theorien. Reinhold Messner sollte in fast unnachahmlicher Manier alpinistische Eckpfeiler setzen. Walter Almberger war jahrelang ein stets fast unentbehrlicher Kollege und ein Licht in der oft so dumpfen Atmosphäre im Kreis der österreichischen Berg- und Skiführerausbildung, in der wir beide später als Ausbilder tätig waren. Nicht zuletzt der sanfte, immer höfliche und (trotz Medizinstudiums) mit universellem Hausverstand ausgestattete Expeditionsarzt Oswald Oelz: Unsere Wege würden uns erst wieder in Altherrenzeiten zu gemeinsamen Erstbegehungen im Mittleren Osten zusammenführen.

Reinhold Messner war ein hilfsbereiter Freund, der Verständnis für meine Unerfahrenheit hatte.

Die Makalu-Expedition war in Relation zu meinem sonstigen alpinen Leistungsvermögen zu einer Auszeit des Extrembergsteigens geworden. Ich war immer am Berg, andererseits aber wegen meiner mangelnden Höhenanpassung nie in der Lage, mich in Szene zu setzen, auf irgendeine Art und Weise wichtig zu sein für die Expedition. Mein Bergsteigen beschränkte sich auf das Auf- und Absteigen an den Fixseilen und auf das Ausharren in den Hochlagern. Drei Monate Moränen, Schotter, Schnee, Lager, Kopfschmerzen und Übelkeit – der ganze Berg konnte mich, so wie es Reinhard Karl später in einer ähnlichen Situation ausdrücken würde, «am Arsch lecken».

Unmittelbar nach bestandener
Bergführerprüfung wurde ich ins
Ausbildungsteam der staatlichen
Berg- und Skiführer aufgenommen.

ALPINE INTERMEZZI

Unsere Ehe war noch nicht geschieden, und in mir lebte eine scheue Hoffnung. Wir hatten uns zwar räumlich für eine Zeit getrennt, uns aber am Tag vor meiner Abreise zum Makalu wieder versöhnt und unsere Gefühle füreinander für eine Nacht neu aufflammen lassen. All die schönen Bilder unserer schicksalhaften Verbindung tauchten aus dem Brunnen dieser innigen Liebesnacht. Eine Neugeburt zurück in das Vertraute, das Gehoffte, das Gehasste und das Geliebte. Das Begehren nach ihrer Liebe, die sich so neu anfühlte, wischte alle Zweifel fort. Ergriffen und gerührt sah ich die Glückseligkeit in den Augen unserer Kinder strahlen, als sie am Morgen erwachten und zu ihrer Überraschung mich in den Armen ihrer Mutter fanden.

Wir waren das verliebteste Paar der Welt, als wir morgens gemeinsam mit dem Zug nach Wien reisten, wo die Teilnehmer sich trafen und vom Bundespräsidenten verabschiedet wurden. Doch die Expedition dauerte lange und war wohl auch nicht geeignet, eine zerrüttete Ehe zu kitten. Nach meiner Heimkehr vom Makalu war die Wohnungstür wieder einmal verschlossen. Diesmal endgültig.

Zusammen mit Joe und einigen Freunden aus unserer Clique stand vorerst die Ausbildung zum Bergführer an. Wir waren bereits erfahrene, gute Kletterer, und jeder von uns war im örtlichen Bergrettungsdienst tätig. Die Bergführerausbildung hat jedoch andere Schwerpunkte, betrifft eine andere Denkweise und Leistungsebene des Bergsteigens, die das sichere Führen von Menschen im Gebirge zum Ziel hat. Meistens waren Joe und ich der gleichen Gruppe zugehörig und lernten neue Berggebiete und auch neue Freunde kennen. Wir konnten von alpinen Persönlichkeiten wie Klaus Hoi, Peter Habeler oder Kurt Hoch, die unsere Lehrer und Ausbilder waren, profitieren und unser Know-how bedeutend vergrößern.

In den künftigen Jahren konnte ich in der praktischen Ausübung des Bergführerberufs viele neue Gebiete der Alpen und auch anderer Gebirge bei Skiüberquerungen, Wanderungen oder Klettertouren kennen lernen. Nach getaner Arbeit blieb oft noch Zeit für eine schnelle Solotour oder für eine verrückte Steilabfahrt mit Ski.

Unmittelbar nach bestandener Prüfung wurde ich ins Ausbildungsteam aufgenommen und nebenberuflich bei den Bergführerkursen als Lehrer eingesetzt. Diese Arbeit war für mich eine zusätzliche Verdienstmöglichkeit, um meinen finanziellen Verpflichtungen nachzukommen und die angehäuften Expeditionsschulden abzustottern.

Das Ganze hatte jedoch einen Haken. Sosehr ich Geld nötig hatte, so reizvoll Bergsteigen in seiner Ganzheit war: Beides zu verbinden wurde mir zum

Widerspruch. Dazu «funktionierte» ich nicht gut genug. Der Künstler in mir konnte sich nicht mehr frei, aus seinem Herzen heraus entfalten. Ich war abhängig von Aufträgen, von Wünschen.

Eigenbrötlerei und übertriebene Empfindsamkeit machten es mir schwer, mich ohne Vorbehalte in ein Seil zu binden, an dessen anderem Ende ein mir nicht vertrauter Mensch hing, der von mir bestmögliche Arbeit verlangte. Arbeit kann wunderschön und kreativ sein. Bezogen auf das Unterwegssein am Berg befällt mich bei dem Wort «Arbeit» – noch dazu als Existenzgrundlage – ein flaues Gefühl in der Magengrube. Führen war nicht der Beruf, der meinen Idealen entsprechen konnte. Sosehr ich zu Beginn einen Berufswechsel weg von der gehassten Eisenbahn überlegte, ja herbeisehnte, sosehr war ich jetzt froh, diesen Schritt nicht vollzogen zu haben.

Einmal hatte ich die ehrenvolle Aufgabe, den damaligen Bundeskanzler der Republik Österreich, Franz Vranitzky, in die Berge zu führen. Vermutlich hatte man meine Person einer genauen Prüfung unterzogen. Gläsern wie wir Staatsbürger sind, wird man mich als Sozialdemokraten mit grünem Herzen, aber ohne irgendwelche kommunistische oder gar rechtsextreme Ideen eingeschätzt haben. Wohl schon als einen, dem ein Franz Vranitzky ein wenig zu «nadelstreifig» wäre, aber auch als einen, der bislang ein politisch unauffälliges Leben geführt hatte.

Katschberghöhe im Lungau. Aus einem stattlichen Automobil entstieg der Bundeskanzler. In nobler Bergbekleidung, einen tiefblauen Schal um den Hals – wahrscheinlich als Seitenhieb an die Freiheitlichen gedacht. Musikkapelle. Bürgermeister. Ansprachen. Dann kurze persönliche Begrüßung und Vorstellung, und es ging los.

Bedauerlicherweise war das Wetter sehr schlecht. Schnee und starker Wind beschnitten das Programm auf ein fast lächerliches Ziel, das auf breitem Fahrweg, durch frisch verschneite Winterlandschaft, allerdings mit Vogelgezwitscher, zu einer Almhütte führte. Der Bundeskanzler genoss es sichtlich: kein Nadelstreifen, so weit das Auge reichte.

Der Bundeskanzler und ich schritten voran, daneben ein Nationalrat, ein Landesrat und der Bürgermeister, aber doch ehrerweisend jenen halben oder ganzen Schritt zurück, den ihre Stellung dem Kanzler gegenüber erforderte. In der zweiten Reihe einige Wirtschaftsbosse, dunkel, mächtig, ohne Krawatten, dafür mit Hüten. Ganz vorn die Presseleute, im Rückwärtsgang, gegen das Ziel steuernd. Das Kameraauge auf uns gerichtet, die Blitzgeräte in Gewitterstimmung. Die Politiker zeigten ihre lächelnden Gesichter und erfüllten die Wünsche der Medienvertreter. Das Bild hatte Symbolkraft: die Macht der Wirtschaft, die Wege bahnende Politik und die gesichtslose Medienwelt.

Für mich ein ruhiger Tag, doch fühlte ich mich ziemlich fehl am Platz. Ich war völlig überflüssig; jeder Blinde hätte diese Almhütte gefunden. Da brauchte es wirklich keinen Bergführer. Zudem hatte mich bei meiner Ausbildung niemand gelehrt, wo der Bergführer in so einem Falle zu gehen hat. Vor, neben oder hinter dem Kanzler? Wie könnte sich der unnütze Führer in Luft auflösen? Der Platz in der ersten Reihe war ohnehin begehrt, und der Weg war trotz seiner ansehnlichen Breite für mehr als zwei zu eng.

Vermutlich spürte der Kanzler, dass mir unwohl in meiner Haut war, und er verwickelte mich in ein Gespräch. Es überraschte mich, dass er mit der Alpingeschichte so vertraut war. Bald war es so, als ginge ich mit einem Bergfreund, den ich seit langem kannte, bergwärts.

Droben auf der Pritzhütte saßen einige Bauern am großen Tisch. Wir setzten uns dazu, und bald entwickelte sich ein lebhaftes Gespräch, gewürzt mit lustigen Episoden aus dem Leben der Bauern und der Politik. Zum Schluss meinte einer der Bauern: «Schön, dass ein ganz normaler Bauer mit einem Bundeskanzler so reden kann.» Vranitzky darauf: «Umgekehrt auch, dass ein ganz normaler Bundeskanzler ...»

Es wurden dann doch noch zwei sehr unterhaltsame, auch informative Tage. Wenn schon die Bergziele versagt blieben, wurde wenigstens die Gastronomie samt den Nobelhotels des Katschbergs etwas genauer unter die Lupe genommen.

Inzwischen hatte ich mich dann doch durch alle Dienstprüfungen gemüht, die für den Aufstieg in der Bundesbahn-Hierarchie nötig sind. Ich war Zugführer, das Gehalt inzwischen besser, die Pensionierung schon um einiges näher. Die Arbeit war verantwortungsvoller, interessanter, weniger gefährlich, und ich hatte nicht mehr so viele Nachtdienste wie früher. Trotzdem hielt sich meine Begeisterung in Grenzen, der nächste Eklat war prognostizierbar.

In der Rückschau muss ich heute selbstkritisch meiner Disziplinlosigkeit und meinem krankhaften Reiz, so genannte Vorgesetzte zu ärgern, die Schuld an vielen unnötigen Reibereien geben. Dem Beamtenbild konnte ich einfach nicht entsprechen. Diese Arbeit war für mich wohl die Lebensgrundlage, aber eben doch nur ein Job, der mich sozial halbwegs absicherte, mir jedoch kaum eine andere Bereicherung zu bieten hatte.

Nach langen Zeiten des Zweifelns lernte ich jedoch, den Job als Eisenbahner und das Hobby Bergsteigen in beiderlei Hinsicht ausgleichend zu verbinden, beides, so ideal wie es nur ging, unter einen Hut zu bringen: jobbend im Dienst und berufen am Berg.

Zu meinen persönlichen Höhepunkten zählen mehrere Erstbegehungen aus dieser Zeit. Die unveränderten Berichte aus meinen Tourenbüchern erzählen von zwei Neutouren im Gosaukamm, der zum Dachstein gehört. Die damaligen Überzeugungen und Motive im alpinen Klettersport werden in ihnen exemplarisch deutlich.

Start zur Winterbesteigung der Nordostverschneidung an der Bischofsmütze: links Joe Bachler.

«Bischofmütze-Nordostverschneidung, erste Winterbegehung. 26. Dezember 1974. Stefanietag. Frostige Dämmerung. Nach gutem Essen und einer Flasche Wein aus dem Vorratskeller der Stuhlalm warten und schlafen wir in feuchten Decken dem Morgengrauen entgegen.

27. Dezember 1974. Der Schnee ist gut zum Spuren, doch die Steigfelle von Joe kleben nicht mehr. Den letzten, langen Steilhang zur Stuhllochscharte steigen wir zu Fuß auf – brechen tief im Neuschnee ein.

8.30 Uhr endlich bei der Wand. Die Einstiegsfelsen sind verschneit, unsere Bewegungen plump. Ausrüstung, der schwere Rucksack und doppelte Bekleidung machen unbeweglich. Ich kann mir nicht vorstellen, in dieser ausgestopften Aufmachung die über uns liegenden Überhänge erklettern zu können.

Die Rucksäcke müssen nachgezogen werden, denn schon die ersten Seillängen, die im Sommer im fünften Grad liegen, machen uns Schwierigkeiten. Nur langsam kommen wir vorwärts, gleich unterhalb vom ersten Dach müssen wir das Biwak für die Nacht einrichten.

Links und rechts riesige Verschneidungswände, über uns der große Überhang. Einer Spinne in der oberen Zimmerecke gleich, hängen wir in der Wand. Von genügend Platz keine Spur, also eine Nacht in Steigleitern. Unsere Körper hängen an Schlingen und Haken festgebunden, unter uns der düstere Abbruch.

Die neuen Brust- und Sitzgurte sind sehr gut, aber die Nächte um Weihnachten dauern doch zu lange, um diese Kombination gemütlich zu finden. Irgendetwas drückt oder schneidet immer ein. Dann sind es wieder die kalten Zehen ... Erneut beginnt das Klopfen mit den Füßen an die Felswand. In der Nacht kommt starker Wind auf, er bricht sich mit lautem Getöse an den Kanten. Uns kann er in diesem Winkel nichts anhaben.

28. Dezember 1974. Endlich der neue Tag. Ernstliche Überlegungen, ob nicht ein Rückzug besser wäre. Nein, wir sind stur! Wir steigen weiter. Im Dach sind die Haken äußerst schlecht. Verrostetes Material, morsche Holzkeile und brüchige Risse sind die Spezialitäten dieses Tages. Luftige Kletterei an der Dachkante, dann eine Verschneidung, einige Meter äußerst schwierig zum nächsten Haken. Endlich kann ich ihn fassen. Ich belaste ihn zu sehr und fliege in den Überhang hinab. Mit dem Haken in der Hand baumle ich in freier Luft. Joe konnte den Sturz gut abbremsen, ich winke ihm dankend zu, wir sind wieder auf gleicher Höhe. Nur bin ich weit draußen, unter mir viel, viel Luft und am Einstiegsfeld die Aufstiegsspuren von gestern.

Wie schon andere Begehungen vorher bleibt also auch diese Durchsteigung nicht sturzfrei. An den Seilsträngen hangle ich mich wieder hinauf. Nun gelingt es, noch einige Meter um einige Ecken, und ich bin froh, als endlich der Standplatz erreicht ist, so sehr machte mir die Seilreibung zu schaffen. Die Rucksäcke werden aufgezogen, Joe steigt nach.

Die Nordwand der Bischofsmütze; die Route durch die Nordostverschneidung und die Biwakplätze sind eingezeichnet.

Über einen brüchigen, weit überhängenden Riss geht die Kletterei weiter. Ich muss mehrere Haken schlagen. Bei jedem Hammerschlag ergießt sich roter Sand über mich, der wie Wasser aus dem Riss quillt. Bei jedem Schlag verspüren wir ein leichtes Beben an diesem überhängenden Bollwerk. Wir können nicht wissen, dass diese Überhänge, an denen wir jetzt hängen, einige Monate später, vermutlich durch Spaltfrost, abbrechen werden. (Dieser Felssturz umfasste dann einige tausend Tonnen und machte die Verschneidung ungangbar.)

Durch das Setzen eines Holzkeils wird der darunter liegende Haken, an dem ich noch immer hänge, locker. Ist es denn möglich, dass die riesigen, in der Verschneidung eingekeilten Blöcke nachgeben? Angst erfüllt mein Denken. Ich muss aber weiter, es gibt nur mehr den einen Weg, ein Rückzug ist unmöglich.

Eine Kante nach links steigend, gelangen wir endlich einmal in flacheres Gelände, hier liegt Schnee. Bald aber bäumt sich die markante Verschneidung

erneut stark überhängend auf. Es ist 4 Uhr nachmittags, nur die Hoffnung auf eine bessere Biwakmöglichkeit treibt uns weiter. Bei eintretender Dämmerung erreiche ich einen schlechten Stand am abschüssigen Pfeilerabsatz, die Verschneidung liegt nun unter uns. Der Wind hat an Heftigkeit zugenommen, er hebt die vom Standplatz hinabhängenden Seile oft waagrecht in die Luft.

Am Einstieg in eine andere Welt.

Wieder müssen die schweren Rucksäcke nachgezogen werden. Ich bin am Ende meiner Kräfte und lasse erst einmal Joe nachkommen, gemeinsam ziehen wir dann unsere Rucksäcke auf. Nun ist es vollkommen finster. Im Schein der Stirnlampe klettern wir auf Biegen und Brechen noch eine Seillänge zu einem erhofften, aber schließlich sehr dürftigen Biwakplatz hoch.

‹Morgen sind wir wieder unten im guten, warmen Heim!› Nur diese Hoffnung ist es, die einen kleinen Lichtblick gibt. Dem Wind preisgegeben, sitze ich auf einer kleinen Kante. Mein Kamerad klebt einen Stock tiefer im Spalt eines Kamins. Auch die zweite Nacht geht ohne Schlaf vorbei. Ich erfriere mir einige Zehen, an jedem Fuß zwei, Gott sei Dank nur zweiten Grades. Kein Stern ist zu sehen, schon tagsüber war der Himmel mit dunklen Wolken über-

Eine der Schlüsselpassagen an der Kerze: ein Festival der Kletterstellen.

zogen. Aber die Strahlen der Sonne hätten uns in diesem düsteren Wandteil sowieso nicht erreichen können.

29. Dezember 1974. Die Wand ist nun nicht mehr so steil, dafür kämpfen wir umso mehr gegen den Wind, der zum Sturm wird und uns Schneekörner ins Gesicht peitscht. Geschützt durch Sturmmütze und Schneebrille kämpfen wir uns weiter.

Es gibt keine Gipfelrast. Froh, dem Inferno zu entkommen, beginnen wir den Abstieg, abseilend bis zur Stuhllochscharte. Noch einmal, beim Einstieg, gleiten unsere Blicke die Nordostverschneidung hinauf. Noch einmal gemahnen uns die vielen Steine am Einstiegsfeld an die enorme Brüchigkeit. Noch einmal sehen wir uns in Gedanken die Überhänge hochschwindeln. Da oben, der winzige Standplatz, an dem wir eine Nacht lang froren. Und dort der rote, brüchige Riss! ‹Den geh' ich nie mehr in meinem Leben!›, sage ich zu Joe.»

«Die Kerze, der Mini-Peutereygrat im Gosaukamm. Ich nehme den kleinsten und spitzigsten Haken aus meinem Sortiment. ‹Gut, dass ich diesen winzigen Hartstahlstift dabei habe›, denke ich. Ein nur 3 Millimeter großes Loch in einer glatten Platte deutet uns die einzige Hoffnung auf ein Weiterkommen an. Einen Zentimeter lässt sich der Haken eintreiben. Mit einem schmalen Schlauchband binde ich ihn ab, so ist die Hebelwirkung geringer. Ganz vorsichtig belaste ich den kleinen, gelben Stift. Ich muss ihm mein ganzes Gewicht anvertrauen, denn es gibt weder Griffe noch Tritte.

Balancierend trete ich auf die oberste Sprosse meiner Steigleiter, nun kann ich eine Felsschuppe ergreifen, dahinter ist ein guter Hakenriss. Einige Meter geht es über kleinste Unebenheiten aufwärts. In einem kurzen Riss kann ich wiederum einen sehr guten Haken anbringen. Ein luftiger Quergang bringt mich nun über eine raue Platte nach links, unter mir bricht der Turm steil ab. Auf einem Absatz an der Kante sitzen die drei Kameraden, gespannt verfolgen sie meine Bewegungen.

Direkt an der Kante raufe ich mich den Handriss aufwärts. Noch einmal dengle ich einen billigen Längshaken in eine gesunde Ritze, dann bin ich oben. Oben am kleinen Kopf der Kerze. Die Freunde können nachkommen.

Schon die Vorgeschichte zu dieser Bergtour war voller Spannung und bergsteigerischer Romantik. Robert Jölli und ich mit unseren Mädels hatten uns entschlossen, den diesjährigen Pfingsturlaub auf der Stuhlalm im Gosaukamm zu verbringen, denn dort kann man trotz der Neuschneemengen trockene Wände zum Klettern finden. Ja, und der Fels ist dort einfach phantastisch.

Am Sonntag gingen wir mit den Mädchen auf Tour. Nach netter Kletterei – Abstieg durch tiefen Neuschnee – kehrten wir total nass und hungrig zurück. Herzlich wie immer wurden wir auf der Stuhlalm betreut, die Kleider getrocknet, und ein gutes Essen gab uns die Unterlage für einige Flaschen Wein. Die Kletterer aus dem Lammertal waren auch da, unter ihnen unsere besten Kameraden Hias Schreder und Edi Lindenthaler.

Wir befragten uns über die morgigen Ziele. Gleichgültige Mienen gaben minimalen Auftrieb vor. Hias musste zum Platzkonzert. Edi in die Kirche. Und wir, wir sind nicht in Form für schwierige Klettereien. Eine faule Bergsteigerjugend, hätte sich so mancher Lauscher gedacht. Aber das war gar nicht so. Alle wussten wir von dieser Möglichkeit: Erstbegehung der Kerze! Jede Seilschaft versuchte die andere auszubremsen. Was Hias und Edi auch bald gelungen wäre.

Schon um 1 Uhr morgens schlichen sich die beiden aus dem Haus. Es begann ein kalter Morgen. Der Felsgrat zum Einstieg von Schnee und Eis bedeckt. Ein unerfreulicher Morgen.

Schon war die Abseilstelle errichtet. ‹Das kann mich alles buckelfünfern, ich drehe wieder um›, meinte Hias. ‹Denk doch einmal nach›, sagte Edi, ‹die beiden kommen ganz bestimmt. Du und ich, wo wir vor diesem Turm daheim sind, dürfen uns diese Erstbegehung nicht wegschnappen lassen. Und die zwei kommen, du wirst sehen.›

Über dem Pfeiler hingen tiefschwarze Wolken, geisterhaft spielten die Nebel in den gigantischen Felsgebilden und verloren sich wieder in der düsteren morgendlichen Dämmerung.

Als der Wirt uns um 6 Uhr wachklopfte, schien das gesetzte Ziel sehr fern zu liegen. Wir hatten ja leicht Zeit, nicht ahnend, dass die Konkurrenten schon so weit vorgerückt waren. Unsere Mädchen wollten die landschaftlich herrliche Wanderung zur Hofpürglhütte machen. Ohne lange Zeremonie verabschiedeten wir uns und querten am schmalen Jagdsteig die westseitigen Latschenhänge im Schuttkar der Stuhllochscharte. Hier lag Schnee von der letzten Woche, und die Felsen waren wieder in ein winterliches Kleid getaucht. Obwohl die Wolken sich mehr und mehr verzogen und zwischen den Nebeln schon sonnige Felsen zu erkennen waren, war es noch sehr kalt.

Robert sah als Erster die Spuren im Schnee. Spuren von gestern Abend oder heute früh?

Das bedeutete doch gar nichts! Es gab doch viele Möglichkeiten, von hier aus Touren zu machen, redeten wir uns ein. ‹Welche verrückten Narren können das nur sein, die bei diesen scheußlichen Verhältnissen auf Bergtour gehen. Die müssen mindestens so blöd sein wie wir›, meinte Robert.

Ein unangenehmes Gefühl blieb. Hastig, immer schneller und schneller stiegen wir in den Fußstapfen aufwärts. Unsere Blicke glitten immer wieder hinauf, vor uns erhob sich ein steiler Turm: die Kerze.

Gelbliche Nebelschleier zogen um die sonnenbeschienenen Felsen. Während die dahinter liegenden Schnee- und Felsflanken des Großwandecks noch im Schatten lagen, stach unsere Kerze wie eine Flamme in den jetzt tiefblauen Himmel. Eine klassische Berggestalt. Vorne die Kante, eine Linie zwischen Licht und Schatten, unser Aufstiegsweg.

Stimmen! Waren das Stimmen? Ja, wir hörten es deutlich. Noch einmal suchten wir an dieser Linie hinauf. Richtig, ein roter Punkt in den grauen Platten, knapp über dem Einstieg, jetzt konnten wir ihn beide gut sehen. Diese elendigen Hunde, die hatten uns ganz schön ausgetrickst, mit Platzkonzert und Kirche. Eigentlich hatten sie Recht, wir hätten sie ja einladen können, statt heimlich auszurücken.

Nun, jetzt wurde es interessant, konnten wir die beiden einholen? Gerade vorher wollte ich noch fotografieren, ich dachte nicht mehr daran. Wir liefen hinauf zu den ersten Felsen. Kletterten über die verschneiten Gebilde seilfrei hinauf, als wäre der Teufel hinter uns her. Wir sahen die stimmungsvollen Spiele von Sonne, Nebel, Wind und Bergen, die wie Kulissen in diesem Theater den Hintergrund bildeten, nicht mehr. Ja: Der ganze Ablauf könnte aus einem Drehbuch stammen. Da steht weiß Gott wie lange schon ein Turm von unglaublicher Schönheit, und da sind einige gute Kameraden, die schon so manche Bergfahrt zusammen machten. Alle wissen seit Jahren von dieser Begehungsmöglichkeit. Siehe da, es kommt der Tag, da trifft man sich, ohne voneinander zu wissen, beim Einstieg.

Im Glauben, unsere Freunde hätten uns noch nicht bemerkt, schlichen wir uns nun an. Schnell das Seil, einige Haken, Hammer, Schlingen, Kletterseil, und direkt in einer Verschneidung empor, die in den Kamin führt, wo die Frühaufsteher gerade klettern. Als Begrüßung sausten uns einige ganz schöne große Steine um die Ohren. Blöd von uns, hier in der Falllinie einzusteigen – noch dazu ohne Helm. Am zweiten Standplatz holten wir sie ein. Großes Gelächter, das Wiedersehen war herzlich. Lachend und singend und mit so viel Freude an diesem unnützen Tun hangelten wir uns affenartig die Kante höher. Einfach herrlich war es. Zum Jubeln, der feste, graue Fels; überall Griffe und Tritte – ein Festival der Kletterstellen. Hias jodelte, und darin ist er Meister. Von allen Seiten hallte es zurück. Zur Großwand, zum Hauptgipfel, war es noch ein langer Weg. Der Verbindungsgrat ist ausgesetzt, rechts und links brechen die Wände und Flanken überaus steil ab. Die spitzen Türme reihen sich, wie auch die Stunden des Tages, die wir unterwegs waren. Es waren Stunden des Glücks.»

Auf der Nanga-Parbat-Expedition
setzte mich Steinschlag vorübergehend
außer Gefecht.

LIEBESKUMMER AM NANGA PARBAT

Werner Sucher als Bauernknecht im Theaterstück «Der Watzmann ruft». Intelligenter Witz zeichnete ihn auch im Alltag aus.

Bei einem Bergführerlehrgang lernte ich einen Kärntner Kletterer kennen. Werner Sucher aus St. Veit an der Glan war Malermeister mit eigenem Betrieb. Eine erfrischende, sympathische Persönlichkeit mit köstlichem Witz. In Sachen Berg ein Taktierer, mit viel Augenmaß in der Planung und Intelligenz in der Umsetzung. Seine brillante Technik war auffallend, sein Gefühl für Routenfindung zeugte von großer Erfahrung.

Unabhängig voneinander bekamen wir eine Einladung zu einer polnischen Expedition zum Nanga Parbat für das Jahr 1977. Unabhängig voneinander hatten wir zugesagt. Beide waren wir von Neugier erfüllt; Werner, weil er noch nie im Himalaja war, ich, weil ich es jetzt genau wissen wollte.

Als die zufällig gemeinsame Expeditionsteilnahme sich herausgestellt hatte, wurde natürlich zusammen geplant und trainiert. Aus diesem Anlass gelangen uns einige schöne Erstbegehungen am Hochkönig und im Dachstein. Wir ergänzten uns prächtig; in manchen Routen war das Seil höchstens Zierde oder Rückenwärmer. Manchmal gingen wir zwar angeseilt, aber im Abstand einer Seillänge kletterten wir beide gleichzeitig und sahen uns nur ab und zu oder sogar erst oben am Gipfel.

So ähnlich war es auch, als wir im Sommer 1987 gemeinsam im Lauftempo die «Cassinkante» an der Torre Trieste durchkletterten. Von achtzehn Seillängen gingen wir nur wenige am Seil. Ohne Gipfelpause seilten wir auf der Rückseite des Berges ab, kletterten synchron solo die «Via Tissi»zum Gipfel der Torre Venezia und die «Castiglioni» wieder zum Wandfuß zurück.

In der Rückschau wird offensichtlich, dass Werner Sucher der flinkste, schnellste und geländegängigste aller meiner Wegbegleiter war. Aber auch der witzigste: Werner war nicht nur ein exzellenter Langläufer, er hatte auch die Raffinesse eines Langläufers, und wenn ihm einer seiner immer taktvollen Schmähs gelang, dann glänzten seine blauen Augen listig und freudig.

Ich erinnere mich noch an eine Begebenheit im Rahmen seiner Bergführerausbildung. Die an die Gruppe gestellte Aufgabe war, bei Nebel den idealen Einstieg einer Kletterroute zu finden. Werner hatte am vorerst breiten Steig einen handgroßen Stein mit Farbmarkierung gesehen und vorsorglich im Rucksack verstaut. Flink wie er war, konnte er immer wieder den Stein entsprechend platzieren und führte so die ganze Gruppe samt Ausbilder in die Irre.

Der Nanga Parbat dürfte im deutschen Sprachraum neben dem Mount Everest der bekannteste der Weltberge sein. Seine Besteigungsgeschichte kannte ich unter anderem aus Büchern von Hermann Buhl und Reinhold Messner. Natürlich reizte mich dieser besondere Berg und ließ schließlich mein bezüglich Achttausendern ausgesprochenes «nie mehr wieder» in ein «never say never» kippen. Er war es wert, ihn zumindest einmal zu sehen.

Der Nanga Parbat von Süden mit der riesigen Rupalflanke.

Die polnische Mannschaft hatte mit Arbeitseinsätzen – vielfach mit Reinigungsarbeiten an den Außenfassaden von Hochhäusern – die finanziellen Mittel für die Expedition mit Müh und Not zusammengekratzt. Ihre improvisatorischen Vorbereitungen waren äußerst umständlich. Mit monatelanger Verspätung stand endlich die Organisation. Während die Polen mit ihrem Gepäck in einem Ungetüm von Lastwagen und alle Grenzprobleme, die sich ergeben konnten, voll auskostend, auf dem Landweg nach Pakistan reisten, zogen Werner und ich das Flugzeug vor.

Wir trafen uns in Rawalpindi und reisten gemeinsam zum Berg. Ein kurzer Flug brachte uns nach Skardu in den Karakorum. Im Jeepkonvoi ging es über eine furchterregende Schotterstraße weiter. Zwei Tage dauerte die Fahrt über ein weites Hochplateau nach Bunji. In der Ferne war schon der «nackte Berg» zu erkennen, dessen Umrisse aus dem Taldunst gegen den Himmel ragten.

Eine dreitägige Wanderung brachte uns zur Tapalm, an den Fuß der Nanga-Parbat-Südwand. Tief verschneit stand die riesige Rupalflanke vor uns. Die schönste Linie dieser Wand: ein fast senkrechter Pfeiler, der aus einer grässli-

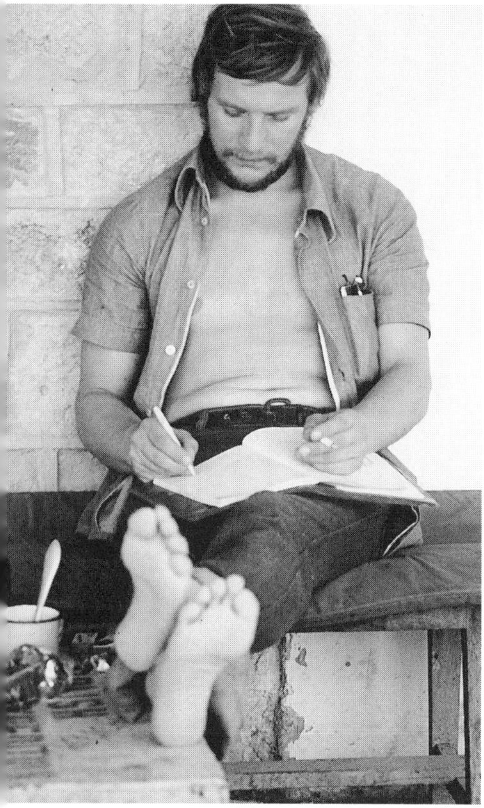

chen Schlucht entwächst und wie eine weiße Kerze zum Gipfel zieht – der Südostpfeiler. So, wie sich der Pfeiler uns zeigte, löste er Betroffenheit in den Gesichtern aus, wortloses Staunen und ab und zu ein Kopfschütteln oder ein gemurmeltes «Shit». Warnend stürzten Staublawinen über die Wand und schossen über den unteren Bereich des Pfeilers. Unser Ziel. Bei allem Verständnis für mutige Phantasie, das konnte nicht der Stoff sein, aus dem meine Träume gemacht sind. Auch den Polen war es vergangen, den Helden spielen zu wollen.

Beratung und Diskussionen folgten. Jerzy Kukuczka – zu dieser Zeit ein noch unerfahrener «Achttausenderloser» – wollte trotzdem zum Südostpfeiler, die meisten anderen, denen ähnlich wie Werner und mir das Herz in die Hose gerutscht war, zum «Kinshofer-Anstieg» im westlichen Teil der Rupalflanke.

Daheim auf den Fotos hatte der in Sonnenlicht getauchte Felspfeiler so logisch und fast genussvoll ausgesehen. Jetzt war das logische Abenteuer zu einem Ding der Unmöglichkeit verkommen.

Jedenfalls war ich froh, dass sich die Expedition flexibel zeigte und der ganze Tross sich in Richtung Westen, zum hinteren Bereich der Tapalm, weiterbewegte. Beeindruckend war der riesige Berg, der lange Grat, über den Hermann Buhl 1953 mit seinem legendären Alleingang den Gipfel erstmals bestieg. Vor meinen Augen spulte sich auch die dramatische Besteigung durch die Messner-Brüder ab, die mir aus Reinholds Erzählungen und aus seinen Büchern bekannt war.

Jerzy Kukuczka – zu jener Zeit hatte er noch keinen Achttausender bestiegen.

Rechte Seite: Beim Schreiben des Tagebuchs im Basislager auf der idyllischen Tapalm.

Das Basislager lag am Rand einer Moräne auf wunderschönem Almboden. Die Zelte standen unter vereinzelten, Schatten spendenden Bäumen. In der für Himalaja-Verhältnisse sehr niedrigen Höhenlage von 3700 Metern konnte es tagsüber sehr heiß sein.

Die Stimmung unter den Expeditionsteilnehmern war angenehm. Werner war sowieso ein ausgesprochen liebenswürdiger Begleiter und sorgte immer für Heiterkeiten. Gab es Reibereien unter den Polen, musste uns das nicht aufregen, da wir ihrer Sprache nicht mächtig waren. Alle waren gute Kumpel und trugen sehr viel zum Gemeinwohl bei, ganz besonders der pakistanische Begleitoffizier Sherp, aber auch der Expeditionsarzt Koisar.

Der Gipfelbereich war während des Tages oft in Wolken gehüllt, nur nachts war der Himmel sternenklar, und bei Vollmondlicht hob sich die gi-

A F
AP

gantische Gipfelkette in einem plastischen Weiß vom dunklen Himmel ab. Der Gipfel des Nanga Parbat sah so nah, so greifbar aus, und in diesen Momenten hegte ich die naive Hoffnung, ich könnte da oben stehen. Doch ich wusste, diese Hoffnung war trügerisch, nur ein blauäugiger Wunschtraum.

Gott gibt die Nüsse, aber er knackt sie nicht auf – zum Aufknacken bräuchte ich eine tiefere Überzeugung, müsste mich völlig auf das Ziel einlassen und über mich selbst hinauswachsen. Dieses Ziel sah zwar logisch aus, doch nun folgten die Tage des ständigen Auf und Ab, des wiederholten, armseligen Hochlagerlebens, ausgesetzt der Willkür unerbittlicher Wetterkapriolen.

Die Tage vergingen. Langsam, aber sicher beschlich mich eine dumpfe Gleichgültigkeit. Und Inaktivität: Nach einem Unfall war ich für eine Woche außer Gefecht gesetzt. In halber Höhe des Kinshoferwegs war ich in einen Steinschlag geraten. Während ich ein Steigeisen, das sich gelöst hatte, wieder festschnürte, streifte mich eine relativ große Steinplatte und schlug mich zu Boden. Der Steinschlaghelm war mein Lebensretter. Die anderen Verletzungen im Schulterbereich waren nicht schlimm und heilten bald. Der Schock saß jedoch tief, und in meinem Bewusstsein war der lähmende Gedanke: Was wäre, wenn die Steinplatte genauer getroffen hätte? Die Riesenhaftigkeit des Berges und die Einsicht meiner Verletzbarkeit sensibilisierten mich fürs Leben.

Es gab aber noch einen triftigen Grund, der mich melancholisch machte und mir gebot, auf mein Leben zu achten: Liebeskummer. Ich war verliebt in Herta. Der Abschied, das Wegfahren von zu Hause war mir schwer gefallen. Die Tränen aus ihren wunderschönen großen Augen, die ihr über die Wangen liefen, während der Zug langsam vom Bahnsteig rollte, dieses Bild hatte mich den ganzen Weg hierher begleitet. Meine Gedanken waren immer bei ihr. In mir trug ich die lebhafte Erinnerung an ihre zärtlichen Liebkosungen, ihre sanften Worte, ihre Zuneigung. Sehnsüchtig zog es mich zu ihr.

Als gebranntes Kind in Eheangelegenheiten hatte ich Angst davor, nochmals eine intensive Beziehung einzugehen. So war es nicht nur der Berg, der mir wichtig war, ich wollte auch Einsichten über mich selbst gewinnen. Mein Leben aus der Entfernung, als Außenstehender sozusagen, besser einschätzen und beurteilen zu können, das war mein innerliches Argument für die Reise gewesen. Dem verwirrenden Einfluss der Zivilisationsenge ausgesetzt, verliert man leicht den nötigen Überblick, und die wichtigsten Entscheidungen werden womöglich auf falschen Grundlagen getroffen. Aus diesem Unternehmen wollte ich jene Weisheit ziehen, die mein künftiges Leben verändern und zum großen Glück gestalten sollte.

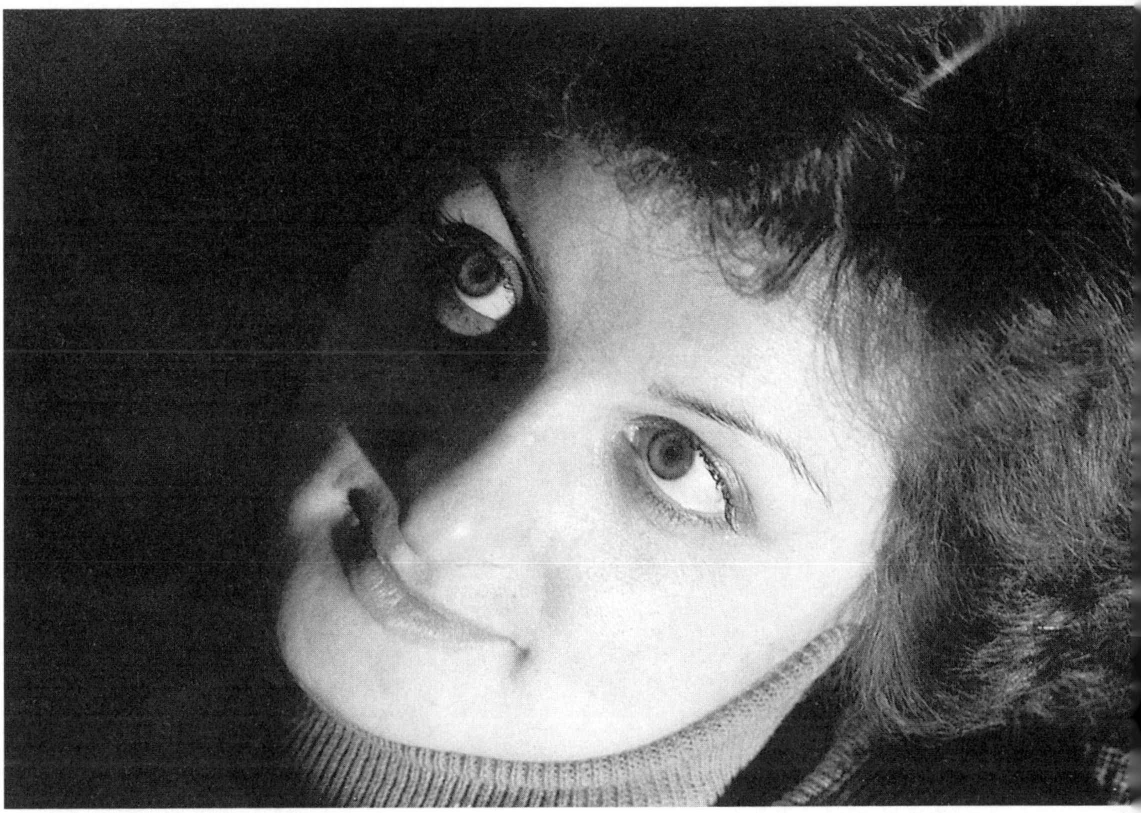

Herta war der Grund dafür, dass es mich vom Nanga Parbat nach Hause zog.

Die polnischen Freunde wagten einen letzten Versuch, trotz schlechter Witterung und tiefen Neuschnees. Am Gipfelgrat, in einer Scharte, in der kaum Schutz vor dem starken Wind zu finden war, mussten sie auf etwa 8000 Meter Höhe biwakieren. Nur Jerzy Kukuczka kam bei zunehmend schlechtem Wetter wieder heil ins Tal zurück. Die beiden anderen zahlten ihren Versuch mit erfrorenen Zehen.

Wieder einmal war der Gipfel nicht gelungen, doch wie bei dem Jungen in Paulo Coelhos «Der Alchemist», dem der Weg über so viele Hürden bis zu den Pyramiden in Ägypten vorgegeben war, um das große Glück zu finden, so führte mein Weg zum Nanga Parbat, um in seiner Stille Erkenntnisse zu gewinnen.

In Rawalpindi kaufte ich ein Brautkleid für Herta.

Wieder einmal «abgeprechtelt»: Dieser Ausdruck für einen gescheiterten Versuch bürgerte sich ein.

GEFAHR UND TOD

Seit der Begehung der Dachstein-Direttissima war Hans Neumayer einer meiner Wegbegleiter geworden, ein Freund, der meinen alpinen Werdegang und auch meine Einstellung in diesen Dingen miterlebte und am besten einschätzen konnte. Er war ein kritischer Beobachter und ein Mentor meines alpinen Tuns zugleich. Hin und wieder machten wir zusammen Erstbegehungen.

Nach etwa einem Jahrzehnt Bergsteigen wurde das Jubiläum der hundertsten Erstbegehung fällig. Das geeignete Ziel war schon geplant. Seit längerer Zeit beschäftigte mich ein wie mit dem Lot gezogener Riss in der Nordwestwand des Kleinen Törlwieskopfs. Er ist nur einer von vielen unbekannten Gipfeln der Mandlwand am Hochkönig. Seine Wandhöhe – vernachlässigt man den Vorbau – beträgt etwa 150 Meter. Seine Form und Steilheit jedoch erinnern an die Nordwand der Großen Zinne in den Dolomiten. Es war allerdings ein dem Leistungsniveau von Hans nicht ganz angepasstes Unternehmen. Aber es war mir ein Bedürfnis, mit ihm mein Jubiläumserlebnis zu teilen.

An einem Augusttag 1978 stiegen wir über die Mandlwand-Sonnseite zur Westlichen Rinnscharte auf und seilten uns über die brüchige Nordschlucht zum Fuße der Wand ab. So erspart man sich den mühsamen Zustieg über den brüchigen Wandvorbau. Beim Einstieg überraschten uns einige rostige Haken. Walter Grutschnigg, ein Spitzenkletterer der Fünfzigerjahre, hatte die Möglichkeit schon lange vor uns erkannt. Der Versuch endete zwar bald, war aber für die damalige Zeit sehr mutig gewesen. So waren die ersten Meter wie geschenkt, wir sparten Zeit und einige Haken. Nach einer Plattenfront führt ein Riss in souveräner Linie, nur von einem Wulst unterbrochen, bis zum Gipfel.

Die Schwierigkeit des Risses war nicht seine durchgehend überhängende Steilheit, sondern seine boshafte Breite, eine Eigenheit, die er mit den berühmteren «Pumprissen» am Fleischbankpfeiler im Wilden Kaiser gemein hat. Während der Felsspalt einerseits für die größten Klemmgeräte zu breit ist, ist er andererseits zu eng, um in ihm Arme und Beine wirkungsvoll verspreizen zu können.

Allerdings war Risskletttern zu jener Zeit mein absolutes Spezialgebiet. Die meisten Risse meiner Erstbegehungen waren dementsprechend gefürchtet oder wurden gemieden. Dazu trug auch bei, dass nahezu alle meine Touren sträflich unterbewertet waren. Wieder einmal «abgeprechtelt» – dieser Ausdruck für einen gescheiterten Versuch bürgerte sich ein. Viele fluchten und ärgerten sich über mich, und ich freute mich mit insgeheimem Stolz über «Abgeprechtelte». Sie nährten meine Eitelkeit – warum musste es auch immer wieder «solche Esel» geben, die meine Touren gehen wollten? Erst viel später wurde mir klar, wie überheblich meine Einstellung war.

Die Nordwestwand des Kleinen Törlwieskopfs mit dem «Jubiläumsriss».

An diesem Tag mussten wir die Tour abbrechen und waren selbst die «Abgeprechtelten». Schon mittags zogen schwarze Gewitterwolken auf, dann ging alles ganz schnell. Dunkelheit hüllte uns ein, die sich bald in ein mystisches Gelb wandelte. Die Luft war von Elektrizität geladen, und ehe wir zu einer Überlegung fähig waren, zuckten die ersten Blitze. Das Gewitter stand unmittelbar über uns. Zur theatralischen Atmosphäre passte der Hagel, der plötzlich und mit ungeahnter Heftigkeit, Geschossen gleich, auf uns in der Wand Verhaftete niederprasselte.

Ich bin ein Gegner von großen Rucksäcken. Einmal, als ich mich bei einem Vortrag vor großem Fachpublikum in Salzburg zu der Behauptung hinreißen ließ, dass man Hosenscheißer beim Klettern an den großen Rucksäcken erkenne, erntete ich viel Kritik bis hin zu Anfeindungen. Ich freute mich innerlich schelmisch wie immer; die Verbalattacke hatte das Ziel erreicht. Es war aber schließlich auch meine Überzeugung, denn ich war dagegen, das persönliche Können durch mehr Ausrüstung zu ersetzen.

Dieser Geisteshaltung entsprechend hatten wir natürlich nur das Minimalste an Gepäck dabei. Vor allem Bekleidung fehlte, und wir konnten gar nicht so schnell zittern, wie uns kalt war. Das Schauspiel dauerte mehr als eine halbe Stunde; unerbittlich schleuderte der tosende Sturm Hagelkörner auf uns. Im Zwiespalt zwischen Angst und Gleichgültigkeit warteten wir ab. Wir hatten dem Schicksal und der Willkür der Blitze nichts entgegenzusetzen, waren ihnen völlig ausgeliefert.

Nur 35 Meter trennten uns vom Gipfel, aber an ein Weiterklettern war nicht zu denken. Mittels «planmäßiger Rückzugsmethode» – einer Technik, die wir im Rahmen der Bergführerausbildung oft praktiziert hatten – seilten wir uns triefend vor Nässe und zitternd vor Kälte zum Wandfuß ab. Das Leben war für kurze Zeit bedingungslos geworden, die Ansprüche waren auf den Wunsch beschränkt, heil aus dieser Wand zu kommen. Ängstliche Dankbarkeit war aus Hansis Augen zu lesen, sein bubenhafter Charme war verschwunden.

Inzwischen hatte sich eine Decke aus Hagel und Schnee über die Felsen gelegt. Das Gelände schien völlig verändert. Abseilen über den Wandvorbau war wegen des Steinschlags gefährlich, so versuchten wir in der Schlucht, durch die wir am Morgen abgeseilt hatten, zur Rinnscharte zu klettern. Wir hatten es fast geschafft, als wir von oben Stimmen hörten. Einige Freunde, die von unserer misslichen Lage Wind bekommen hatten, waren uns entgegengeeilt. Ich war dankbar, als vor mir schließlich ein Seilende baumelte, erleichtert hängte ich ein und wurde beinahe – dem Tempo nicht gewachsen – nach oben gezogen.

Bald war auch Hans da, und unsere Schutzengel Walter Aschauer, mit dem ich später noch viele Erstbegehungen machen würde, und Peter Kreuzberger, der Wirt der Mitterfeldalm, beglückwünschten uns, diesem Inferno entkommen zu sein.

Die Freude und Dankbarkeit, lebensbedrohliche Situationen heil überstanden zu haben, setzt Emotionen frei. Einige Runden Vogelbeerschnaps, die Peter ausgab, sollten einer befürchteten Erkältung vorbeugen. Selten erlebte man Hans in solch unbekümmerter Heiterkeit, wo doch behauptet wird, er ginge zum Lachen in den Keller.

Heute versuche ich, Gewittern so weit wie möglich auszuweichen, und verzichte auch hin und wieder an gewitterträchtigen Tagen aufs Bergsteigen. Damals, in der Hochblüte meines Lebens, meiner Kraft und meines zügellosen Dranges nach mehr, wollte ich jede freie Minute nützen. So manche Route gelang, einem Diebstahl gleich, während eines Zwischenhochs. Mit Joe war ich manchmal sogar bei Regen in Routen eingestiegen. Es war kein Wunder, dass wir öfter Gewittern ausgesetzt waren, forderten wir diese Situation doch fast immer mutwillig heraus.

Zusammen mit Hans Neumayer gelangen zahlreiche schöne Erstbegehungen.

Außer dem eben erwähnten Wettersturz blieben mir noch zwei weitere besonders in Erinnerung, etwa der am Hochkönig, in der Route «Eiertanz», mit Hans Gufler, einem Bergführerfreund und langjährigen Wegbegleiter. Die Südwand des Hochkönigs weist in ihrem massiven Wandvorbau zwei fast immer ausgetrocknete Bachbetten auf, die sich am untersten Grund vereinen. Durch den heftigen Niederschlag – zuerst tischtennisballgroße Hagelkörner, später Regen, als würde jemand das Firmament ausleeren – waren die Rinnsale zu reißenden Bächen angeschwollen. Wir hatten uns mit Mühe aus der Wand retten können, waren aber durch die beiden Bäche eingeschlossen. Lange suchten wir nach einer geeigneten Stelle, und schließlich reichte der Mut zu einem Sprung, der allein uns aus dieser misslichen Lage retten konnte.

Ein Jahr später, im August 1986, wurde ein massiver Wettersturz in den gesamten Alpen mehreren Bergsteigern in verschiedenen Gebieten zum Verhängnis. Wir waren an diesem schicksalsträchtigen Tag in der Marmolada-Südwand. Heinz Mariachers schönste Kreation in den Dolomiten, die «Moderne Zeiten», war unser Ziel, nachdem die südlichen Alpen nach der Prognose von einigermaßen gutem Wetter begünstigt sein sollten. Werner und ich waren schon hoch oben, etwa drei Seillängen vor dem Ausstieg, als wir unerwartet und plötzlich im Gewitter steckten. Blitz und Donner waren eine unmittelbare Einheit, Regen, Hagel und Schneefall erzeugten einen Temperatursturz, der innerhalb einer halben Stunde aus dem August- einen Januartag machte.

In sommerlicher Kleidung und barfuß in den Kletterschuhen schlichen wir uns irgendwie höher. Um jeden Meter mussten wir kämpfen. Sogar die senkrechten Platten waren von angefrorenem Schnee bedeckt, im Nu hatte sich die genussvolle Kalkwand in eine weiße Hölle verwandelt. Es gab kein

Aussteigen, so wie es ein Läufer in einem Marathonwettbewerb tun könnte. In so einer Situation muss der Alpinist im Stande sein, seine Reserven zu mobilisieren und seine Erfahrung in sinnhaftes Handeln umzusetzen. Die paar Fetzen am Körper waren zu einem Eispanzer erstarrt, Zehen und Finger gefühllos. Endlich waren wir am Gipfel, an der Seilbahnstation, auf der es einen warmen Kamin zum Aufwärmen gab.

Eine knappe Beschreibung für das, was wir durchgemacht hatten. Wenige Worte, in denen so viel Leben, Abbitten, Gebete, Hoffnungen und Sehnsüchte enthalten waren. Schrecklich-schöner Reichtum an Gefühlen, komprimiert in Stunden, die unter normalen Bedingungen für Monate gereicht hätten.

Der Jubiläumsriss, meine hundertste Erstbegehung, gelang dann zusammen mit Hans Neumayer doch noch. In unterbrochener Regelmäßigkeit glückten uns in den kommenden Jahrzehnten noch einige schöne Erstbegehungen. Hans war in all den Jahren der Gleiche geblieben und hatte trotz einiger Schicksalsschläge seine Bubenhaftigkeit bis ins höhere Alter hinübergerettet. Das Seriöse, Pünktliche, Verlässliche, sein verpflichtendes Verantwortungsgefühl – all das schätze ich sehr an ihm. Und er ist vielleicht der einzige Freund, der mir auch in aller Brutalität den Spiegel meiner Schattenseiten vors Gesicht hält.

Lediglich einmal hatte mich Hans bis ins Innerste meiner Seele enttäuscht. Das war aber zum Glück nur ein Traum. Ein Traum, den ich im Oman, im Zelt am Fuße des Jebel Misht geträumt und der mich in Weinkrämpfe gestürzt hatte. Hans hatte die Torsäule, meine Torsäule, an der ich in Jahrzehnten mit großem Engagement mehrere Dutzend Erstbegehungen gemacht hatte, mit einem Helikopter abtransportieren lassen. Man hatte sie in die Senke hinter unserem Bauernhof am Buchberg gestellt. Hans wollte für die Bergrettungsleute ideale Übungsbedingungen schaffen, denn weite Zustiegswege waren in heutigen Zeiten niemandem mehr zuzumuten; das war seine Begründung für diesen Frevel.

Träume schreiben aus Erlebnissen, Illusionen und Utopien schizophrene Drehbücher. Sie zeigen manchmal überraschend viel Reales. Mein Traum ließ mich nochmals in die Welt des Bauernbuben eintauchen. Als ein in die Berge Hineingeborener sah er von der Anhöhe seiner Heimat aus, Sommer wie Winter, fast rundherum die eindrucksvolle Gebirgskette – sein Bild der Berge. Mit verbundenen Augen könnte der Bub die sich gegen den Himmel abhebenden Konturen in Gedanken nachvollziehen. Fast täglich sah er vom kleinen Fensterausschnitt seines Zimmers die in der Morgensonne glänzende Firnhochfläche der Übergossenen Alm, eingerahmt von den Felszinnen der Mandlwand, der Torsäule und des Schoberkopfs mit dem vorgelagerten Teufelskirchl.

Der Traum peinigte mich zurück in die Situation des Almauftriebs, ich sah Vater, die Kuh am Strick ziehend, und den sich schämenden Buben in schwarzen Gummistiefeln und riesiger schweinslederner Hose, der mit dem Stock auf das Hinterteil der Kuh eindrosch. Links und rechts ein Spalier von Schulkollegen, die unser Einherschreiten beklatschten, als setze ein Marathonläufer zum Zielsprint an.

Wir standen plötzlich auf einem Platz, eingekreist von vielen Menschen, sie trugen bekannte Gesichter. Der mürrische Pfarrer, der strenge Schuldirektor, die schroffen Lehrer und schnöden Politiker. Sie griffen nach der Kuh. Am kunstvoll gezeichneten, in feinem Hellbraun und Schneeweiß glänzenden Fell erkannte ich unsere Kuh «Butter» wieder. Mit Entsetzen musste ich mit ansehen, wie man mit Messern auf sie losging und sich das rohe Fleisch in die Mäuler stopfte. Überall rann Blut. Ich sah Vater verächtlich lächeln und hörte ihn sagen: «Fresst nur, ihr elenden Proleten.»

Die vorletzte Seillänge im «Jubiläumsriss»: Schlüsselstelle und wegen des Wettersturzes Umkehrpunkt beim ersten Versuch.

Die alte Frau Klaushofer, die von uns jahrelang ihre Eier bezog und zu der ich, wenn auch nachmittags Schule war, Suppe essen ging, war auf einmal da. «Pfui Teufel!», schimpfte sie, verjagte die grässlichen Häscher und rettete mich aus ihren Fängen. Auch Vater war wieder da und plötzlich auch die Kuh.

Die drei gotischen, in den Himmel stechenden Kirchtürme von Bischofshofen verzerrten sich, so entstanden aus ihnen die spitzen Gipfel der Mandlwand. Ich sah die Felsen vor mir und meinem Vater und den Jungen in der pludernden Kniebundhose. Der Junge wäre, anstatt die Kuh zu treiben, so gern hinaufgestiegen zu den lockenden Felsen. Ich sah im Traum nochmals Vaters Zeigefinger: Es war verbotenes Land.

In der Vorstellungswelt des Buben wohnte auf den Gipfeln Gott, und in den Schluchten hauste so etwas wie der Teufel. Sein Bild der Berge, sein Altar, dem er alle seine Probleme erzählen konnte, dieses Bild war nun zerstört. Mit der abgebrochenen Torsäule ging auch ein Stück seiner Identität verloren.

Tragische Augenblicke, Abstürze von Freunden: Solche Eindrücke trägt man immer mit sich herum. Die Zeit heilt den Schmerz über den Verlust, lässt Leere und Trauer vergehen, aber die Bilder verfolgen einen ein Leben lang. Nach dem Eiger-Unglück hatte das Schicksal noch einige Male mit solchen persönlichen Katastrophen meinen Weg gekreuzt.

Zum ersten Mal war ich im Frühjahr 1969 mit dem Bergtod konfrontiert worden, einige Wochen, bevor Martin Weiß in der Eiger-Nordwand verunglückte. Martin und ich wollten zur Nordwand des Großglockners. Wir hatten in der Biwakschachtel übernachtet. Am Morgen gab es noch Restgewitter, und die Wand steckte in dichtem Nebel. So verzichteten wir darauf, einzusteigen, und wollten den nächsten Tag abwarten.

Plötzlich hörten wir aus weiter Entfernung Hilferufe und erkannten zwei Menschen am Gletscher, umgeben von einem Gewirr aus Spalten. Der Weg zur Unglücksstelle war kompliziert. Ein Mädchen war in eine Spalte gefallen, sie hing am Seil, aber ihre Begleiter konnten sie nicht heraufholen. Während wir zur Unglücksstelle eilten, hörten wir ihre erschaudernd gellenden Schreie. Jetzt war tödliche Ruhe eingetreten. Mittels Flaschenzug – eine in diesem Fall völlig ungeeignete und verhängnisvolle Rettungsmethode – hatten die beiden versucht, das Mädchen aus ihrer Lage zu befreien. Das arme Bündel Mensch war vom Seil, das eigentlich lebensrettende Funktion haben sollte, stranguliert worden.

Es ist bei uns fast eine Selbstverständlichkeit für jeden ernsthaften Bergsteiger, beim örtlichen Bergrettungsdienst mitzuwirken, zumindest aber bei einem Bergunfall seine Möglichkeiten und seine Hilfsbereitschaft einzubringen. So war auch ich öfter an Suchaktionen beteiligt. Einmal war ein Kletterer von der Mandlwand-Überschreitung nicht heimgekehrt. Die Abgängigkeitsmeldung leitete eine große Rettungsaktion ein. Mehrere Suchtrupps waren unterwegs. Die Möglichkeit abzustürzen ist an allen 27 Gipfeln dieses Bergkammes gegeben. Es gibt unzählige Schluchten und Felsstrukturen, die schwer zu erreichen sind und keine Einsicht erlauben. Die Gipfel waren von einer Nebeldecke eingehüllt, ein arges Handikap für die Helikoptermannschaft. Sie war zum Abwarten verurteilt.

Natürlich kenne ich auf diesen Bergen jeden Stein, und ich hatte auch eine Vorahnung. Woher diese kam, konnte ich mir selbst nicht erklären. Jedenfalls kletterte ich zielstrebig die richtige Schlucht empor und war schließlich nicht überrascht, als auf einem Band ein Helm lag. Dann beschlich mich jedoch Angst, weil ich wusste, was mich am nächsten Schluchtabsatz erwarten würde. Der mir unbekannte Kletterer war aus der Westwand des Melkerlochkopfes abgestürzt. Die Uhr war um halb zwei stehen geblieben. Den Grund seines Absturzes wird man nie erfahren. Sein Körper war total zerschunden, sein Gesichtsausdruck von Angst verzerrt und seine Augen von Schmerz erfüllt.

Ganz anders als bei Martin, dessen Absturz beim Anblick des Toten wieder in meine Erinnerung aufstieg. Vergangenheit und Gegenwart verwoben sich. Bei Martin waren äußerlich kaum Verletzungen festzustellen, er sah fast so aus, als schliefe er. Sein Schlaf schien friedlich, ja fast schön, nur die Leichenblässe und die unendliche Leere seiner Augen zeigten an, dass der Vorhang gefallen war. Es lag weder Anklage noch Schmerz in seinen Augen, eher schien es, als hätte eine Art Wunschlosigkeit, ein friedliches Resignieren von ihm Besitz genommen.

Der am Melkerlochkopf abgestürzte Kletterer – die Uhr war um halb zwei stehen geblieben.

In solchen Momenten der Andacht überfiel mich wieder die traurig machende Erkenntnis, viel zu wenig Eigentliches über ihn, den Freund, erfahren und gewusst zu haben. Nur Oberflächliches, aber doch so viel wie nichts. Nichts über die Tiefen seines Seelenlebens, obwohl wir uns durch die gemeinsamen Erlebnisse so nah und vertraut waren. Es gab nie wirklich Grund zu Gefühlsausbrüchen, die unsere Herzen über das Normale hinaus geöffnet hätten. Der vielleicht einzige Blick in seine Seele, außer diesem letzten, war damals, als wir nur mehr den Leichnam des jungen Mädchens aus der Gletscherspalte bergen konnten, und es scheint mir im Rückblick, als sähe ich noch in Martins Augen seine tiefe Traurigkeit.

Ein anderes, furchtbares Unglück passierte im Winter im Rahmen der Bergführerausbildung im Großvenediger-Gebiet. Oswald Ditmar war wie ich Ausbilder, wir teilten das Zimmer auf der Hütte, und beide hatten wir die Malhamspitze als Skitourenziel gewählt: er über den Nordostgrat, ich über den Südwestgrat.

So wie Oswald hatte auch ich sechs Bergführeraspiranten zu betreuen. Am Gipfel wollten wir uns treffen. Dort angekommen, wunderte ich mich, dass seine Gruppe noch nicht da war, da ihr Weg der kürzere war.

Plötzlich, als der Blick zur Ostseite hin frei war, fiel es mir wie Schuppen von den Augen: Da musste etwas Fürchterliches passiert sein. Etwa 500 Meter tiefer, am Fuß der Ostflanke, waren auf einem riesigen Lawinenausläufer sechs Punkte zu erkennen, einige, die sich wie in Zeitlupe bewegten, andere völlig still.

Die Gruppe hatte ein Schneebrett mit meterhohem Anriss ausgelöst, ein fürchterlicher Sturz über die felsige Steilflanke folgte. Die Aspiranten kletterten aufgeteilt in zwei Dreierseilschaften. Der Absturz hatte sie zum Teil lebensgefährlich verletzt. Zwei meiner Teilnehmer fuhren sofort zur Hütte ab, um die Rettungsaktion einzuleiten, der Rest bemühte sich um die Erstversorgung. Doch Oswald fehlte – er war zwischen den Seilschaften seilfrei geklettert. Mit dem Lawinensuchgerät konnte ich ihn bald finden und aus dem festgepressten Lawinenschnee ausgraben. Es war aber jeder Wiederbelebungsversuch erfolglos; er war nicht erstickt, sondern beim Absturz tödlich verletzt worden.

So schwer verständlich, traurig und schmerzhaft solche Verlusterlebnisse sein mögen, haben sich doch einen winzigen Trostfunken: Sie geben uns ein Gefühl der Befriedigung, noch am Leben zu sein. In diesen Momenten ist die eigene Existenz wertfrei auf das nackte Leben beschränkt. Der Tod zeigt uns die Wertigkeit des Lebens.

In der Berufsschulzeit, die jeweils zwei Monate im Jahr im Internat in Walserfeld, nahe der Stadt Salzburg, absolviert wurde, lernte ich einen sehr liebenswürdigen Freund kennen. Hansi Krimpelstätter und ich teilten in allen drei Jahren das Zimmer und die Schulbank. Er hatte eine tolle Stimme und konnte die Schlagerstars von damals zum Verwechseln ähnlich imitieren. Ein Mädchen, das er bei unseren gemeinsamen nächtlichen Streifzügen aufgegabelt hatte, ging ihm nicht mehr von der Seite. Sie war eigentlich ein hässliches Entlein, ein kleines Ding mit unzähligen Sommersprossen. Sobald sie jedoch den Mund aufmachte, überraschte sie mit ihrer sympathischen Stimme, und ihr Gesang versetzte alle in Erstaunen und Begeisterung.

Rex Gildo und Gitte Henning waren zur damaligen Zeit die großen Renner. Hits wie «Vom Stadtpark die Laternen» oder «Zwei auf einer Bank» dröhnten aus allen Musikboxen. Hansi und die Sommersprossige konnten das Starpärchen perfekt imitieren. In den Lokalen oder sonst wo, wenn die beiden ihre Künste zum Besten gaben, war es mucksmäuschenstill.

Das sommersprossige Mädchen verlor ich bald aus den Augen, auch mit Hansi hatte sich nach der Berufsschule bald die Verbindung verschlampt. Nach zwei Jahrzehnten trafen wir uns bei einer Klettertour zufällig wieder. Wir ließen unsere Freundschaft mit gemeinsamen Bergtouren und gegenseitigen Familienbesuchen wieder aufleben. Natürlich folgten gemeinsame Erstbegehungen, wie konnte es auch anders sein. Unsere erste und vielleicht auch schönste gemeinsame Neutour war die Route «Alte Zeiten» in der Südwand des Flachfelds. Der Routenname spielte auf unsere alte Freundschaft an. Eine Zeit, die unvergesslich ist, aber auch sehr traurig macht: Hansi ist bei einer lächerlichen Wanderung zu unser aller Entsetzen tödlich abgestürzt.

So oft sind es nur die kleinen Dinge, die den Lebensweg entscheiden. Vielleicht einige Worte, ein zufälliges Treffen, vielleicht genügt ein Blick. Können wir aus freien Dingen entscheiden, unser Leben selbst gestalten, über unser Ja oder Nein frei verfügen – oder sind uns auch jene Entscheidungen, die wir selbst zu treffen glauben, vom Schicksal vorgegeben?

Die Konfrontation mit dem Tod macht uns den Wert des Lebens bewusst.

Der Psychologe Viktor E. Frankl beantwortet diese Frage mit einer Geschichte aus dem Orient: «Ein reicher und mächtiger Perser lustwandelte einmal in Begleitung seines Dieners durch den Garten seines Hauses. Da jammerte der Diener, er habe soeben den Tod gesehen und dieser habe ihm gedroht; flehend bittet der Diener seinen Herrn, ihm das schnellste Ross zu geben, damit er sich eilends auf den Weg machen und nach Teheran flüchten könne, wo er noch am Abend des gleichen Tages ankommen wolle. Der Herr gibt ihm das Ross, der Diener galoppiert davon. Auf dem Rückweg ins Haus aber begegnet der Herr selbst dem Tod. Da stellt er ihn zur Rede: ‹Warum hast du meinen Diener so erschreckt, warum hast du ihm gedroht?› Da sagt der Tod: ‹Ich habe ihm doch nicht gedroht! Ich wollte ihn auch gar nicht erschrecken. Ich habe wohl nur erstaunt getan, weil ich überrascht war, ihn noch hier zu sehen, wo ich ihn doch heute Abend in Teheran treffen sollte.›»

Die Achtzigerjahre waren meine Sturm-und-Drang-Zeit, in der mir unzählige Erstbegehungen glückten.

ERSTBEGEHUNGEN – LEBENSLANG

Die meisten Erstbegehungen gelangen mir in meinen unmittelbaren Heimatbergen. Am Hochkönig und im Tennengebirge gab es noch unzählige Möglichkeiten für Neutouren. Besonders die höchsten Wände, wie die Wetterwand am Hochkönig oder die Hochkogelwand im Tennengebirge, waren ein wahres Füllhorn an Möglichkeiten und gaben zahlreiche Ziele für ernste Abenteuer vor. Während die Wetterwand durch die sonnseitige Lage durchaus friedlich und anziehend wirken kann, steht die Hochkogelwand drohend und abweisend vor dem Betrachter. Natürlich hatte die Wand nach dem «Weg der Freunde» an Vertrautheit gewonnen; nichtsdestotrotz war gerade diese Wand für uns das Nonplusultra an Abenteuermöglichkeit, der größte Reiz. Mehr als zwanzig neue Touren waren mir mit verschiedenen Freunden in der bis zu 1000 Meter hohen Wand gelungen, einige davon auch im Alleingang.

Die frühen Achtzigerjahre waren die erntereichsten und gewissermaßen auch die «unverschämtesten», was die Linien angeht, die ich durch die Wände legte. Alle diese noch ungewissen Möglichkeiten dort oben bestimmten mein Gedankengebäude. Die Leidenschaft war längst zur Lebensform geworden, die persönliche Bedürfnisbefriedigung hatte Vorrang vor allem anderen. Wäre dieses Tun nicht so sehr unter die Haut gegangen und trotz der Anstrengung und des Risikos mit unbeschreiblichem Glück und erfüllender Freude einhergegangen, man hätte es als pervers bezeichnen müssen. Der übersteigerte Trieb nach Mehr machte die Sinnhaftigkeit der einzelnen Ziele fragwürdig. Ich bekam niemals genug, war süchtig. «Der Mensch irrt, solange er strebt», sagte Goethe. Leider ist aber nachdrückliches Streben Grundvoraussetzung für den Erfolg.

Die Blüte meines Bergsteigerkönnens traf sich in dieser Zeit mit den wildesten Abenteuermöglichkeiten, die in unserer Umgebung zu finden waren. Vor allem war ich zu dieser Zeit in einer beneidenswerten Form was meine Ausdauerleistung betraf.

Es ist heute noch meine Überzeugung, dass Bergsteigen in erster Linie vom Kopf ausgeht. Ideen entstehen rational durch das Erkennen von Möglichkeiten. Die geistige Vorbereitung ist der wichtigste Teil eines Unternehmens überhaupt und erfordert oft am meisten Mut. Die Ängste und Bedenken vorher sind in vielen Fällen bedrohlicher als die Realisierung selbst. Das praktische Umsetzen der geistigen Vorbereitung erfordert neben der nötigen Sachlichkeit einen starken Glauben an sich selbst. Damit der Glaube Bestand haben kann, muss durch gezieltes Training die körperliche Grundlage geschaffen werden. Extremer Alpinismus ist Spitzensport.

Dennoch möchte ich aber den extremen Alpinismus nicht mit herkömmlichem Spitzensport vergleichen. Spitzensport besteht aus dem Motiv,

schneller, besser, stärker zu sein als gleich gesinnte Wettstreiter. Der Alpinismus hingegen bringt uns jedes Mal aufs Neue dazu, unsere Wenigkeit und Bedeutungslosigkeit gegenüber der Großartigkeit und dem Reichtum der Natur zu erkennen. Dadurch – durch das altmodische Wort «Demut» – können wir eine Lebensbasis gewinnen, auf der sich die eigenen Ansprüche gegen die Normen und den Zeitgeist durchsetzen lassen.

Die Nordwestwand des Hochkogels gehört zu den großartigsten Wandfluchten der Nördlichen Kalkalpen.

Abenteuer, die von Herzen kommen, nehmen sämtliche Mühen und Risiken in Kauf und lassen – getragen von Leidenschaft – gern alles zurück, was im Leben nicht von unbedingter Bedeutung ist. Das Abenteuer, vor allem die fühlbare Lebensgefahr dabei, macht sehr sensibel für das Leben, macht empfindsamer fürs Wesentliche.

Obwohl ich Materiellem mein Leben lang fast zu gleichgültig gegenüberstand, wusste ich zu gut, was man mit dem Bergsteigen (oder stattdessen) verdienen konnte. Doch meine Empfindsamkeit erlaubte mir so ein Leben nicht. Diese Empfindsamkeit ließ mich die Werte des Abenteuers intensiv ausschöpfen und Klammergriffe materieller Dinge nicht zu, sie schützte mich vor dem Mitgerissenwerden im Strom der Zeit und seinen verhängnisvollen Prioritäten.

Extremer Bergsport ist eine Frage des Geistes, doch selbst der optimistischste Wille kann aus dem Körper keine Kräfte pressen, die in Wirklichkeit nicht vorhanden sind. Optimismus ist eine Notwendigkeit, er muss sich jedoch aus der Gewissheit der körperlichen Fähigkeiten ergeben. So ist ausgewogenes Training für große alpine Touren und Erstbegehungen unverzichtbar.

Kraft und Energie sind wichtige Faktoren im Leistungs- und Ausdauersport und setzen entsprechende Grundlagen voraus. Heute werden Sportler – und das schließt sämtliche Bergsportdisziplinen mit ein – durch Leistungsdiagnostik und medizinische Betreuung auf den Punkt genau vorbereitet. Obwohl ich mich persönlich nicht ausnahmslos auf wissenschaftliche Befunde verlassen würde, denn aus Erfahrung wissen wir, wie oft sich die Wissenschaft irrt und korrigiert, lasse ich mir doch seit Jahren einmal im Jahr eine Leistungsdiagnose und einen sportmedizinischen Check erstellen. So etwas entbindet aber nicht davon – und das finde ich das Wichtigste –, bei jedem Training, bei jeder Bergtour oder anderen sportlichen Betätigung in den eigenen Körper hineinzuhorchen. Vor allem sollten gesunder Menschenverstand, das Wissen über die eigenen Puls- oder Laktatwerte und andere medizinische Trainingsvorgaben die Methode unterstützen und als Einheit abrunden.

Leider muss ich heute die Erfahrung machen, dass jedes Lebensjahr mehr auch mehr an Training nötig macht. Das Problem dabei ist, dass sich im Alter das Training immer schwerer in Energie umwandeln lässt. Es ist schwierig, eine entsprechende Grundsubstanz zu erhalten, weil das zunehmend mehr Fleiß und Zeit beansprucht. Da Training auch irgendwann belastend wird, Energie kostet, bleibt eigentlich nur eine einzige Alternative: sich leichteren Zielen zuzuwenden und ehemalige Leistungslevels Schritt für Schritt zu reduzieren.

Bergsteigen ist ein Sport, der nicht unbedingt das Utopische verlangt, eine Betätigung, deren Mühen sich nach dem eigenen Anspruch richten. Das Schwierigste oder Höchste definiert jeder selbst nach seinem eigenen Leistungsstandard oder Bedarf. Das Bergsteigen kann bis ins hohe Alter mit Zufriedenheit und Freude erfüllen, wenn es gelingt, die angeeigneten Erfahrungen bezüglich Können und Schwächen umzusetzen, sich mit offenen Sinnen in der Natur einzubringen, sich nicht mit anderen zu messen oder sich durch Leistungen anderer hetzen oder demoralisieren zu lassen. Ich fühle heute die absolut gleiche Freiheit wie zu meinen leistungsfähigsten Zeiten; das Überschreiten von physischen und psychischen Hürden stimuliert, ängstigt oder erregt genauso wie früher. Der «innere Schweinehund», den es zu überwinden gilt, bleibt immer der gleiche. Ändern werden sich vielleicht die Bergtouren, die Routennamen und die römischen Ziffern dahinter; dies ist aber das Unwesentlichste überhaupt.

Doch kehren wir zurück zu meiner Sturm-und-Drang-Zeit. Ende des Winters waren unsere beliebtesten Trainingsziele die Felsen um den Gardasee oder die Klettergebiete im damals noch jugoslawischen Paklenica. Letzteres war besonders beliebt, bis dann das Scheitern der Politik zwangsläufig in den Krieg führte. Ein Krieg, der die vorgegebene einstige kommunistische Bruderschaft in die Realität der religiösen, ethischen und kulturellen Unterschiede ihrer Völkergruppen zurückwarf. Als wir später wiederkamen, waren die Menschen verändert. Der Krieg hatte ihnen das Lachen aus den Gesichtern genommen. Einige uns bekannte Gesichter fehlten überhaupt. Was war ihnen widerfahren? Serben, sagte man. Wir hatten den Unterschied nie bemerkt, ob Serben oder Kroaten, ob muslimische oder christliche Religion, es waren alles hilfsbereite Menschen gewesen, die versuchten, im Tourismus Fuß zu fassen.

Meine Tourenbücher aus den Achtzigerjahren berichten von vielen ausgefallenen Erlebnissen. Es war mir möglich, tagelang hintereinander Erstbegehungen zu klettern und mich während dazwischenliegender Nachtdienste zu regenerieren und auf die nächsten Unternehmen vorzubereiten. Mein Dienst bei der Bundesbahn ermöglichte mir tagsüber viel Freizeit. Manche mühsam durchwachte Nacht war der Preis für das Bergsteigen am Tage. Der Ausgleich des Bergsteigens war zwar in vielen Fällen von Lebensgefahr bedroht, doch hätte ich ohne ihn das lustlose Eisenbahnerdasein auf Dauer nicht ausgehalten. Die Selbstverwirklichung am Berg war für mich eine Lebensnotwendigkeit.

Während der Bergführerkurse wurde natürlich auch jede freie Zeit zu gemeinsamen Kletterausflügen genutzt. Klaus Hoi war während meiner Zeit als Ausbilder Kursleiter bei den Bergführerkursen und hatte Verständnis für unsere Extratouren. Er war – und ist auch heute noch – ein brillanter Kletterer und mit einer ausgefeilten Technik vertraut. Ein Entdecker, ein Versucher, ein Erkunder. Aber auch ein Mensch, den man im gesellschaftlichen Leben als einen Sir bezeichnen könnte. Und immer motiviert, Neues zu entdecken, bevor andere überhaupt auf die Idee kommen, nach dem Motto: «Der frühe Vogel fängt den Wurm.» Mit diesem Spruch hatte uns der liebe Freund oft anstecken wollen, aber uns Faulen war doch meist ein oder zwei Stunden mehr Schlaf den einen oder anderen Wurm wert.

Seine immer währende Auseinandersetzung mit Kletter- und Rettungstechniken, die Klaus mit Akribie und Leidenschaft bis zur Perfektion zu entwickeln verstand, verdient eine besondere Auszeichnung. Da er sämtliche Stil-

perioden im Nachkriegsalpinismus miterlebt hatte, war sein Erfahrungsschatz gereift. Vor allem im Finden von Neutouren zeigte er jahrzehntelang seine Extraklasse. Dazu zählen großartige, bohrhakenfreie Wege im Gesäuse und im Dachsteingebirge.

Um den Ausbildungsablauf sicherer abzuwickeln, hatte Klaus schon in den frühen Achtzigerjahren mit Routensanierungen begonnen. Im Rückblick muss ich lachen, wenn ich daran denke, wie oft wir uns deshalb in den Haaren lagen: ich als vehementer Verfechter der bohrhakenfreien Berge, er als Sanierer aus der Sicht eines Berufsbergführers, dessen Arbeit durch sichere Routen erleichtert wurde. In meinen Augen war das zu kurz gedacht, und es würde in Zukunft die Notwendigkeit von Bergführern in Frage stellen. Das Thema Bohrhaken war von Jahr zu Jahr zunehmend Konfliktstoff im Kreis der Bergführerausbildung, aber insbesondere zwischen uns beiden. Wie schon erwähnt, lehnte Klaus Hoi allerdings bei seinen Erschließungen Bohrhaken kategorisch ab – dieser Umstand ist eigentlich entscheidend.

Die 13. Seillänge in der «Schwarzen Wand» am Hochkogel: Von der riesigen Schuppe führt die Route in eine wasserüberronnene, sehr kleingriffige Platte.

Rechte Seite: Klaus Hoi während der Erstbegehung der «Schwarzen Wand».

Unsere größte gemeinsame Erstbegehung gelang uns am Hochkogel, die so genannte «Schwarze Wand», eine großartige, genussvolle Kletterei im unteren siebten Grad. Der Weg erhielt inzwischen die meisten Wiederholungen aller Routen am Hochkogel. Ich habe die Route mehr als zehnmal gemacht, bin einige direkte Varianten geklettert und habe sie auch völlig frei begangen. Die «Schwarze Wand» ist eine Traumroute, die an Großartigkeit und stabiler Felsbeschaffenheit ihresgleichen sucht.

Gott sei Dank wird sie durch einen wilden Zustieg abgeschirmt, und der Anstieg dürfte so kaum zur Moderoute des neuen Jahrhunderts aufrücken. In der Hochkogelwand wird heute nur noch selten geklettert. Eine Ausnahme bildet die Route «Pipeline», deren Erstbegehung mir 1983 gemeinsam mit Hans Wallinger gelang. Wallinger ist heute einer der stärksten Kletterer im Raum Salzburg. In tagelanger Arbeit wurde diese Tour Ende der Neunzigerjahre saniert und zählt heute mit 33 Seillängen zu den beliebtesten der ganz langen Kletterrouten in den Nördlichen Kalkalpen.

Hans Wallinger in der Route «Pipeline» am Hochkogel bei der Erstbegehung im Jahr 1983.

Ein Hochkogel-Unternehmen ist durch die Abgeschiedenheit (es gibt keine Stützpunkte) und die spürbare Ernsthaftigkeit für das Gros der Kletterer eine zu risikoreiche Herausforderung. Zu hoch sind die Ansprüche für die heutige, mit Bohrhaken verwöhnte Zeit. Mit Ausnahme der schon erwähnten «Pipeline» gibt es in keiner Route eingebohrte Haken. Die Absicherung erfordert viel alpine Erfahrung, die durch vorgegebene, gebohrte oder sanierte «Kletterloipen» vielfach abhanden gekommen ist.

Das Füllhorn Hochkogelwand schüttete noch viele Möglichkeiten aus; besonders der Wandstreifen zwischen dem «Weg der Freunde» und der «Moderegger» (sie war 1961 die erste Route durch den zentralen Nordwandbereich; Egon Moderegger stürzte ein Jahr danach in der Eiger-Nordwand ab). Wasser modellierte in Jahrtausenden kletterbare Strukturen in die Felsplatten. Für unseren Plan mussten entsprechende Verhältnisse abgewartet werden, denn meistens rinnt Wasser über den entscheidenden Felsbereich.

Inzwischen kannte ich das verwilderte Steiglein über den steilen Latschenrücken gut. Der Zustieg hatte für mich nichts Abschreckendes mehr. Der Heimvorteil, das Steiglein oder besser gesagt seine Andeutung zu kennen, die sich zwischen dichtem Unterholz und Latschen hindurchwindet, war entscheidend. So manche Seilschaft scheiterte bereits beim Zustieg und kam nicht einmal in den Genuss, am Fuße dieser gigantischen, aber auch furchteinflößenden Wand zu stehen.

Für den «Kletterführer Tennengebirge» charakterisierte ich die Lage so: «Die vom Plateau her flache, doppelgipflige Erhebung des Hochkogels (2302 m) bildet den Eckpfeiler des südwestlichen Plateaurandes zum Salzachtal hin. Der in Süd-Nord-Richtung führende Kamm vom Hauptgipfel über den Nordostgipfel bis zum Tiroler Kopf ein scharfer Grat führt weiter über den Sulzauer Kopf zum abschließenden Bäreck – bietet eine landschaftlich wundervolle Wanderung. Nach Westen bis Nordwesten bricht die Hochkogelwand mit nahezu senkrechten Wänden ins Salzachtal ab. Die bis zu 1000 Meter hohe, einige Kilometer breite Mauer gehört zu den großzügigsten Kletterzielen der Nördlichen Kalkalpen.

Da es im nordwestseitigen Bereich keine geeigneten Stützpunkte gibt und steile Wald- und Latschenzonen nur einen beschwerlichen Zustieg erlauben, blieb diese Felsarena lange Zeit nur wenigen Individualisten vorbehalten. Auch heute gilt immer noch: Eine Route in der Hochkogelwand zu gehen heißt, sich auf ein Abenteuer einzulassen! Besonders die Wandfläche nördlich des Stuhlkopfes ist wild, einsam und ernst wie wenige Wände in den Ostalpen. Schon der Zustieg zu diesem Wandteil ist eine Tour für sich, zusätzlich noch erschwert durch den Schotterabbau im Talgrund, durch den eine Steil-

stufe entstand. Auf halbem Weg gibt der Wald den Blick auf die wuchtige Wand frei. Falls nicht schon der Frust in den Latschen den Puls auf anaerobe Höhe steigen ließ, dann tut es dieser Anblick. Wen weder Zustieg noch Anblick entmutigt haben, auf den wartet jedoch eine super Wand.»

Der Trend, lieber kurze, leichter erreichbare Routen zu klettern und die langen, ernsten Wände zu meiden, ist kein Privileg heutiger Kletterer. Diese Differenzierung trennte schon früher die Spreu vom Weizen. Mir kam das entgegen, so blieben viele Möglichkeiten unberührt, und ich konnte das Glück auskosten, eine der großartigsten und wildesten Alpenwände mit einer Breite von mehreren Kilometern und einer Höhe von 1000 Metern vor meiner Haustür zu haben.

Georg Wenger, ein Metzgermeister aus Gastein, war einer meiner jahrzehntelangen Wegbegleiter. Viele ernste Routen waren uns gemeinsam gelungen, einige davon in der Hochkogelwand. Schorsch war vielleicht nicht der eleganteste Kletterer, aber er konnte schnell klettern, war robust, nervenstark und brachte mir ein Vertrauen entgegen, das mich gerade in entscheidenden Situationen zu motivieren vermochte. Natürlich musste ich während der gesamten Tour den Vorstieg übernehmen, aber daran war ich – abgesehen von ein paar Ausnahmen – sowieso gewöhnt. Ich hätte es auch gar nicht anders gewollt, denn es war immer mein Bestreben, eigene Ideen als Seilschaftsführer umzusetzen.

Langeweile an Schlechtwettertagen konnte Schorsch nicht ertragen, dazu war sein Temperament zu ruhelos. Er ist jedoch ein herzensguter Mensch und zeichnet sich trotz seiner Robustheit durch Mitgefühl und Hilfsbereitschaft für andere aus. Nachdem ich aus- und abgebrannt von der Makalu-Expedition heimgekehrt war, erkannte er ohne zu fragen meine sorgenvolle Situation. Ohne große Worte darüber zu verlieren, half er mir über die ersten Hürden meiner finanziellen Not hinweg.

Aber seine Verlässlichkeit war einem fast schizophrenen Verhalten unterworfen. Oft wartete ich vergebens auf ihn, und er war schuld an vielen meiner wunderbaren Solotouren. Ich war Schorsch deshalb nie böse, denn einerseits war ich ohnehin gern allein unterwegs, und andererseits hatte Schorsch viele Vorzüge, die ich über die Jahrzehnte lieben lernte und die diese geringe Schwäche leicht aufwogen.

An jenem 16. Juli 1983 war Schorsch pünktlich. Wenn Schorsch wirklich da war, dann mindestens eine Viertelstunde zu früh, bis zur vereinbarten Zeit wartete er im Auto. Nach einem gemeinsamen Frühstück fuhren wir die wenigen Kilometer bis unter die Wand.

Vom abfallenden Kar nahe dem Wandfuß betrachteten wir die Möglichkeiten nochmals aus der Nähe: eine düster wirkende senkrechte Wandfront

mit wenigen zusammenhängenden Risssystemen, jedoch mit einigen Wasserstreifen. Die leise Ahnung, der Fels könnte dort vom Wasser zerfressen und aufgeraut sein, bestätigte sich. Darüber setzt ein wuchtiger Pfeiler an, der die beiden Gipfelterrassen trennt und markant bis zum höchsten Punkt führt.

Noch einmal Hochkogel: Schorsch Wenger bei der Erstbegehung der «Wunderwelt» in der Verschneidung auf mittlerer Wandhöhe.

Unsere Frechheit machte sich bezahlt; wir hatten nur leichtes Gepäck und lediglich das Allerwichtigste dabei, bei der Kletterausrüstung hatten wir uns stark beschränkt, und gerade dieser Materialverzicht wertete das Unternehmen noch mächtig auf. Es war eine unglaubliche Entdeckung, wie sich die abweisend aussehenden Wandflächen Seillänge für Seillänge in wunderbar zu kletternden Fels auflösten. Und doch hielt die Spannung bis zum Gipfel an; wie ein Zweikampf, dessen dramaturgische Pointe sich zuspitzt und bis zum Ziel Erfolg oder Niederlage offen lässt. Eine felsige Wunderwelt in senkrechter Landschaft mit schwindelerregender Tiefe bis zum Einschnitt der Salzach, die uns in eine Trance von stets wechselnden Bewusstseinszuständen versetzte. «Wunderwelt» – so nannten wir auch die Route.

Seit meinen ersten Klettertouren führe ich genaue Tourenaufzeichnungen und habe das bis heute so beibehalten. Die umfangreichen Tourenbücher sind mir ein wichtiges Nachschlagewerk und dokumentieren den Wandel der Zeit. Die frühen Bücher erzählen von der Faszination der Direttissimas – in Gipfelfalllinie über Dächer und Überhänge. Der damalige Stil war trotz der Menge an Haken und Holzkeilen nicht ohne sportlichen Wert. Das schlechte Material und die schwere Ausrüstung ließen so manche Tour dazu noch zum echten Abenteuer werden.

Einige wenige Persönlichkeiten – in Mitteleuropa vor allem Reinhold Messner – lenkten mit ihrer Ausstrahlung und Überzeugungskraft, die sie durch revolutionäre Touren untermauerten, den Alpinismus in eine neue, fairere Bahn. Der Zeitabschnitt, der mit Messners großen Unternehmungen in den Dolomiten und mit seiner Alleinbegehung der Droites-Nordwand eingeleitet worden war und der mit dem Beginn der Bohrhakenphase endete, war für mein Bergsteigen der intensivste. Eine Zeitspanne am Ende der Direttissimazeit, als der Akkubohrer noch nicht zu surren begonnen hatte, eine kurze Phase der Normalität, eine Periode des alpinen Hausverstandes, die es verdient hätte, über die Schwelle des neuen Jahrtausends zu gehen.

Es war die reichste Zeit in meinem alpinen Leben. Viel Gewicht hatten von Anfang an Alleingänge. Es ist für mich, obwohl ich mich unter Freunden auch sehr wohl fühle, bis heute die cleanste, fairste und am tiefsten gehende Form des Unterwegsseins. Von den damit verbundenen Problemen, Ängsten und Zweifeln erzählt der folgende Bericht aus dem Jahr 1983.

«Wo blieb die Angst, die mich nachts gequält hatte? Die Nacht, die so unwirkliche Gedanken aufwirft, die Banalitäten zu unüberwindbar erscheinenden Hürden werden lässt. Das Ziel sah auf einmal so unerreichbar aus. In Schweiß gebadet wachte ich und ängstigte mich, so manche Szenarien entwerfend, dem Morgengrauen entgegen. Es gelang einfach nicht, ‹Käpt'n Sorglos› zu spielen, um wenigstens ein paar Stunden Schlaf zu finden. Wer kennt sie nicht, diese Nächte voll innerer Unruhe, wo das Leichteste zur Unmöglichkeit verkommt?

Zwischen Verantwortungsgefühl und Tatendrang rang mein Gewissen. Plötzlich Zweifel über den Sinn des Bergsteigens. Ich finde riesige Freude am Klettern oder auch nur daran, stundenlang eine Wand zu bestaunen und eine Route in Gedanken wachsen zu lassen. Warum sollte ich Dinge, die mir Genuss und Freude bereiten, nun auf einmal in Frage stellen?

So sehr hatte ich auf Schlechtwetter gehofft, doch das spätherbstliche Schönwetter war hartnäckig und gnadenlos. So siegte der Berg wieder über die Verpflichtungen gegenüber Familie und Beruf, die ich schon seit Tagen auf die lange Bank schob. Begleitet von Schorsch, Walter und Alois stieg ich am Morgen in Richtung Hochkönig-Südwand auf. Die Durchsteigung des ‹B'hofener

Im «B'hofener Loch» der Hochkönig-Südwand.

Lochs›, in dem riesige Überhänge durch einen 120 Meter hohen Schacht im Berginnern überlistet werden, war ein genussvolles Erlebnis. Für mich war es jedoch erst der Anfang – ein Aufwärmen – an diesem Tag.

Während meine Freunde über den südlichen Rand des Plateaugletschers zum provisorischen Unterstand des niedergebrannten und damals im Bau befindlichen Matrashauses aufstiegen, um dort auf mich zu warten, kletterte ich die Südverschneidung ab. Seit langem schon verzichtete ich auf alles Kletterzeug, wenn ich allein unterwegs war. Mit Ausnahme der Slicks hatten meine Freunde die Ausrüstung zum Gipfel mitgenommen. Was für ein Genuss, ohne Ballast über die senkrechte Verschneidungswand abzuklettern!

Das nächste Ziel, um wieder Richtung Gipfel zu starten, war die ‹Don Juan›. Nahezu in Gipfelfalllinie führt hier eine Freikletter-Direttissima durch die Wand. Bei trockenen Verhältnissen, so wie sie gerade herrschten, schlechthin die Genussroute der Extraklasse am Hochkönig. Mitten im Sommer, zu meinem Geburtstag, war mir zusammen mit Walter Aschauer die Erstbegehung gelungen. Damals rann Wasser über die Wand, heute leuchtete sie staubtrocken in der warmen Herbstsonne. Bald stand ich mitten in den wasserzerfressenen Platten. Jene Platten, die mich die Nacht zuvor lange nicht schlafen ließen, deren Rätsel ich nachts nicht lösen konnte. Und gerade diese Platten waren es nun, in denen ich vor Freude jauchzen wollte. Ein Gemisch aus genussvoller Erregung und unendlichem Eindruck der Tiefe und der großen Freiheit. Kalter Dunst lag über den schattigen Tälern, dagegen war es in der von der Sonne beschienenen Wandflucht regelrecht heiß.

Kurz wanderten meine Gedanken zu anderen klassischen Solo-Erlebnissen. Mehrere Erstbegehungen waren mir in diesem ‹Ohne-alles-Stil› gelungen. Im Erleben liegt der wahre Reichtum des Menschen, und die Erinnerungen sind der Lohn. So philosophierte ich, während sich Meter für Meter der Gipfelwand in Griffe und Tritte auflöste. Ab und zu schielte ich hinaus zum Gletscherrand, ob sich meine Freunde um mich sorgten und nach mir Ausschau hielten, doch diese Kerle konsumierten offenbar bereits die x-te Flasche Wein, die unser Freund Hermann Hinterhölzl, der Wirt, ihnen servierte.»

Sehr spät im Herbst 1984 machte ich mit Alois Grugger eine großartige Erstbegehung in der Hochkönig-Südwand, den «Parasympathikus», über den ebenfalls ein Auszug aus dem Tourenbuch berichtet: «Schon zwei Wochen lang ging es Tag für Tag in die Berge. Eine Erstbegehung nach der anderen war gelungen. Eigentlich war ich längst zufrieden mit diesem Kletterjahr. Da gab es die schöne Zeit im bhutanischen Himalaja mit Werner Sucher, Sepp Mayerl und noch einigen Freunden aus Kärnten und Osttirol. In den Alpen folgten super Touren in der Marmolada-Südwand und die ‹Charlie Chaplin› in der Nordwand der Lalidererspitze. In den Heimatbergen sowie am Heiligkreuzkofel gelangen mehrere tolle Neutouren. Und jetzt war November, die Verhältnisse zum Klettern immer noch wunderbar.

Die zahllosen Erlebnisse der spätherbstlichen Schönwetterperiode jenes Jahres wurden allein durch die langen, klaren Nächte unterbrochen. Raum und Zeit schienen grenzenlos. Nur eine Wetteränderung hätte unserem Tatendrang Einhalt gebieten können. Doch jeder Morgen war schöner und noch klarer als der vergangene und trug uns immer wieder hinein in ein neues Erlebnis. Schnell waren wir dem kalten, nebligen Tal entflohen und wanderten mit leichtem Gepäck über die sanften Almböden Richtung Wandfuß, erkletterten das flache, ausgetrocknete Bachbett und standen schließlich im warmen Herbstlicht unter der Hochkönig-Südwand.

Von den Fingern hing bereits die Haut. Das viele Klettern hatte sie arg in Mitleidenschaft gezogen, auch manche Gelenke schmerzten schon bedenklich.

Jeder Tag dieses nicht enden wollenden Altweibersommers war ein geschenkter Tag, deshalb ließen wir es gemütlich angehen. Während sich Alois in angemessenem Abstand dem Genuss eines ‹Smokes› hingab (heute ist er überzeugter Nichtraucher), naschte ich ein paar Süßigkeiten. Alois Grugger ist einer der sanftesten und liebenswertesten Menschen, die ich kenne, und seine vielen positiven Eigenschaften machten es mir leicht, seine Schwächen zu tolerieren, so auch seine im wahrsten Sinne des Wortes zum Himmel stinkende Art, Zigaretten in sich hineinzustopfen.

Alois Grugger in der Route «Parasympathikus» in der Südwand des Hochkönigs.

Unser Anseilplatz, eine Einbuchtung am Fuß der Ostkesselwand, lag noch immer im Schatten. Dem Gefühl nach war es etwa zwei Stunden vor Mittag. Wir knoteten uns ins Seil und eilten den sonnenbeschienenen Felsen über uns entgegen. Eine Verschneidung, während der meisten Zeit des Jahres sicher wasserüberronnen, gewährte uns ein Überangebot bester Griffe und Tritte. Im ausgewaschenen Fels ließen sich mit Klemmkeilen fast nach Bedarf Sicherungen anbringen – um für Wiederholer die Route zu markieren, schlugen wir dennoch einige Standhaken und versahen Sanduhren mit Reepschnüren. Nach jeder Seillänge wartete ein Wafferl – für Alois eine Stinkmorchel –, und weiter ging es in der großartigen Felslandschaft, die es zu erforschen galt.

Täglich hatten wir uns eingeredet, dass dies nun die letzte Klettertour der Saison wäre. Solch eine ‹letzte Tour› war auch eines entsprechenden Ausklangs würdig. Unser ausgelassenes Aufwärtssteigen erfüllte uns mit Dank für all die Erlebnisse der vergangenen Wochen. Doch gleichzeitig spürten wir auch ein wenig Wehmut, denn bald musste diese uns vertraute Felslandschaft endgültig zurückbleiben, während wir ins Tal zurückkehrten, in den Winter.

Als Abschluss einer Full-Time-Klettersaison erschien uns unsere Neutour fast wie die Ehrenrunde nach einem gewonnenen Rennen – und die letzte

In den senkrechten Wasserrillen der «Gloria Patri», auf halber Höhe der Hochkönig-Südwand. Während ich die Linie vorgebe, sichern mich Alois Grugger und Fred Schweiger, jeder auf einem eigenen Standplatz.

Seillänge bildete schließlich den Höhepunkt und die Krönung einer interessanten, von den Geländegegebenheiten geradezu aufgezwungenen Routenführung. Über Platten und durch die östliche Schlucht stiegen wir ab zum Einstieg. Unser Weg querte den Fuß der Kesselkante, einer alten Bekannten, die ich vor fast zehn Jahren mit Joe Bachler erschlossen hatte.

Ich konnte der Versuchung nicht widerstehen. Während Alois hinunter zum Rucksackdepot ging, stieg ich free solo und ohne jegliche Ausrüstung noch schnell über die mehr als 300 Meter hohe Kante hinauf, kostete das unvergleichliche Gefühl des Freiseins voll aus. Über den gleichen Abstiegsweg wie zuvor lief ich über die Platten abwärts, und weit drunten sah ich Alois, wie er mit unseren beiden Rucksäcken, vom letzten Sonnenlicht bestrahlt, über die Schutthalden abwärts glitt.»

Die «Gloria Patri» darf man ohne Übertreibung zu den Perlen unter den Kletterwegen der Nördlichen Kalkalpen zählen. Ein überdimensionales Nugget, das man bei der Goldwäsche aus vielen anderen Sandkörnern aussiebt. So genannte «Tausendguldenwege» bleiben auch für die fleißigsten Pioniere eine seltene Ausnahmeerscheinung. Heute pilgern Alpinisten aus fernen Ländern zum Hochkönig, um sich die Perle an ihre Kette zu hängen.

Fast 600 Meter stürzt die senkrechte, von vielen Wasserrillen zerfressene Kalkwand vom südlichen Rand des Plateaugletschers der Übergossenen Alm ab. Das Wasser schuf genussträchtige Kletterstrukturen und schützt die Wand gleichermaßen vor allzu hoher Betriebsamkeit.

Ein Weg wie die «Gloria Patri» verdient ein Datum – 24. August 1985 – und natürlich mehrere Seiten im Tourenbuch. Alois Grugger, der mich bei der Erstbegehung gemeinsam mit Fred Schweiger begleitete, schrieb die folgenden Zeilen in mein Tourenbuch, mit dem Titel «Kunstwerk der Schöpfung».

«Der Name ‹Gloria Patri›, den Albert der Neutour gegeben hat, wundert mich eigentlich nicht. Dass diese Kletterei so schön ist, verdanken wir ja eigentlich nur der Schöpfung. Warum also dann nicht den Herrn der Schöpfung loben?

Es ist kalt am Tag der Erstbegehung. In den ersten beiden Seillängen – sie sind identisch mit jenen der ‹Don Juan› – plätschert noch ein Bächlein den Fels herunter. Wir sind froh, als wir die Passage hinter uns haben. Eine schwierige Querung führt uns nach links, direkt in die Gipfelfalllinie.

Albert setzt in dem überhängenden Riss einen Haken, während Fred und ich am Stand plaudern. Plötzlich ein metallenes Ping … Ping … Ping …, immer weiter und tiefer weg von uns. ‹Ist der Haken weg?› – eine zaghafte Frage von der Sicherungsmannschaft. ‹Wenn's der Haken wäre!› Albert zeigt uns

lachend den abgebrochenen Felshammer. Freds Hammer wird hinaufgehievt – meiner liegt im Kofferraum des Autos, unten im Tal. Wir werden alle Haken stecken lassen müssen. Ein zaghafter Blick auf unsere zehn mageren Exemplare. Nach diesem Zwischenfall klettert Albert zu wunderschönen Wasserrillen. Ausgeprägt und rau, aber alles andere als leicht.

Ganz schwierig wird es dann noch beim Gipfelaufbau. Zuerst eine anspruchsvolle Platte. Dann führt ein 30-Meter-Quergang nach rechts in leichteres Gelände. Zwei Genussseillängen noch, und wir stehen vor der Eingangstür des Matrashauses. Albert hat uns auf einem Weg durch die Südwand des Hochkönigs geführt, der einmalig ist. Noch nie zuvor bin ich in einer schöneren und eindrucksvolleren Route geklettert.»

Lutz Maurer, der Macher der Sendung «Land der Berge» des Österreichischen Fernsehens, war auf meine Person aufmerksam geworden. Ein Porträt war in Arbeit, der Skiteil, eine Steilwandabfahrt vom Hochkönig, war abgeschlossen; nun sollte der Kletterteil folgen. Was hätte meinen alpinen Charakter besser beschrieben als eine Free-Solo-Begehung in einer absolut alpinen Wand? Und welche Route wäre besser geeignet gewesen als die «Gloria Patri»? Erich Lackner, einer der berufensten Kameramänner in Alpinsachen, filmte mein von Beschleunigungswahn und Temporausch geprägtes Aufwärtshasten.

Durch den markanten Plattenschuss der Hochkönig-Südwand führt knapp rechts der Gipfelfalllinie die «Gloria Patri».

Gerade lagen zwei Dolomitenurlaube hinter mir. Beim ersten begleitete mich meine Frau, sie war mit mir geklettert oder hatte irgendwo im Kar gewartet und mit dem Fernglas nach mir gesucht. Beim zweiten Urlaub setzte ich die Familie am Meeresstrand von Jesolo ab. Meine Solo-Dolomiten-Durchquerung führte mich über die Monte-Agnèr-Nordkante, die Sass-Maor-Ostwand und den Buhlriss an der Cima Canali. Anschließend gelangen zwei neue Routen an der Cima del Coro und an der Cima dei Lastei. Am formschönen Sasso d'Ortiga kletterte ich die «Bettega/Scalet» im Auf- und die Westkante (Wießner/Kees) im Abstieg.

Am Beginn der zweiten Woche folgte ein lang gehegter Wunsch, die «Solleder» in der 1200 Meter hohen Nordwestwand der Civetta. Emil Solleder war 1925 wahrscheinlich der Erste unter den Alpinpionieren, der den sechsten

Mein Solo-«Lauf» in der «Gloria Patri» endete nach nur 66 Minuten am Gipfel des Hochkönigs.

Schwierigkeitsgrad in einer riesigen Alpenwand kletterte. Derartige Wege lassen Moden über sich hinweggehen, sie bleiben Wurzeln und Fundamente des Alpinismus. Sie scherten sich nicht um Trends, Entwicklungen oder die gegenwärtige Avantgarde; Wege dieses Charakters sind längst selbst klassische Moderne, wollte man es in der Sprache der Kunst, was das Klettern ja auch ist, ausdrücken.

Alleingänge unter Verzicht auf sämtliche Kletterausrüstung lassen die Leistungen der frühen Pioniere erahnen. Meine Absage an Überlebenssicherheit mag so mit der Einstellung von damals vergleichbar sein, denn wenn alle Absicherungen und Kletterkrücken wegfallen, wird das Erleben eines Erschließers damaliger Zeiten spürbar, gelingt es eher, die Moral und die Psyche eines Paul Preuß, Emil Solleder, Fritz Wießner, Hans Steger, einer Paula Wiesinger, eines Bruno Detassis oder Claude Barbier nachzuvollziehen. Ich versuchte, ihre Wege mit ihrem Bewusstsein, ihren Gefühlen und ihren Augen zu klettern, zu sehen und zu erleben. Wie weit es mir gelang, die mir bekannte historische Wahrheit halbwegs authentisch in die reale Welt zu projizieren und ihre Empfindungen auch in mir wachzurufen, kann ich nicht sagen. Ihre

Leistungen sind auch für heutige Ansprüche groß, für die damalige Zeit sensationell, und ich konnte mich nicht tief genug vor ihnen verbeugen.

Nächste Station war der Rosengarten; unter anderem kletterte ich die «Steger/Wiesinger». Die Reise in die historische Erschließungszeit führte mich abschließend in die Brenta – eine wundervolle Gebirgswelt, wo mir schon vor Jahren die erste Alleinbegehung von Claude Barbiers Route durch die Nordwand der Cima Tosa und Heinz Steinkötters Weg in der 800 Meter hohen Nordostwand des Crozzon di Brenta gelang. Historisch bedeutende Routen wie die Fehrmann-Verschneidung und die Ostwand von Preuß an der Guglia sowie die «Via delle Guide» von Bruno Detassis am Crozzon waren Fels gewordener Genuss und Solo-Leckerbissen, die sich bei Besuchen im Alpinhistorischen Museum nicht im Entferntesten erleben ließen.

Diese inhaltsvollen Tage und diese Erfahrungen versetzten mich, durchtrainiert von vielen, vielen Klettermetern, in einen quasi unverletzlichen Status. Routen im Range einer «Gloria Patri» (VI+) war ich so weit gewachsen, dass das Klettern ohne irgendwo überlegen zu müssen flott und zügig vor sich ging. Meine Aufgabe bestand darin, die Route vom Wandfuß bis zum Gipfel ohne irgendeinen Ausrüstungsgegenstand zu klettern. Das Porträt sollte das zeigen, was ich auch in Wirklichkeit tat, nämlich dem Stil, den Paul Preuß seinerzeit in seinen provokanten Thesen als Grundsätze des Alpinismus erhob, zu folgen. Dieser Stil faszinierte mich, und ich praktizierte ihn schon seit einigen Jahren.

Zumindest bei Alleingängen darf ich mich als einen Epigonen von Paul Preuß bezeichnen. Der Verzicht auf künstliche Hilfsmittel erklärt sich jedoch nicht aus Geboten oder Verboten oder irgendwelchen Vorbildwirkungen. Das «by fair means» entwickelte sich ganz einfach daraus, dass Alleingänge ohne die ganze Ausrüstung wesentlich unkomplizierter und leichtfüßiger sind.

In Wirklichkeit erfordert ein Free Solo kein höheres Kletterkönnen, sogar weniger muskulösen Einsatz, allerdings eine umso stabilere Psyche und wesentlich mehr Erfahrung als Seilschaftsklettern. Es war und ist bis heute meine Methode, Freiheit zu erleben. Der Wettbewerb war nur in seltenen Ausnahmefällen gegen die Uhr gerichtet, sondern entstand ganz einfach aus der Freude an der Bewegung – wie das Skifahren oder Surfen oder Motorradfahren auch berauschende Gefühle erzeugen und den Menschen in Besitz nehmen kann. Mein «Lauf» endete nach nur 66 Minuten am Matrashaus, am Gipfel des Hochkönigs.

Meine Priorität im Alpinismus war immer die Tat. Vermarktungen waren mir von jeher suspekt. Vorträge in Reihe fand ich spätestens nach fünf Abenden langweilig. Beiträge für Fachzeitschriften und andere Schritte an die Öffentlichkeit hielten sich in Grenzen. Auf Journalistenschößen zu sitzen überließ ich anderen. Es gab genug Profis in Sachen Selbstdarstellung oder an Profilneurosen leidende Neo-Alpinfiguren – verdiente Stars, aber auch mediengestützte Münchhausens –, welche die Bedürfnisse der medialen Welt abdeckten. In mir war wohl das Talent zu klettern, Berge zu ersteigen, solange sie im Maßstab zu mir passten, ich eignete mich jedoch kaum dazu, diese Dinge zu vermarkten. Das hätte meinen Freiraum eingeengt, den ich ebenso empfindlich wie vehement zu schützen versuchte.

Die wenigen Kontakte mit Journalisten waren oft von Enttäuschungen begleitet, denn ich musste erkennen, dass Journalisten, wenn es um den Alpinismus geht, meist uberfordert und mit Vorurteilen respektive Secondhand-Wissen vorbelastet sind. Das Schlimme daran: Journalistenmeinungen sind leider unumstößlich und unantastbar. Die Sensation hat Vorrang vor der Tatsache und der Wahrheit. Und vor manchen hochnäsig auf dem hohen Ross Sitzenden hätte man übers Meer gehen können, sie hätten vermutlich gesagt: Seht her, er kann nicht schwimmen.

Aber was sollten Journalisten auch anfangen mit so unspektakulären Namen wie Großer Bratschenkopf, Nixriedl oder Hochkogel und Precht. Was ist das schon gegen Matterhorn, Drei Zinnen oder Eiger-Nordwand und Messner, Bonatti, Buhl. Was sollte man überhaupt berichten, wenn es nicht einmal Stürze gab? Das war nämlich ausnahmslos die erste Frage: Ist etwas passiert, ein Sturz vielleicht? Wenn alles paletti war, stand die Enttäuschung dem Reporter ins Gesicht geschrieben. Der Journalismus braucht Sensationen. Um die zu bekommen, wird keine Pietätlosigkeit gescheut, jede Lüge, die dem Zweck dient, als Erfolg gewertet. Aber auch in diesen verschrienen Reihen bestätigen wenige Ausnahmen die Regel, und ich konnte unter ihnen sogar Freunde gewinnen.

Zu den wenigen Ausnahmen gehörten unter anderem die beiden Journalisten Günther Schneider und Roman Hinterseher und das Team der ORF-Sendung «Land der Berge»: Vor allem der Regisseur Lutz Maurer brillierte mit fundiertem Sachwissen. Ich habe später noch mehrere Jahre und mit Freude mit diesem Team und dem Kameramann Erich Lackner zusammengearbeitet.

Dass meine Heimatberge und auch meine Person in der Peripherie von Großen und Prominenten für die Öffentlichkeit praktisch eine unbedeutende Nebenrolle spielten, tat meinem Alpinismus keinen Abbruch. Was zählte schon die Unbekanntheit von Namen, wenn meine Touren doch gleich ernst, mindestens so schön und die Herausforderungen im Vergleich um nichts geringer waren als die der prominenten Brüder? Sie waren neben Familie und Freunden ein Teil meiner Heimat, und das gab ihnen den Platz in meinem Herzen.

Splitternackt in einer Fast-1000-Meter-Wand: Das spottet jeder alpinen Vernunft und aller traditionellen Klischees.

FREIER ALS PAUL PREUSS

Noch eine andere Solobegehung sollte für eine «Land der Berge»-Sendung des ORF gelingen. Der Anlass war der hundertste Geburtstag von Paul Preuß im Jahr 1986, und ich sollte allein die Westwand des Totenkirchls im Wilden Kaiser klettern: den Weg, den seinerzeit Tita Piaz nahm, den Preuß allein wiederholte und dabei einen direkten Anstieg zur oberen Gipfelterrasse fand.

Soloklettern heißt, Touren in extremen Lagen ungesichert im Auf- und Abstieg zu klettern. Diese Herausforderung war für mich beinahe alpiner Alltag und durchaus keine Schreckensvorstellung, auch wenn die Filme nachher manchmal wild aussahen. Im Gegenteil, es machte mir Freude, und bald standen hinter der Kamera gute Freunde. Wir konnten unsere gemeinsamen Ideen einbringen. Filmen bedeutet aber geduldraubende, harte Arbeit – und gefährliche Arbeit, da die Konzentration oft mehr auf die Kamera ausgerichtet ist als auf Ausgesetztheit und Absturzgefahr. Außerdem verlangen erforderliche Wiederholungen Schnelligkeit und Sicherheit in exponierten Positionen.

Wie in der «Gloria Patri» wurde auch bei diesem Projekt zuerst die Totale vom Helikopter aus eingefangen, danach wurden die Details der Route aus unmittelbarer Nähe gefilmt. Ich war überzeugt, eine kreative Arbeit zu tun, und es war mir eine Ehre, gerade jenen Paul Preuß, den Sokrates des Alpinismus, der die alpine Ethik zur obersten Priorität erhob, quasi in unsere Zeit versetzt zu «doubeln».

Seit der Zeit, als Franz Hawelka für kurze Zeit meinen Lebensweg begleitete, war mir der Name Paul Preuß neben Willo Welzenbach ein Begriff. Hawelka schwärmte oft von Paul Preuß, von seiner tief greifenden Ideologie und seiner mutigen Art und Weise, diese in die Tat umzusetzen. Paul Preuß ist für mich der Inbegriff der Übereinstimmung von Wort und Tat. Obwohl Preuß im Oktober 1913 beim Versuch, die Nordkante des Nördlichen Manndlkogels – im Gosaukamm! – frei und allein erstzubegehen, tödlich abstürzte, blieb seine Ideologie, eben weil sie die Vollkommenheit in der Fairness gegenüber der Natur auszudrücken vermag, so modern, dass er Menschen bis heute anspricht.

Das hundertste Geburtsjahr motivierte mich 1986 zu einer Reihe von Solo-Erstbegehungen in dem Stil, den Preuß vorgegeben hatte: neue Routen ohne irgendwelche Kletterausrüstung. Die sauberste, edelste und aufregendste Form des Kletterns. Ein Stil, der das Abenteuer aufs Höchstmögliche ausreizt. Aber auch ein Stil, der das höchstmögliche Risiko in sich birgt.

Eine dieser Neutouren führt durch die so genannte Wetterwand des Großen Bratschenkopfes, die höchste Wand am Hochkönig. «Freier als Paul Preuß», unter diesem Namen findet man die Route im Hochkönig-Führer:

Mehrmals wurde ich bei Solobegehungen vom Helikopter aus gefilmt.

Wandhöhe 900 Meter, Schwierigkeitsgrad V+. Nur ganz wenige Wiederholungen sind bekannt.

Erst später haben sich die Bewertungen meiner Routen denen anderer Gebiete angeglichen. Heute wird die Tour als Schwierigkeitsgrad VII eingeschätzt. Wohl nicht allein die viel strengere Bewertung früherer Zeiten, sondern auch der Umstand, dass die Route bei einer späteren Begehung durch direktere Varianten begradigt wurde, hatten die Aufwertung der Kletterschwierigkeit zur Folge.

Die Route «Freier als Paul Preuß» war nicht nur eine meiner größten Solo-Erschließungen, sie war vor allem wegen des frechen Stils herausragend. «Freier als Paul Preuß» zu sein bezog sich auf den Umstand, dass ich nicht nur ohne Ausrüstung, sondern abgesehen von den Kletterschuhen und dem obligatorischen Stirnband auch ohne Bekleidung kletterte. Angesichts des heißen Augusttags und der Einsamkeit der Wand erlaubte ich mir diese Freikörperkultur. Allein der Senn auf der Wiedersbergalm traute seinen Augen nicht, als er mit seinem Fernglas einen Splitternackten inmitten der senkrechten, graugelben Platten einfing.

Die Wetterwand war über Jahrzehnte eine Fundgrube für Neuland. Die Route «Freier als Paul Preuß» führt etwa durch die Mitte der Wand.

Worte dafür müssten erfunden werden. Welcher Poet könnte diese Art der Fortbewegung ihr gemäß formulieren? Das Offensichtliche und noch viel mehr das Unsichtbare, das in mir Stattfindende. Die durchlebten Lüste und Tode. Freuden und Höllenängste. Das Himmelhochjauchzende ging mit der Gewissheit einher, beim kleinsten Fehler über die Wand abzustürzen. Tot zu sein. In nackter Primitivität, in meiner Existenz minimiert, doch von frappierendem Lustgefühl durchrieselt und von kindlicher Rationalität getragen, kostete ich mein Dasein in der natürlichsten Form der Bewegung und doch auf erdenklich ungewöhnlichste Art aus. Ich wurde von einem Gefühl der wundersam schwerelosen Freiheit überwältigt, die in Seilschaft oder in irgendeiner anderen Form der Betätigung nicht erreichbar wäre.

Kein Geld der Welt nützt in diesen Momenten. Die Wünsche nach roten Ferraris, schwarzen Porsches oder silbernen Rolls-Royce – absurd. Und sollte der Staat auch noch für mein Gleichgewicht Steuern einfordern, hätte ich nur ein Lächeln dafür übrig. Dafür ist Wachsamkeit und Geistesgegenwart gefragt. Es geht schließlich ums nackte Leben. Splitternackt in einer Fast-1000-Meter-Wand, das spottet jeder alpinen Vernunft und aller traditionellen Klischees.

Ich weiß oft selbst nicht, wie mir geschieht, von welchem Höllenhund ich geritten werde. Jahrelang schwitze ich mir Ängste aus dem Leib, aus der Seele, aus dem Hirn. Bis heute bin ich nicht fähig, mir die Beweggründe meines Tuns zu erklären. Meinen innersten Trieb zu dieser tödlichen Primitivität zu erkennen. Ängste, Neugierde, Proteste und anderes sind Bausteine am Weg zum Abenteuer. Grenzen ausloten. Grenzen immer wieder erfahren. Ich bin einer Sucht unterworfen.

Eigentlich will ich gar nicht wissen, nach welchem Rezept die Suppe meiner Sucht gekocht ist. Es ist mir eigentlich gleichgültig. Das Faktum ändert sich nicht. Das Faktum hat einen Namen, es heißt Wahnsinn. Ein Wahnsinn des Glücks, ein Wahnsinn des Todes. Der Wahnsinn ist Voraussetzung.

Vermutlich wird auch dem Leser der Reiz des Nacktkletterns verborgen bleiben. Die Vorstellung, dass gewisse empfindliche Körperteile je nach Kletterstelle relativ exponiert sind, liegt nahe. Ich musste mich also nicht nur auf das bloße Höherkommen konzentrieren, sondern auch darauf achten, dass alles heil nach oben kam.

Sind wir nicht immer während auf der Suche nach dem Paradies? Das wir so identisch wie möglich im kreativen Spiel in unberührter Natur zu finden hoffen? Wie Friedrich Schiller schon erkannt hatte: «Der Mensch ist nur da voll in der Bedeutung Mensch, wo er spielt!»

Die Wand ist einsam, aber völlig darauf verlassen kann man sich nicht. Das zeigte ein Jahr später ein heißer Sommertag; ich kletterte die «Ypsilon» in

der Südostwand desselben Berges in derselben Aufmachung und wählte als Abstieg den Peterkapfeiler. Als ich den wuchtigen Kamin in mittlerer Wandhöhe – die Füße weit auseinander setzend – hinabspreizte, hörte ich aus dem untersten Kamingrund ein Schaben. Eine gemischte Seilschaft, dem Ton nach zu schließen ein verheiratetes Paar, war im Begriff, den Kamin zu durchsteigen. Mein unerwartetes Auftauchen war der Anlass zu einem Disput; die Frauenstimme rief plötzlich aufgeregt und doch im Flüsterton zu ihrem Kletterpartner: «Schau doch, Franz, a Nockata!» Nach kurzer Zeit die gleiche Stimme nochmals flüsternd, aber mit der Ungeduld einer Souffleuse, bei der nach mehrmaligem Einsagen eine beginnende Verzagtheit hörbar wird, weil der Schauspieler völlig auf der Leitung steht. «Schau hoit, Franz, do is a Nockata obn.» Der Franz steht auch wirklich auf der Leitung, denn er ist ganz mit sich und dem Durchquetschen durch den engen Kamin beschäftigt: «Des gibt's a nit», meint er ungläubig, «dass des Seil scho aus is.» Sie verliert endgültig die Geduld und schreit: «A wos, wer red' scho von am Seil, dir konn a Nockata an Kopf scheissn und du kapierst es oiwei no net!»

Bevor Franz seinen Blick nach oben richten konnte, war der «Nockate» längst weg; er hatte eine entfernte Variante gefunden, die eine gewisse Peinlichkeit vorsorglich ausschloss.

Die Wetterwand war über Jahrzehnte Fundgrube für Neuland. Routen wie «Mut kann man nicht kaufen», «Utopie» oder «Nabucco» und andere mehr sind von der Sorte «harte Droge». Die Wege fanden, vor allem wegen ihrer Ernsthaftigkeit, bis heute keine Wiederholung. Genug ist eben nie genug, und die Erstbegehungslust sucht nach immer neuen Linien. Und so hielt mich seit längerem eine imaginäre Linie an der südwestlichen Wetterwand gefangen.

21. Juli 1988. Der Tag hatte ganz wunderbar begonnen. Mit der kleinen Einschränkung vielleicht, dass ich mich vom Nachtdienst nach Hause schleppen musste. Doch eine Tasse Kaffee und ein Glas Weißwein wirkten wie Doping. Als ich dann über das einfache Felsgelände zum Wandfuß hinaufeilte, war die letzte Nachtschwere aus den Gliedern gewichen.

Eigentlich sollte man sich die Augen verbinden. Jeder Blick hinauf in die haltlosen Plattenfluchten der Riesenwand schwächt das Selbstvertrauen. Nur nicht hinaufschauen! Schon öfter war diese Lösung der Schlüssel gewesen bei einer unmöglich aussehenden Neutour. Auch ohne hinaufzuschauen ahnte ich, was mich dort oben erwartet. Und immer wieder stellte sich die gleiche Frage: Gab es nicht viel wichtigere Aufgaben? Die Gedanken wanderten zu meiner Familie – ein endloser Zwiespalt: Bin ich am Berg, dann sind meine Gedanken daheim, und mich plagt das schlechte Gewissen, nicht bei Frau und

Kind zu sein. Bin ich jedoch zu Hause, dann sind meine Gedanken oben am Berg, und ich bin unausstehlich.

Doch dann nagten andere Zweifel an mir: Links oben lockte die «Gloria Patri», deren Klettergenuss mir ohne größeres Risiko sicher gewesen wäre. Denn mein Erstbegehungsvorhaben war eine ernstere Sache. Es sollte – im «Solo-ohne-alles-Stil» – auch eine Demonstration, ein Exempel, ja ein Protest sein: gegen die Bohrhakenerschließung, die zu jener Zeit immer mehr um sich griff. Ich konnte und wollte mich einfach nicht damit abfinden, dass man den Bergen mit Bohrhaken zu Leibe rückte, dass Routen sogar von oben eingebohrt wurden. Sollte das Erschließen von Neutouren nicht auch Abenteuer sein? Und als solches, zumindest im alpinen Raum, erhalten werden, so dass noch mehrere Generationen davon profitieren konnten? «Man vergesse aber nie», schrieb Walter Bonatti in seinem Buch «Große Tage am Berg», «dass das Unerreichbare, wenn es seine Faszination behalten soll, bezwungen sein muss und nicht niedergerissen werden darf. Und man vergesse auch nicht, dass die großen Berge den Wert haben, den der Mensch ihnen zumisst – sonst bleiben sie nur ein Haufen Steine.»

Die Südwestwand des Großen Bratschenkopfs: «Neue Dimension in Solo», VIII–.

Am Einstieg war das Gestein sehr brüchig. Volle Konzentration war erforderlich, und es blieb keine Zeit mehr, über Sinn und Unsinn nachzudenken. Plötzlich war alles ganz einfach, sämtliche Probleme beschränkten sich auf die nächsten Klettermeter. Mein Ausweichziel, die «Gloria Patri», war vergessen, und der Weg zu Frau und Kind würde – nun war ich fest entschlossen – nur über diesen Berg führen. Mit meiner Tagesverfassung konnte ich zufrieden sein, die Sohlen der Reibungsschuhe klebten anscheinend überall, und die Griff- und Trittkombinationen gelangen auf Anhieb. Tempo bestimmte den Kletterablauf. Die Antworten übertrafen an Pointenreichtum meine Fragen um ein Vielfaches. Eine Kletterei zum Ausflippen!

Lautes Rufen riss mich aus meiner Trance. Irgendjemand rief von unten, aus dem Kar, meinen Namen. Es waren zwei Freunde, die später in die «Gloria Patri» einstiegen.

Der wirkliche Ernst des Lebens begann schließlich am Fuß einer Wasserrille. Ausgerechnet an ihrer steilsten Stelle verliert sie sich in den Platten, um weiter oben, erneut deutlich ausgeprägt, nach 100 Metern auf einem Band auszulaufen. Jedes Mal, wenn ich durch das Birgkar abstieg, hing mein Blick dort oben an den Wasserrillen. Und nun stand ich direkt darunter, und das Herz hämmerte mir hinauf bis in den Hals.

Bei den vielen Erstbegehungen, die mir in diesem Stil gelungen waren, war ich immer konsequent genug gewesen und zurückgeklettert, wenn die Option eines kletterbaren Rückzugs nicht mehr gewährleistet schien. Die Genusskletterei am Beginn der Wasserrille war es wohl gewesen, die mich verführt hatte. Eine kurze dynamische Kletterbewegung, und es war zu spät. Der einzige Weg führte nun nach oben, hinein in eine für mich neue Dimension.

Auf Messers Schneide: Das Herz pocht, Gedankenfetzen, die vielleicht irgendwann einmal ihre Fortsetzung finden werden, jagen durchs Gehirn. Leben und Tod gehen Hand in Hand.

Ich möchte allerdings nicht falsch verstanden werden. Ich will nichts im Nachhinein heroisieren; das Abenteuer selbst war heroisch genug. Alleingänge sind Abenteuer ohne doppelten Boden, es gibt kein Seil, keine Absicherung, kein Netz, welches in letzter Konsequenz einen Fehler verzeihen würde. Und bei Erstbegehungen besteht keine Route, sondern nur eine Vorstellung, die es zu verwirklichen gilt. Die Utopien sind immer gegenwärtig.

Zum Nachdenken blieb mir in diesem Moment keine Zeit. Meine Sinne waren ausschließlich den Wenigkeiten gewidmet, die mir blieben, dem Horizont aus wenigen, schwierigen Klettermetern. Erst später, nach einiger zeitlicher Distanz, nagte an mir das Gewissen, das Verantwortungsbewusstsein. Immer wieder die Frage: Darf ich das überhaupt?

Zwischen Absicht und Verwirklichung stand zwar immer die würgende Angst, aber im gleichen Maß, in dem ich Angst hatte, hätte ich es mir auch nie verziehen, etwas nicht wenigstens versucht zu haben. Vielleicht hatte ich auch Angst, eine wie auch immer geartete Würde in mir zu verletzen.

Da gab es die dumme Wirklichkeit, die Angst machte, Verantwortung fürchten ließ und Vernunft und Rechenschaft forderte. Ihr entgegen stand meine Abhängigkeit von meinen Idealen, mein Wahn, ihnen in fast militanter Selbstsucht, besessen treu zu sein, genauso wie meinen an mich selbst gestellten Erwartungen. Jedenfalls war es gelungen, zumindest für dieses Mal, weil ich in solchen Situationen eine eiskalte Moral entwickeln kann, die mich in einen Zustand der Hingebung versetzt, der die Angst vor dem Absturz vergessen lässt. Irgendwie schließe ich sogar, auf eine fatalistische Art und Weise, mit dem Leben ab. Endlich hielt ich die wieder beginnende Wasserrille in der Hand. Nach wenigen Piazzügen war ich dem Nichts entronnen, und das schon geschaufelte Grab blieb einmal mehr leer. Die «Neue Dimension in Solo» war entschlüsselt.

Ein Gebet brachte wieder Ruhe in meine Zitterknie. Ich hatte allen Grund, Gott zu danken. Sentimentalität befiel mich, und ich musste an meinen kleinen Sohn denken. Würde er später auch einmal so verrückt klettern? Würde ich ihn einmal so verhaftet in diesem Nichts wissen müssen, ich hätte wahnsinnige Angst und Sorge. Hätte ich die Wahl, so wäre es mir lieber, mein Sohn würde nicht in die Fußstapfen seines Vaters treten – oder vielleicht wäre ich einmal über jeden Bohrhaken, der sein Leben schützt, dankbar? Wer weiß.

Dennoch bin ich davon überzeugt, dass der junge Alpinist von morgen wieder eine ernstere Beziehung zur Natur haben wird. Denn eines ist klar: Der Verzichtsalpinismus rettet das Abenteuer; mit jedem technischen Ausrüstungsgegenstand verringert man den Erlebniswert eines Unternehmens. Deshalb war ich grundsätzlich begeistert davon, solo ohne alles unterwegs zu sein. Nach dem eben Erlebten war ich von meiner Philosophie allerdings nicht sehr überzeugt. Der augenblickliche Gefühlszustand wies alle edlen Überlegungen in verwirrende Gedankenbilder. Ich war ein Einsamer, ein in meiner Leidenschaft Verhafteter. Einer aus allen Unzulänglichkeiten Flüchtender, voll von Lüsten, voll von Verzweiflungen.

Der Weiterweg lud zur Versöhnung ein, phantastischer Fels, Genuss in einer Riesenwand. Die Schwierigkeiten hielten sich nun in Grenzen. Es gab keine Fragen mehr, nur mehr Antwort auf Antwort. Die Freude an der Kletterei ließ mich im Laufschritt durch den obersten Wandteil eilen. Ganz allmählich wich auch die Spannung von mir, und schon am Gipfel waren viele kritische Augenblicke nur mehr Erinnerungen. Um mich herum breitete sich das Panorama des Alpenhauptkammes aus, unzählige Bergspitzen, steile Flanken und Grate, Erinnerungen …

Darunter Täler, vom Dunst verschleiert, hinter dem Nebelvorhang die vielen normalen Menschen. Normal? Wer ist eigentlich normaler: jene, die vor lauter Langeweile schon Jahre vor ihrem Tod gestorben sind, erschlagen von ihrer eigenen Mittelmäßigkeit? Oder die, welche mit dem Leben so maßlos spielen? Irgendwie hat Thomas Bernhard schon Recht gehabt, und ich komme nicht umhin, mit seinen Gedanken zu sympathisieren, wenn er der Gesellschaft von Umweltvernichtern und Jasagern den Spiegel vorhält. Auch ich bin überzeugt davon, dass mein Solo-Unsinn kaum verantwortungsloser ist als die Einstellung derjenigen, die Atomkraftwerke und militärische Aufrüstung befürworten oder ihnen zumindest gleichgültig gegenüberstehen und damit nichts denkend Umweltverbrechen mittragen.

Leider können Umweltschützer außer Aufschreien letzten Endes doch wenig bewirken und finden kaum politische Hilfen. Denn die Politik schwächelt in sich und hängt an den Zitzen der Wirtschafts-, Waffen-, Medien- und Technologiekonzerne, in deren Würgegriff die Erde schon lange ausgebeutet wird. Alle sind darauf bedacht, die eigene Würde auf Kosten der anderen Partei zu wahren. Vielleicht sind ja die Normalen die Verrückten und umgekehrt?

Aber zahle ich mit dem Risiko, das ich auf mich nehme, nicht einen perversen Preis dafür, nicht so verrückt sein zu wollen wie das Gros unserer Gesellschaft? Ginge es nur um diesen Protest, wäre meine Bergsteigerei armselig. In Wahrheit sind es doch die außergewöhnlichen Freuden (und meine Sucht), die mich zum Klettern ziehen.

Meine Müsliriegel verfütterte ich an die Bergdohlen. Ich wollte noch beim Matrashaus vorbeischauen, und Hermann, der Wirt, verwöhnte mich immer mit bestem Essen und Trinken. Außerdem war dort mein «fliegender Teppich» deponiert, der mich direkt hinunter ins Tal vor das Auto tragen sollte. Bald war der Schirm ausgelegt, die Leinen geordnet und mit dem Klettergurt verbunden. Damals, in den Anfängen dieses Sports, waren die Gleitschirme – ich hatte eine Speed-Ausführung, den leichtesten und kleinsten, der sich in der Kombination mit dem Klettern noch bändigen ließ – elende Nylonfetzen, mit denen es nur nach unten ging, und das sehr schnell.

Fliegen, das war wie ein Traum. Kein Abstieg mehr. Anfangs war ich total begeistert. Als Abstiegsvariante nach dem Klettern waren allerdings die Windverhältnisse und das Gelände zum Starten oder Landen fast nie gut. Man musste mit dem zurechtkommen, was gerade geboten war, und darin lag die größte Gefahr. Ich wusste, dass ein Start vom Gipfel des Hochkönigs bei Südströmung problematisch sein kann. An diesem Tag allerdings war mir schon so vieles gelungen, dass ein simpler Gleitschirmflug mich wohl kaum mehr vor Probleme stellen würde. Das dachte ich.

Der Wind drehte in alle Richtungen, erst beim dritten Versuch hob ich ab. Aber nur einige Meter, dann drückte mir eine Windbö die linke Schirmhälfte zusammen. In Sekundenbruchteilen schmierte ich Richtung Südwand ab, und knapp vor dem Steilabbruch krachte ich gegen die Felsen. Ein zufällig anwesender Tierarzt leistete großartige erste Hilfe, andere halfen mir zurück zur Hütte. Dieser dramatische Tag sollte also doch mit einem Flug enden: mit dem Helikopterflug hinunter ins Krankenhaus.

Vor kurzem noch hatte ich in Gedanken die Gesellschaft kritisiert, und nun musste ich dankbar sein für ihre Errungenschaften, für Helikopter, Krankenhaus und Ärzte. «Schon wieder so ein Gleitschirmtrottel! Und wir

sollen dann Wunder wirken und diese Affen wieder zusammenflicken ...», hörte ich im Krankenhaus durch die halb offene Tür einen Arzt. Ich schätzte Ärzte mit gesundem Menschenverstand, zu ihnen konnte ich Vertrauen haben.

Herta hat gewartet. Sich gesorgt. Um mich geweint. Sich mit mir gefreut.

Zum ersten Mal war ich für die Medienwelt interessant. Man hatte den Flugfunk abgehört, und siehe da, nun war ich in den Nachrichten zum «international bekannten Spitzenalpinisten» erhoben worden, allerdings zu einem, der «schwerst verletzt um sein Leben kämpft». In Wirklichkeit hatte ich Prellungen an beiden Fersen und einen unkomplizierten Handbruch, und das Ganze wäre eigentlich kein großes Problem gewesen. Bedauerlich war nur, dass meine Frau über diese Tatsachen nicht informiert war und von den Rundfunknachrichten, die jeglicher Realität spotteten, fast zu Tode erschreckt wurde.

Der Hakenstreit machte auch deutlich, wie brüchig manche Freundschaften sind. Mit Christian Bogensberger am Großen Bratschenkopf.

VERBOHRT

Das kleine Weinlokal von Uli und Herta Kaltenböck war lange so etwas wie ein alpiner Treffpunkt. Ein Ort, an dem Ideen entstanden, Pläne geschmiedet und Erinnerungen aufgefrischt wurden. Uli, der Sommelier und Bergsteiger, ist bekannt für seine guten Weine, und er hat immer das Beste, was die Gastronomie am Fuße des Hochkönigs zu bieten hat. Mit Uli bin ich des Öfteren Erstbegehungen geklettert, in Urlauben oder daheim in unseren Bergen. Durch sein alpines Engagement entwickelte sich bei ihm eine nette Szene, die mehrere spezifisch ausgerichtete Genres des Bergsteigens ansprach, insbesondere aber jene, die gern ein gutes Tröpferl eines Barrique oder einer seltenen Spätlese genießen wollten – wenn man schon alle Glieder und Organe durch fast tägliches «Zu-Berge-Quälen» bestrafte, durfte die Leber eben auch nicht ganz ungeschoren davonkommen.

Bei Uli und seiner Frau Herta fehlte auch nie die entsprechende Musik. Viele heute bekannte Musiker hatten in ihren jungen Jahren dort Auftritte, es ist ein Platz für Kleinkunst. Die Welt wäre armselig ohne Kultur, ohne Wein, ohne Musik und einiges mehr, das ohnehin viel zu oft einer bergsteigerischen Askese zum Opfer fällt.

Das Lokal der Kaltenböcks in Bischofshofen war in den Neunzigerjahren Schauplatz des erbittert geführten Bohrhakenstreits, lautstarker Diskussionen und vergeblicher Schlichtungsversuche. Sukzessive verbreitete sich, überall in den Alpen und darüber hinaus, die herzlose und egozentrische Methode, mit Akku-Bohrmaschinen und Bohrhaken Kletterrouten zu erschließen. Dieser Tendenz konnte nur so lange etwas entgegengesetzt werden, wie die ortsansässigen Kletterer zusammenhielten und diese Methode nicht zuließen, wie sie Bohrhaken für sich selbst aus Überzeugung ablehnten. Freilich lag das eigentliche Problem, aus dem sich der Bohrhakenstreit erst entwickeln konnte, lange zurück.

Mit einem Artikel in der «Deutschen Alpenzeitung» brach Paul Preuß 1911 den «Mauerhakenstreit» vom Zaun. Er forderte als Erster öffentlich den Verzichtsalpinismus ein und legte seine Vorstellungen von Alpinismus in provokanten Thesen dar. Die Preuß'schen Leitsätze sind bis heute aktuell und haben in gewissem Sinne eine zeitlose Gültigkeit:

«1. Den Bergtouren, die man unternimmt, soll man nicht gewachsen, sondern überlegen sein.

2. Das Maß der Schwierigkeiten, die ein Kletterer im Abstieg mit Sicherheit zu überwinden imstande ist und sich auch mit ruhigem Gewissen zutraut, muss die oberste Grenze dessen darstellen, was er im Aufstieg begeht.

3. Die Berechtigung für den Gebrauch von künstlichen Hilfsmitteln entsteht daher nur im Falle einer unmittelbar drohenden Gefahr.

4. Der Mauerhaken ist eine Notreserve und nicht die Grundlage einer Arbeitsmethode.

5. Das Seil darf ein erleichterndes, niemals aber das allein selig machende Mittel sein, das die Besteigung der Berge ermöglicht.

6. Zu den höchsten Prinzipien gehört das Prinzip der Sicherheit, doch nicht die krampfhafte, durch künstliche Hilfsmittel erreichte Korrektur eigener Unsicherheit, sondern jene primäre Sicherheit, die bei jedem Kletterer in der richtigen Einschätzung seines Könnens zu seinem Wollen beruhen soll.»

Die entgegengesetzten Positionen waren vor allem bestimmt einerseits durch Paul Preuß, der sämtliche Hilfsmittel, insbesondere Haken, ablehnte, und andererseits durch Hans Dülfer, der von vornherein – um ein Ziel überhaupt in Erwägung ziehen zu können – für seine Unternehmungen Haken eingeplant hatte. Hans Dülfer konnte durch seinen Hakeneinsatz in Wandbereiche vordringen, die einem Paul Preuß durch dessen Materialverzicht nicht möglich waren. Aus diesen konträren Auffassungen – Technik gegen Verzicht – entwickelte sich der legendäre Mauerhakenstreit im frühen 20. Jahrhundert: Paul Preuß gegen den Rest der alpinen Welt.

Es liegt in der Natur des Menschen, seinen Intellekt einzusetzen, Dinge, ganz egal in welchem Zusammenhang, bis zur Perfektion zu entwickeln – so auch die Alpinausrüstung. Und es war nur eine Frage der Zeit, bis die Kletterer in den Felsen Gott spielten. Er, der Mensch, brauchte nicht mehr von der Natur Geschaffenes, er bohrte sein eigenes Loch. Er war Herr über die Möglichkeiten, unüberwindbare Hindernisse waren passé.

Für meine Art und Weise, Alpinismus zu leben, war es oberstes Prinzip, keine Bohrhaken zu verwenden, auch nicht als letzte Reserve im Rucksack. Meine Seilpartner waren damit einverstanden – oder besser mussten damit einverstanden sein, wenn sie sich mit mir einließen. Zusätzlich minimierten wir die Ausrüstung, entsprechend der Ernsthaftigkeit der Ziele. Bei Alleingängen wurde ausrüstungsfreies Klettern zur anzustrebenden Stilform erhoben.

Der Verzicht auf die Sicherungstechniken macht die Kletterei nicht nur frei, sondern lässt die Freiheit in ihrer edelsten Form abgrundtief spürbar werden . Ob das Free-Solo-Klettern mit Planung und Zielvorstellung beginnt oder einfach von Spontanaktionen lebt, jedes Mal wartet es mit neuen Perspektiven auf, sei es objektiver oder subjektiver Natur. Es gelingt auch nicht – trotz einer gewissen Routine, die sich einstellen mag –, eine Perfektion in dieser Spielform zu erreichen; zu unterschiedlich sind die unzähligen Situationen. Manche Unternehmungen wurden Klettereien durch mein eigenes Ich.

Hoffnungslos, allein, auf sich selbst angewiesen sein – erlebt man das aber nicht auch allzu oft in einer Seilschaft?

Bei der ersten Begehung der Route «Heiße Liebe» in der Südwestwand der Torsäule, zusammen mit Robert Jölli.

Es gab in meinem Kletterleben genug Aktionen, die für Dutzende Tode gereicht hätten, aber die Konfrontation mit dem Tod war gleichzeitig immer wieder die tiefste Begegnung mit dem Leben. Ich erinnere mich an Wege, die eigentlich hoffnungslos in haltlose Plattenzonen führten. Jeder Vernunft spottend, wurde das Klettern zu einem «Sich-vorwärts-locken-Lassen» von der schon fast aufgegebenen Hoffnung, die Winzigkeit doch noch zu finden, die das Aufwärtsschleichen ermöglichen würde. Oder die Hoffnung, die Risse 3 Meter weiter oben würden eine Zwischensicherung zulassen: die Enttäuschung und das Gebet zu Gott, den allmächtigen Schöpfer, wenigstens die Kleinigkeit, die es für einen Cliffhänger braucht, zu schenken. Wie so oft würde ich den Cliff zusätzlich mit Klebestreifen am Fels befestigen, ausrasten können, vielleicht sogar eine gute Zwischensicherung haben. Doch wieder nichts!

Die Kletterei war längst zur Flucht nach oben geworden. Mehr als 20 Meter hing das Seil bis zur letzten Sicherung frei durch. Würde der Haken diesen langen Sturz halten? Eigentlich war das egal, ich würde sowieso auf den Felsabsatz aufklatschen, oder der spitze Felsgiebel würde mich aufspießen. «Komm, süßer Tod.» Das Seil war nur mehr Alibi. Ich würde tot sein. Egal ob mit oder ohne Seil, tot ist tot.

Oft ist das Klettern fern aller Freuden. Selbstquälerisch. Wieder ein Schritt und wieder im Nichts oder höchstens in der Wenigkeit, die vor dem Absturz rettet. Bin ich nur noch von Gefühlen geleitet, oder sind es doch Gedanken, sind es Wissen und Reichtum an Erfahrung, die mich den Weg suchen lassen?

Lange Zeit stand ich wieder an der gleichen Stelle, eine halbe Stunde vielleicht, jedenfalls eine Ewigkeit. Anfangs glaubte ich, ich würde auf der Stelle abrutschen, so abschüssig war das Trittchen, dann stand ich doch so lange am selben Fleck, bis ich die winzige Chance für den nächsten Schritt erkannt hatte und mich sammeln konnte, Mut fassen für diesen Schritt. Mit dem schwachen, nicht bewusst gedachten Trost, der vielleicht letzten Handlung wenigstens noch eine kleine Würde zu geben.

Schorsch Wenger, mein Freund seit jungen Tagen, pflegte mir in solchen Situationen von seinem Standplatz aus irgendetwas Galgenhumoriges zuzurufen. Einen Spruch wiederholte der Schorsch besonders oft: Ich solle schauen, dass ich vorwärts komme, denn schlafen könne ich auch hinter der Kirche; da sei der Friedhof. Aber Schorsch vertraute mir. Er wusste, ich würde irgendwie hinaufkommen, wie sonst letzten Endes auch immer.

Franz Guggenberger, der Pfarrer «Guggi», hatte seinerzeit Herta und mich getraut und war einer von wenigen, mit denen ich während des Berggehens Glaubensfragen diskutieren konnte. Und er war auch einer, der sich so manchen Tag für seine Bergtouren vom Beruf wegstehlen musste. Einmal, so er-

innere ich mich, sagte der Pfarrer: «Weißt, Albert, mein Leben als Pfarrer und Seelsorger ist mir eine von Gott gegebene Berufung, aber das Bergsteigen ist eine Herzensfreude, die ich nicht gern missen möchte. Schau, wenn ich in die andere Welt gehe, was sollte ich Gott antworten, fragte er mich: ‹Na, Guggi, wie hat dir meine Schöpfung gefallen?›, wenn ich nichts von ihr gesehen, gefühlt und genossen hätte.» Manchmal war der Beherzte von Dankbarkeit erfüllt, gab dem Fels ein Küsschen, pries voller Glückseligkeit mit einigen Hallelujas Gott, und Bachs herrlichste Komposition schallte durch die Bergwelt: «Gloria in excelsis Deo. Et in terra pax hominibus bonae voluntatis.» (Herrlichkeit Gott in der Höhe und Friede auf Erden den Menschen seines Wohlgefallens!; Lukas 2, 14)

«Guggi», der trotz fortgeschrittenen Alters immer noch sehr anspruchsvolle Routen klettern konnte, begleitete mich 1992 bei einer Erstbegehung am Kleinen Fieberhorn. Die Route erhielt den Namen «Gnadenvoll». Eigentlich war es eine unverschämte Frechheit, mit einem so kleinen Sortiment an sanften Sicherungsmitteln in diese Plattenfront einzusteigen. Dennoch ist es erstaunlich, was alles möglich wird, wenn man ganz fest an die Möglichkeit glaubt. Bei jenem Abenteuer war es vielleicht auch das Vertrauen, dass mich die Gebete des Pfarrers schon hinauftragen würden. Mit Gefühl, Zug um Zug, wie in einer spannenden Schachpartie, ließ sich die Aufgabe lösen. «Deinen Glauben möchte ich haben!», hörte ich den Pfarrer anerkennend rufen. Damit traf er den Nagel auf den Kopf. Denn der Glaube war mein Retter in vielen ausweglosen Situationen.

Am Stand erzählte der Pfarrer noch eine Geschichte von einer Christengemeinde aus Tadschikistan. «Nach langer Dürre stiegen die Christen in gemeinsamer Wallfahrt auf eine nahe liegende Bergspitze, um Regen zu erbeten. Die Überzeugung der Gläubigen, dass Gott die Gebete erhören werde, war so stark, dass alle mit Regenschirmen ausgerüstet waren, um beim Rückweg sich vor dem erbetenen Regenguss zu schützen. Deine Glaubenszuversicht ist zwar anderen Dingen zugehörig, aber in der Weise doch sehr ähnlich», meinte Guggi. «Ich bin überzeugt davon, es gibt einige, die dein Können, vielleicht auch deine Erfahrung haben. Viele deiner Zeitgenossen verfügen über mehr körperliche Kraft als du. Was dich stark macht, das ist dein Glaube an das, was du tust, und der Glaube, dass dein Bitten Erhörung finden wird. Der Glaube, ob nun geistlicher oder weltlicher Richtung, ist gerade für dich, wegen der extremen Ernsthaftigkeit deiner Spielform, ein lebensnotwendiges Gebäude des Erfolgs, in ausweglosen Nöten die höchste Zuflucht, die dem Menschen zuteil sein kann, und das Fundament für deine delikaten Abenteuer, für deine Grenzgänge, in deren Konsequenz das Ja oder das Nein lebensentscheidende Entschlüsse über Sein oder Nichtsein darstellen.»

Eine Legende schon zu Lebzeiten: der Pfarrer Franz Guggenberger, von seinen Freunden «Guggi» genannt.

«Erinnerst du dich an das Traktat?» Natürlich wusste ich, was Guggi meinte. Es war ein christliches Traktat gewesen, welches er bei einem Besuch dagelassen hatte, und es erklärte über einige Seiten Glaubensfragen unter dem Credo: Glaube heißt überzeugt sein von Dingen, die man nicht sieht. Ich will es verkürzt wiedergeben: Zu Beginn des letzten Jahrhunderts gab es in Amerika eine große Sensation. Ein Mann ließ ein Seil quer über die Niagarafälle spannen und begab sich mit einer Stange zum Halten des Gleichgewichts selbst auf das Seil. Ohne jegliche Unsicherheit bewegte sich der Mann auf dem Seil, und das selbst mit verbundenen Augen. Und noch viele andere Kunststücke vollführte er zur großen Freude der vielen begeisterten Zuschauer. Das Publikum war restlos begeistert. Man traute diesem Mann alles zu. Dann kam er mit einer Schubkarre. Was hatte er nun vor? «Wer traut mir zu, darin einen Menschen sicher auf die andere Seite zu bringen?», war seine Frage. Das Publikum applaudierte; alle würden ihm das zutrauen, versicherte die Menge. «Also gut, meine Herrschaften! Wer von Ihnen beweist mir sein Vertrauen und steigt ein?»

Der Leser wird es ahnen: Keiner stieg ein! Der Glaube sondert die Spreu vom Weizen in dem Augenblick, wo das Ja eine Bedrohung für das Ich darstellt.

Der Alpinismus von heute ist in mehrere Sparten spezialisiert. Aber in allen ist der abenteuerliche Inhalt gleichermaßen von den vielfältigen Möglichkeiten der Technik ausgehungert. Die Technologie ist zur Krücke für das Klettern geworden. Auch wenn manche Leistungen außerordentlich und sportlich großartig dastehen, schließen solche Krücken doch in den meisten Fällen die Lücken zwischen dem, was gewollt, und dem, was nicht gekonnt wird. Wer besitzt noch den Mut, allein und ohne Sicherungsausrüstung eine unbekannte Alpinroute im Auf- und Abstieg zu begehen? Seien wir ehrlich: Heutzutage gelingen die meisten Freiklettereien nur zwischen den Bohrhaken. Das sind Tatsachen. Sie zeigen, so wie in vielen anderen Belangen auch, die zunehmende Verwöhnung und das zunehmende Sicherheitsbedürfnis unserer Gesellschaft, aus der – wenige Ausnahmen bestätigen die Regel – keine echten Abenteurer mehr herauswachsen.

Die Menschen sind, was die Qualität des Abenteuers angeht, anspruchsloser geworden. Sicherheitsbestreben und Vernunftdenken heben es auf. Hilfsmittel, wie etwa die Bohrmaschine, werden zur Notwendigkeit. Man begehrt Abenteuer, scheut aber davor zurück, sich auf Gefahren einzulassen und alle Intelligenz und Kraft dafür einzusetzen, gefährliche Situationen zu meistern. Weltverbesserungsattitüden versprechen zwar oft den «Weg zurück», doch machen wir uns nichts vor: Wer hat den Mut dazu? Die Bergsteiger, die auf künstlichen Sauerstoff an den hohen Achttausendern verzichten, lassen sich an den Fingern einer, vielleicht zweier Hände abzählen. Genauso Erschließer, die konsequent auf Bohrhaken verzichten. Es wäre schön gewesen, die sanfte Erschließung mit natürlichen Sicherungsmitteln sich entwickeln zu lassen, stattdessen schwappte der neue Zeitgeist in Windeseile über den traditionellen Alpinismus hinweg.

Besonders im Zeitalter der Direttissimas, dessen Ende ich noch aktiv erlebt habe, wurden mit Hunderten von Bohrhaken in wochenlanger Geduldsarbeit Routen gebohrt. Es galt, «die Linie des fallenden Tropfens» direkt zum Gipfel zu finden. Je glatter der Fels, je größer die Dächer, umso begehrter war das Ziel. Auch ich – obwohl ich so vehement gegen Bohrhakenerschließungen auftrat – hatte bei meiner ersten Erstbegehung zwölf Bohrhaken gesetzt.

Es war ein Lernprozess, eine Ausnahmsweise-Erfahrung. Später habe ich bei Erstbegehungen nie mehr einen Bohrhaken angerührt.

Nach so langer Zeit, in der ich einen extravaganten Alpinismus betrieben habe, vermischen sich überhöhte oder unwahre Legenden mit der Wirklichkeit, und so manche erstarrte Sprachhülsen, die auf Hüttenstammtischen erzählt werden, darf man nicht für bare Münze nehmen. Es gab jedoch genug Unternehmungen – und das gebe ich offen zu –, die weitab aller Vernunft waren und höchstens durch meine Bergsucht zu erklären sind. Ich war stets unvernünftig genug, jeder erdenklichen abenteuerlich angehauchten Fata Morgana nachzujagen.

Meine vielen Erfolge gaben mir einen Nimbus der Unverletzbarkeit. Mit Ausnahme des misslungenen Gleitschirmflugs hatte ich mich am Berg nie verletzt und war nie in Not geraten. Gerade dieser Umstand gab mir eine Sicherheit, die mich jeweils aus dem Haus gehen ließ, als laufe ein Kind in den Garten, um zu spielen. Nichtsdestotrotz lag in meinem mir selbstverständlichen Tun etwas Zerstörerisches, das war mir bewusst – so wie dies ein Rauschgiftsüchtiger vielleicht auch weiß oder es zumindest ahnt.

Je risikovoller mein Tun war, umso mehr spürte ich die Kraft des Lebens. Keine Zeit meines Lebens war so ausgefüllt, so intensiv und so begeisternd, aber auch so selbstkritisch und entsagensreich gewesen wie jene, in der ich mich so oft ins Leben hatte zurückretten müssen. Die Zeit hätte stehen bleiben können, ich war am Zenit meiner Leistungsfähigkeit.

Die Lebensgefahr, die wie eine Taucherglocke über den Bewegungen, dem Suchen, dem Abtasten und Abwägen lag, hatte ich oft aus dem Bewusstsein verdrängt, so wie auch das Wissen über eine mögliche Katastrophe knapp an der Grenze zwischen Halt finden oder alles verlieren. Hinter den vermeintlich greifbaren Glückszuständen lauerten fast immer grässliche Abgründe. Und das Schicksal hatte noch einen anderen Schock für mich parat.

Mit meinem Sohn Christian und anderen Buben aus der Nachbarschaft spielte ich Fußball, es war an einem Augustabend 1992. Herta kochte das Abendessen, Eierschwammerl nach ihrem eigenen Rezept. Ich freute mich darauf. Wir kickten auf der Straße vor unserem Haus, ohne Ernsthaftigkeit, eher um uns und unserem großen Hunger ein wenig die Zeit zu vertreiben.

Plötzlich knickte mein linker Fuß kraftlos ein. Ich fiel plump auf den Asphalt. Der Arm hing gefühllos an der Schulter, und meine linke Gesichtshälfte war wie gelähmt. Mein Sprechen war irgendein unverständliches Kauderwelsch.

Notarzt. Rettungswagen. Intensivstation im Landeskrankenhaus Salzburg.

Zwei Stunden zuvor war ich noch in der Mandlwand geklettert. Allein. Ich hatte sehr viel Glück, dass ich den Schlaganfall, den ich für mich nie in Betracht gezogen hätte, nicht eben da bekommen hatte. Ich wäre tot gewesen oder mit viel Glück im Rollstuhl gelandet.

Ich betete.

Ein Unglück bei der Bahn, mit dem Auto oder am Berg, alles klang realistischer. Aber ein Schlaganfall? Das war eine so ferne Wirklichkeit.

Wenn ich jetzt ein Krüppel war, so hatte ich wenigstens eine erfüllte Vergangenheit, aber waren das akzeptable Argumente? Ich hatte mir zwar über Jahrzehnte meinen Kindertraum tausendfach erfüllt, und es gab auch keine Macht auf dieser Welt, die mir den Reichtum des Erlebten nehmen konnte. Andererseits brachte das Bergsteigen mit sich, dass ich nie Zeit und Sinn für andere Aufgaben oder Karrieren fand. Wenn man sein Leben so extrem in eine Richtung spezialisiert, treten in anderen Bereichen Defizite auf.

Die Karriereleiter und all die anderen Dinge waren nicht meine Träume. Mein Reichtum ist das Erlebte, und alle anderen, vielleicht nützlicheren Dinge wögen es mir in keiner Sekunde meines Seins auf.

Der Notarzt Dr. Johannes Windischer – ein langjähriger Freund, den ich vor Jahren durch mehrere steile Wände geführt hatte – leistete entscheidende erste Hilfe. Die Ärzte in der Neurologie taten ihr Möglichstes. Jeder wollte mir Gutes, ich wurde verhätschelt, und man versuchte alles, mich zu motivieren.

Zur Überraschung aller, auch zu meiner eigenen, konnte ich nach einer Woche fast gesund nach Hause gehen. Obwohl dieser Zwischenfall einem Damoklesschwert gleich – jedenfalls die ersten Monate danach – über mir hing, ging ich doch bald wieder bergsteigen. Auch allein, nicht anders als zuvor.

Die Freude und die Katastrophe liegen im Leben viel näher, als man ahnt, und ich möchte nicht wissen, wie vieler Bewahrungen es wohl bedurft hatte, mich über diese verrückte Zeit zu retten. Auch der Umstand, dass ich mich beim Bergsteigen nie verletzt habe, zeigt letzten Endes keinesfalls eine Unfehlbarkeit, sondern eben nur, dass mein Schicksal mir meinen Lebensweg nicht anders vorgegeben hat.

Als in sämtlichen Gebieten der Alpen der Bohrhaken und die Erschließung mittels Bohrhämmern den Stil der modernen Zeit prägten, versuchte ich, diese Entwicklung vom Tennengebirge und vom Hochkönig fernzuhalten. Zu Beginn hatte ich viele Fürsprecher und mit Unterstützung der meisten bergsteigenden Talbewohner und darüber hinaus Tausende Unterschriften gesammelt. Sogar Landes- und Bundespolitiker (allen voran der damalige Bundeskanzler Franz Vranitzky) unterzeichneten die Unterschriftenliste, die bewahrend gegen das Bohrhammertum gerichtet war.

Verloren in meinen Träumen und in der Illusion, man könne diese Entwicklung aufhalten, glaubte ich an die Möglichkeit einer bohrhakenfreie Oase, die sich aus den bestehenden alpintraditionellen «Gesetzen» entwickeln könnte. Ich glaubte an meine persönliche Verpflichtung, den alten Geist zu bewahren, das Ideal des konservativen Kletterns in den alpinen Bereichen schützen zu müssen. Und wäre mir die Möglichkeit gegeben gewesen, hätte ich wie Christo die Chinesische Mauer «meine» Berge verpackt, um sie über die Periode der Bohrhaken zu retten.

Seit längerem schon war Sigi Brachmayer, eine echte Frohnatur aus Altenmarkt, mein häufigster Kletterpartner. Seine sympathische, freundliche Art, sein leutseliges, offenes Entgegenkommen und seine handfest zupackende, verlässliche Beständigkeit machten ihn unverzichtbar und zum besten Freund. Sigi lebt den klassischen Alpinismus, liebt das Schlichte im Abenteuer – auch für ihn käme das Hinaufschrauben nicht in Frage. Seine Überzeugung, seine Einstellung und sein Leistungsvermögen geben auch mir Zuversicht, Motivation und Sicherheit. Er verdient es, wenn ich über seine Person etwas ins Schwärmen gerate.

Wie eine Spirale nahm die Technik den Weg des Fortschritts, und der Mensch erfuhr zusehends eine Wertigkeit und eine Persönlichkeitsgewichtung, die ihn über alles andere dieser Erdkugel erhob. Man peilte große Ziele an, aber Risikovermeidung verzerrte die Inhalte. Die Technik – Bohrhammer und Bohrhaken – erzeugte eine sichere Brücke, um diese Ziele möglichst schnell und möglichst risikolos zu erreichen. Im direkten Vergleich zur konservativen Erschließung gab es nun nicht mehr die bange Frage, ob es die – manchmal lebensentscheidende – Fuge gäbe, in der man einen Haken oder sonst ein mobiles Sicherungsgerät anbringen konnte. Der Bohrhaken brauchte keine Ritze, sondern nur das künstliche Loch, und das zauberte die Bohrmaschine. Der mächtige Mensch war endlich Herr über die Natur. Der mächtige Mensch baute sich Rettungsinseln mittels Bohrhaken.

Sigi Brachmayer, langjähriger Freund und Kletterpartner bei über hundert Erstbegehungen.

Immer stärker war auch in meinem Lebensraum die Entwicklung hin zum Bohrhaken spürbar. Alle Protagonisten, die Traditionalisten und die Aufmüpfigen, die das Thema betraf, wurden an einen Tisch gebeten. Unterschiedliche Sichtweisen und vielleicht auch das Prinzip, immer nur Bahnhof verstehen zu wollen, wenn Argumente nicht in die eigenen, nutznießerischen Überlegungen passten, brachten jede Bemühung, in diesem Zwist zu vermitteln, zum Scheitern. Nur wenige zeigten sich verständnisvoll. Einige protestierten in rebellischer Kaltschnäuzigkeit, andere versteckten sich in graumausiger Zurückhaltung, um sich später aalglatt auf die andere Seite zu schlagen.

Bald war die Kluft endgültig aufgerissen, ein babylonisches Nichtverstehen. Die Unterschriftenaktion – Tausende von Berg- und Nichtbergsteiger hatten unterschrieben – brachte nicht den gewünschten Erfolg. Plakate gegen Bohrhakenerschließungen wurden ausgehängt. Was half es? Nichts. Im Gegenteil, einige lokal einflussreiche Kletterer, die unterschrieben hatten, wechselten bald darauf das Lager. Der Stein kam erst richtig ins Rollen. Es galt das gebrochene Wort; schon wenige Tage später gab es außergewöhnliche Hörerlebnisse. Ein Schrei ging durch die alpine Landschaft. Es ratterten Bohrhämmer.

Es war eine schmerzliche Zeit für mich, nicht nur wegen der Berge. Ich sah auch mein Lebenswerk ruiniert. Den Alpinismus meiner Heimat, dem ich alles andere, was in meinem Leben noch Bedeutung hatte, untergeordnet hatte, sah ich missbraucht. Mit dem Bohrhammer wurde einer Bergsteigerschicht ein Tor in die alpine Welt aufgestoßen, das früher für sie geschlossen war, denn sie hatten nicht das Niveau für Erstbesteigungen. Eine Herde von Kühen wurde in eine nicht abgegraste Weidefläche eingelassen. Die stärksten Viecher suchten sich die besten Kräuter aus dem Weidegut. Der Rest hatte sich mit dem Löwenzahn zu begnügen. Das Resultat war das Bestreben vieler, mittels Bohrhaken die Realität ihren persönlichen Wünschen anzupassen.

Später sah ich, der unbeugsame Streiter, auch ein, dass der Bohrhaken dem Alpinismus in wenigen Ausnahmefällen dienlich sein kann. Es war unumstritten, dass bergsteigerische Höchstleistungen durch diese Krücke und nur durch diese Krücke realisiert werden konnten und so dem Alpinismus neue Dimensionen erlaubten. Zunächst ließen meine jahrzehntelange, eingelebte Selbstverständlichkeit und die rituelle Gebundenheit aber keine andere Meinung zu und schlossen alles, was mit Bohrhaken irgendwie in Verbindung zu bringen war, kategorisch aus. Auch ich verstand aus Prinzip Bahnhof.

Als selbst ernannter Gralshüter war ich in Sachen Bohrhaken intolerant. Ich war zornig auf alle, die meine Sicht nicht teilen wollten; dafür wurde ich entweder vereinnahmt oder ausgegrenzt. Einige applaudierten mir, von den meisten meiner Widersacher war ich jedoch als unverbesserlicher Visionär, als intolerantes Arschloch diskreditiert worden. Als verbitterter Diktator, der über die Kletterszene herrschen wolle und Gesetze ausgebe, wie der Alpinismus zu sein hätte. In meiner Illusion, ich sei sowieso im Recht, was diese Frage betraf, war der traditionelle, von mir praktizierte Alpinismus wie eine allein selig machende Eingegrenztheit, die mich nicht einmal darüber nachdenken ließ, ob der Alpinismus derartiger Normvorgaben bedarf. Und schon gar nicht kam mir die Überlegung in den Sinn, ob auf Dauer diese Überlieferung von Traditionen, Regeln, Gesetzen und Geboten für die Entwicklung des Kletterns hemmend, schlecht, vielleicht sogar gefährlich wäre.

Heute denke ich anders in diesen Dingen und bin überzeugt davon, dass der Alpinismus, um nachhaltige, echte Qualität sich entwickeln zu lassen, für alles in jeder Richtung hin offen sein sollte. Damals jedoch war mir der Horizont, dies zu erkennen, verschlossen, ich dachte und argumentierte von einem egoistischen Standpunkt aus, welcher die eigenen Ideale zu diktieren versuchte und Anspruch darauf erhob, über Erlaubtes oder Unerlaubtes zu urteilen.

Meine Besinnung sollte jedoch keinesfalls als eine persönliche Abkehr von alten Werten und Traditionen verstanden werden. Im Gegenteil: Je länger ich alle diese neuen Entwicklungen mitverfolge, desto wichtiger erscheinen mir die alten Schätze des Alpinismus. Meine Leidenschaft und meine Liebe zum traditionellen Alpinismus, mein Festhalten an diesem Geist ist ungebrochen.

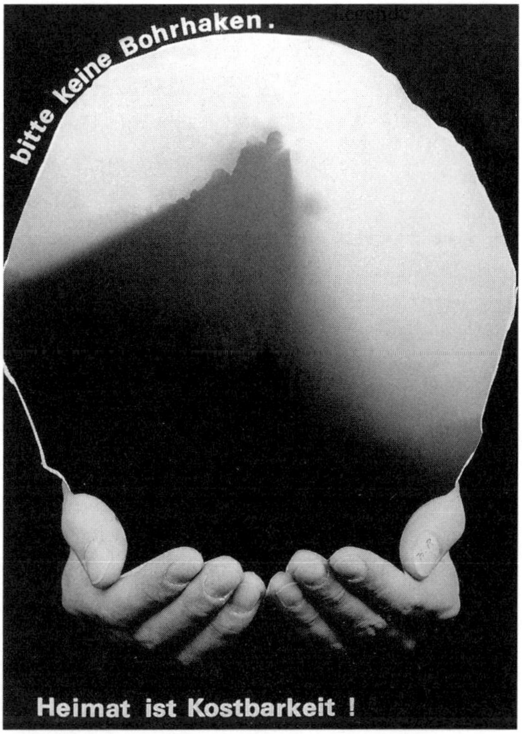

Mit Plakaten gegen Bohrhaken.

Doch mir war leider ein großer Fehler unterlaufen: der Trugschluss, Freunden und Mitstreitern meinen persönlichen Anspruch aufhalsen zu wollen.

In meinem blinden Zorn ob einer aus meiner Sicht unerlaubten Entwicklung erkannte ich nicht, dass mein Weg eine Richtung eingeschlagen hatte, welche jenen bedenklichen Werten Vorschub leistete, die ich im allgemeinen Zusammenleben mit Menschen aus sozialer und demokratischer Überzeugung entrüstet abgelehnt hätte. Je vehementer ich zu schützen versuchte, desto schneller entzog sich die Entwicklung meinem Einfluss.

Das Schicksal eines jeden Diktators – mag er von seiner Sache noch so sehr überzeugt sein – erfüllte sich auch für mich: Es war nur eine Zeitfrage, bis meine Macht gebrochen und die Mauern niedergerissen waren. Freunde, die ich lange Jahre zum Klettern mitgenommen hatte, zu Erstbegehungen eingeladen hatte, kehrten mir den Rücken. Gerade von ihnen hätte ich mir Unterstützung und wenn schon nicht Zuneigung, dann wenigstens Loyalität erwartet. Doch der Mohr hatte seine Schuldigkeit getan, und jetzt gingen die Pubertierenden ihren eigenen Weg. Ohne sie hätte ich ja die eine oder andere Erstbegehung gar nicht machen können. So lenkten sie von ihrem schlechten Gewissen ab, aber sie hatten natürlich Recht. Außerdem war es für sie auch nicht immer angenehm gewesen, durch Wände genötigt, ja geradezu zu ihnen vergattert zu

Alois Grugger im Nachstieg in der vierten Seillänge der «Orgelpfeifen» anlässlich der zweiten Begehung.

Folgende Doppelseite: Auszug aus dem Tourenbuch von 1993 über die Erstbegehung der «Orgelpfeifen». In gleicher Art sind alle Neutouren in den Tourenbüchern aufgezeichnet.

werden. Wände, von denen sie vorher nicht einmal gewusst hatten, dass sie existierten. Obwohl der ganze Streit um eigentlich nichts auch so manche Heiterkeit hatte, überwog doch leider der Ärger und die Enttäuschung.

Das – glaubten Sigi und ich – ließe sich mit einer tollen Erstbegehung am besten relativieren. Schon lange kokettierte ich mit einer Wand, die der Civetta gleicht, eine Mini-Civetta sicherlich nur, etwa halb so hoch, doch unmittelbar hinter der Mitterfeldalm an der Nordostwand der Mandlwand. Der Gedanke ließ mich nicht mehr los. Unglaublich, wie konnte diese Möglichkeit so lange unangetastet bleiben? Tausende von Bergsteigern, die von der Mitterfeldalm in Richtung Hochkönig ausschwärmten, querten etwa nach zehn Gehminuten ihre abfließende Schutthalde. Der Blick hinauf zu ihren furchteinflößenden Wänden ließ sie allerdings eher einen Gang zulegen, als der Sache näher auf den Grund zu gehen. Gelbe Wandausbrüche und die riesige Schutthalde ließen auch mich lange zweifeln, ob hier eine halbwegs sichere Linie zu finden war. Auf dieses verrückte Ziel hin angesprochen, erklärte mich Sigi zum Idioten. Aus Höflichkeit begleitete er mich schließlich doch.

Aber vorerst war ich selbst meiner Sache bei weitem nicht so sicher, wie ich vorgab. Vor allem der Steinschlag gab mir zu denken, falls die riesigen gelben Wandausbrüche noch kalben sollten. Die Zustiegsschlucht und der Einstieg waren dieser Gefahr ausgesetzt. So saß ich zwei Nachmittage auf einer nahe gelegenen Felserhebung und beobachtete die Wand. Kein Stein! Jetzt hatte ich ein besseres Gefühl. Wir fanden schließlich einen Weg, der genau dem entsprach, was wir uns von einem großen Abenteuer erwarteten. Die ersten Seillängen in einem nebelverhangenen Hexenkessel passten gut zu dieser düsteren Wand. Wir wussten um die stabile Hochdrucklage und mussten uns wegen des Wetters keine Sorgen machen.

Schon in den ersten Seillängen gab es Anzeichen lustvollen Kletterns, später dann eine Aneinanderreihung verschiedenartigster Kletterstellen, die an Genuss alle Erwartungen weit übertrafen. Nach dem Einrichten des Standplatzes konnte ich es kaum erwarten, bis Sigi endlich da war und ich weiter auf Forschungsreise gehen konnte. Was für eine wundervolle Herausforderung, die wochenlangen Träume, Vorstellungen und Zweifel jetzt erfahren und erleben zu dürfen! Ich hätte meine zuvor gezeichnete Orientierungshilfe fast als Topo verwenden können, so sehr entsprach sie der Wirklichkeit. Trotzdem wurden wir immer wieder überrascht von der Ausgesetztheit und der anspruchsvollen Kletterei über den runden Pfeiler. In jeder aussichtslosen Lage fand sich plötzlich doch wieder jene Winzigkeit, die einen Schritt weiter zuließ.

Wieder einmal fiel der Blick durch die weit ausgespreizten Beine in die Tiefe der schwarzen Schlucht, der letzte Haken steckte ziemlich weit unter mir,

Vierrinnenkopf Nordwand

„ORGELPFEIFE"

1. Beg mit Sigi 18 u. 19. ~~Sept.~~ Aug.

VII+, 500 mH (15 Seillängen)

Ernsthafte, eindrucksvolle Kletter
und ein großartiges Abenteuer
- herzhafter Alpinismus!
Ein Tagtraum und Wochen des
Zweifels waren vorerst herrschend
Dann schließlich die kreative
Umsetzung, in die fast schrecklich
nüchternde Wirklichkeit.
Erstbegehungen machen, ist ein
wegwischen von Träumen!

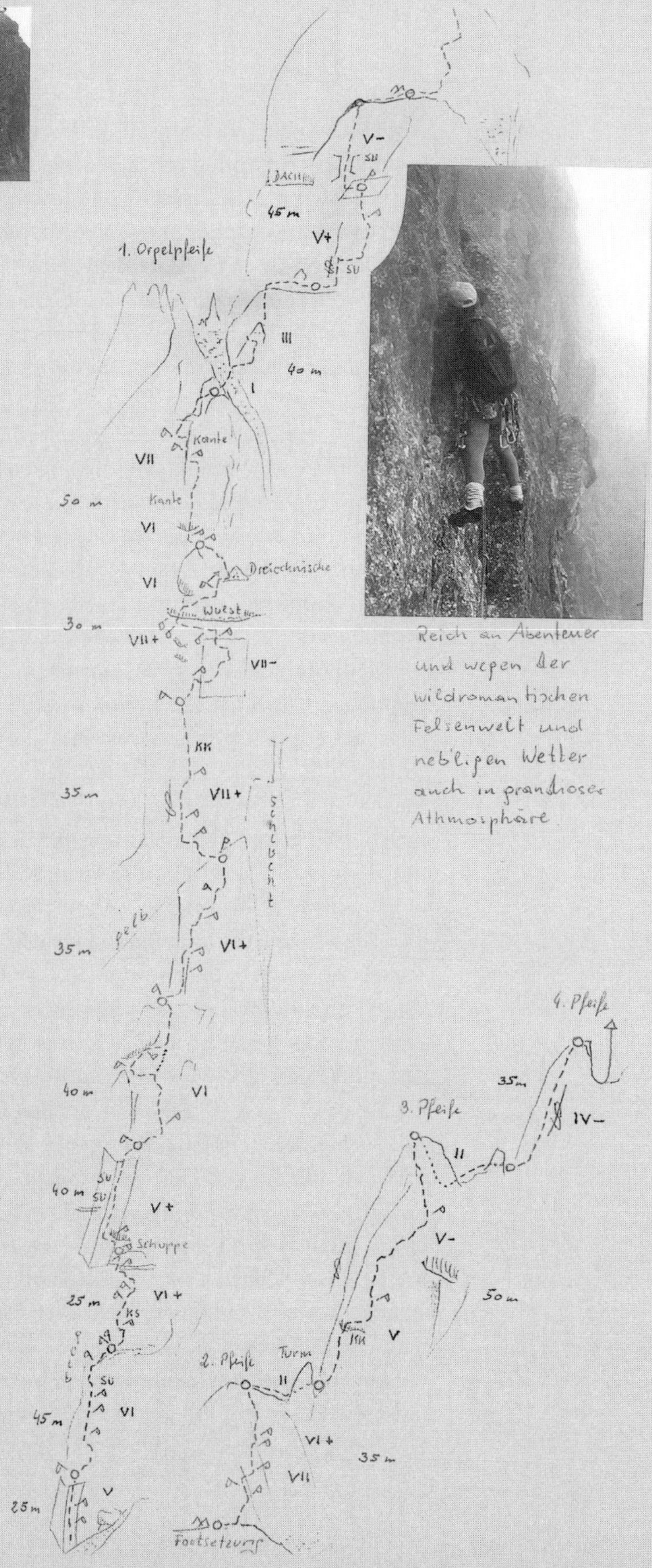

Reich an Abenteuer
und wegen der
wildromantischen
Felsenwelt und
nebligen Wetter
auch in grandioser
Athmosphäre

dazwischen eine sehr kleingriffige Platte. Wie war ich nur über diese Mauer gekommen? Ein Anflug von Stolz. Die Situation ließ mich jedoch gleich wieder kleinlaut werden. Demütig sehnte ich eine Sicherungsmöglichkeit herbei. Nach einigen Kletterzügen – «Alles Nervensache!», schrie Sigi zu mir hoch – war plötzlich die erwünschte Hakenritze da. Wie viele Bohrhaken hätte diese Route wohl abgekriegt, wären hier die modernen Erschließer am Werk gewesen? Was bleibt denn übrig vom Abenteuer, wenn man alle Probleme mit technologischem Einsatz totbohrt? Ein totes Abenteuer. Wie ist wohl die Beziehung zu einem Toten?

Es ist unerlässlich zu überlegen, was man mit einer immer mächtigeren und vielfältigeren Technik unternehmen darf und was man sich selbst verbieten muss, um das Abenteuer als solches zu erhalten. Zur selben Zeit, 1993, als Sigi und mir in zwei Tagen die «Orgelpfeifen» (VIII–) an der Mini-Civetta glückten, wuchsen die ersten Bohrhakenrouten in den Wänden der Torsäule und am Flachfeld. Erstklassige Kletterei, ohne Frage, aber ein riesiger Schock für mich und tiefste persönliche Kränkung.

Der Bohrhakenstreit war begleitet von Schlichtungsversuchen mit mehrstimmigen Lamentos von Bohrern und Nichtbohrern. Das Ansinnen artete meist in leeren Versprechungen, Schuldzuweisungen und Streitereien aus. Oft fehlte mir die nötige Nüchternheit, den Zynismus und die herablassende Arroganz – ich fühlte es so – zu ertragen, jene Gelassenheit zu zeigen, die dieses Benehmen bestraft hätte. Das war mir in jener frustrationsbeladenen Situation leider nicht möglich. In meinem Kopf waren nur Zorn und Worte wie «Mir reicht's!», «Mir langt's!» oder «Mir stinkt's!».

Hans Neumayer und Georg Bachler hatten ihre ganze Autorität darauf verwendet, in der Sache zu vermitteln. Die aufgerissenen Gräben quer durch alte Bergfreundschaften vermochte aber zu dieser Zeit niemand zu glätten. Letzten Endes bemühte man sich, eine Art Fairness-Regel anzubieten. Mein Ansinnen, die Mandlwand frei von Bohrhaken zu halten und wenigstens einen Abstand von 5 Metern zwischen den Bohrhaken einzuhalten, um so die Auswüchse des Bohrens ein wenig einzuschränken, wurde hochmütig belächelt. Wie ein in die Ecke getriebener, um sich beißender Wolf, in den sich die Empfindungen von Ungerechtigkeit, Bitterkeit und Hass tief eingegraben haben, fühlte ich mich plötzlich als Ausgegrenzter. Aus dieser Verbitterung war kein Umdenken, keine Toleranz und schon gar kein wohlwollendes Verständnis zu erwarten. Immer mehr verfiel ich in Selbstmitleid, verkroch mich in mein Schneckenhaus, zelebrierte wehmütig schlaflose Nächte im enttäuschten Gefühl, unverstanden zu sein. Das Dahinsiechen in Hassgedanken, in bösen Ahnungen, in bangen Hoffnungen drängte mich in eine Enge, aus

Die stillen und bizarren Felstürme der Mandlwand waren für mich ein Ort, um mich zu verweigern, aber auch, um wieder neuen Lebensmut zu sammeln.

der ein Ausbrechen nicht möglich schien. Nach vielen Jahren der Lebensfreuden war ich all meiner Visionen beraubt, stürzte ich in eine in dieser Massivität nicht gekannte Schwermut.

Ich weiß nicht, wie dieser Zustand geendet hätte, wäre da nicht der Glaube an Gott gewesen oder meine Familie – ein Kissen zum Ausweinen. Von vielen langjährigen Weggefährten verlassen, mit Hinterlist verspottet und gedemütigt ... Ich hatte ihnen so fest vertraut, daher traf mich ihr Vertrauensbruch mit grässlicher Schwere.

So war nicht nur alles Gewesene verflucht, sondern auf einmal schienen auch die Berge mit all den Zielen wertlos. Wie war das doch beim armen Fischer, der in Ernest Hemingways Erzählung «Der alte Mann und das Meer» auf das Glück seines Lebens wartet? Eines Tages scheint sich sein Traum zu verwirklichen. Ein großer Fisch hat angebissen. Die Zukunft scheint gesichert. Während der Fisch mit aller Kraft um seine Freiheit kämpft, fährt das Boot dem Hafen zu, als plötzlich aus der Tiefe des Meeres Haie auftauchen und über die Beute herfallen. Mit aller Kraft wehrt sich der alte Fischer, doch die Haie fressen den Riesenfang bis auf die Knochen ab. Als er gegen Morgen den Hafen erreicht, hat er nichts als ein großes Skelett an der Leine: seine begrabene Hoffnung.

Als Zugführer bei den Österreichischen Bundesbahnen. Meine drei zentralen Lebensbereiche Berg, Familie und Beruf waren jahrzehntelang in einer ständigen Wechselbeziehung.

BEICHTE EINES SEPARATISTEN

Ein alpiner Separatist. Von vielen ehemaligen Kletterpartnern verlassen und gedemütigt. Ins Abseits gestellt, verdammt und verstoßen. Auch die Berge, zumindest die in der Heimat, hatten für ihn an Anziehungskraft eingebüßt. Seine Vorstöße, seine Bitten hatten allein darauf abgezielt, die heimischen Berge vor Bohrhakenerschließungen zu schützen. Jetzt fand er sich als ein Gehasster wieder. Er, dem man immer Hochachtung zollte, genau er wollte die Kinder jetzt aus der Spielwiese vertreiben.

Die Achtung, die man ihm entgegenbrachte, hatte auf einmal einen Preis, ähnlich wie man einem Politiker, dessen Programm zum persönlichen Nachteil ist, das Vertrauen entzieht. Der Moment war gekommen, in dem die Legende aus einem anderen Blickwinkel zu betrachten war.

Sein Flügelschlagen, sein Hühnerhofgehabe verloren ihre Bedeutung. Die Autorität war verblasst, das Bild kehrte sich um. Das Positive, das man in seine Vorbilder gern hineininterpretiert, auch wenn es in Wahrheit gar nicht zu finden ist – das wollte man so wie früher nicht mehr sehen. Im Gegenteil: Jetzt bewarf man das Idol mit Schmutz, zeichnete sein Bildnis aus seinen negativen Eigenschaften. Was auch eher der Wirklichkeit entsprach, denn er war nicht so sozial, nicht so christlich und nicht so ehrlich, wie er tat. Wie es ihm seine Eitelkeit gebot, sich zu zeigen.

Es gab vieles in seinem Leben, was zu tadeln war. Das Scheitern seiner ersten Ehe, es war sicherlich allein seine Schuld. Die beiden Kinder aus dieser Gemeinschaft, bei denen er so tat, als sei es mit der Verpflichtung, seine Alimente zu zahlen, abgetan. Der Weg zu ihnen wäre nach so langer Zeit des Aneinandervorbeilebens viel mutiger gewesen als die 777. Erstbegehung im Ödland. Aber er war ein Feigling; vielleicht weniger in der Wand, wo es darum ging, sein Ego zu retten. Aber im Leben war er wohl ein elendiger Feigling. Zu feige, Taten zu setzen, zu feige, die Worte, die seit langem zu sagen wären, zu sagen.

Hinter vorgehaltener Hand äußerte man Vermutungen; er ginge die wildesten Touren in seinen Krankenständen, oder er wäre mit irgendwelchen Weibern unterwegs. Und wer weiß, wie viele Leichen im Keller es noch gab? Wen würde es wundern, gäbe es irgendwo ein blondes Engelchen, dessen Existenz er geheimnisvoll hütete. Auch wenn alles nur Gerede war, einige Körnchen von Wahrheit steckten allemal in diesen Geschichten. Allerdings: Wen interessierte das wirklich, und wen riss derartiges Geschwätz in der heutigen Zeit vom Sitz? Dazu war er doch viel zu wenig wichtig.

Seine Leistungen waren schwer zu untergraben, zu viele Erstbegehungen bestätigten seine Qualität als Kletterer. Nur wenige wussten nämlich, dass auch er – der immer so auf cool machte – oft mit Angst und Zweifeln haderte. Dass sein Glaube oft nur vorgespielt war, ja dass er eigentlich auch am Berg ein feiger Hund sein konnte. Sein Tun oft in Frage stellte und selbst manchmal keinen Sinn darin sah, sein Leben so primitiv zu riskieren. So manche Kletterpassage schaffte er nur, weil der Ausweg nach oben die einzige Möglichkeit zur Flucht war.

Er war nicht der muskelbepackte akrobatische Sportkletterer, sondern leichtfüßig, schlaksig. Seine Bewegungen waren nicht von Kraft gezeichnet, eher sanft und katzenartig. Von der Veranlagung her war er eher ein Marathonläufer.

Welche Motivationen ihn immer wieder, wie süchtig, in die Berge trieben, war selbst für ihn unverständlich. Fünfmal innerhalb einer Woche eine Fast-1000-Meter-Route – meistens auf einem neuen Weg – durch die mächtige Hochkogelwand zu klettern. Für wen war so etwas noch nachvollziehbar? In diesem Hirn mussten einige Schrauben fehlen. Auf derartige Dinge angesprochen, pflegte er manchmal Napoleon zu zitieren: «Wenn man Dummheiten macht, dann müssen sie wenigstens gelingen.»

Das Herausfordern von Risiko, das passte sehr wohl in sein Alpinismusbild. Darauf war er in seiner Naivität sogar stolz. Seine Begierde nach Erstbegehungen könnte trotz seines mörderischen Ausrüstungsverzichts als alpine Plünderung bezeichnet werden. Da hätte – so erzählte er selbst – der Tod oft um die Ecke geblickt.

Trotzdem musste man ihm bei seinen Unternehmungen eine gewisse Intelligenz für das Abenteuer zugestehen. Er verstand sich auf Grenzgänge. Wenn schon nicht er, seine Routen hatten Charakter.

Sein Wagemut war bekannt, aber er spielte kein russisches Roulett. Eine solche Erfahrung hatte er in der Kindheit gemacht, vor langer Zeit, in frühen Pöhamjahren. War von der Knabenwildheit in die um nichts besseren lümmelhaften Jugendjahre gewechselt, um sich in der launischen, mit sich ringenden Pubertät wieder zu finden oder zu verlieren. Es begannen erste Verliebtheiten, einseitig auflodernd, schnell welkend, mit bitterem Liebesschmerz. Verbunden damit war die Erkenntnis, dass alles so tief ins Herz ging und so furchtbar weh tat, was mit Liebe einherging. Orientierungslosigkeit mit jugendlich glühender Schwermut gepaart, die sich nach wenigen Jahren endlich abnützte und nur mehr zu ganz wenigen Anlässen kurz aufflammte.

Welcher Jugendliche erkannte schon den Reichtum seines jungen Lebens? Es gab nichts Versäumtes, alles lag in der Zukunft, alles stand offen. Erst mit der Erkenntnis, dass Lebenstore sich langsam zu schließen beginnen, sprießt dieser Reichtum aus der Erinnerung hervor, lässt uns jene Jahre glorifizieren und gibt ihnen eine neue Bedeutung. Wir sehen Zusammenhänge und erkennen Lebenswege, die in Jugendzeiten ihren Ursprung haben. Lachen und bitteres Weinen waren so furchtbar schön unmittelbar. Alle Blödheiten, die so wichtig waren – man hatte sich später dafür geschämt, hatte sie verdrängt, und man taute sie erst viel später wieder auf, wenn die alternde Reife den Menschen überfällt und ihn über den Dingen stehen lässt.

So trage ich jene unrühmliche Erinnerung eines Sonntags meiner Jugendzeit in mir. Mein erstes Lehrjahr als Tischler war fast vorbei. Die Arbeit war nicht leicht für den kleinen Lehrling. Wenigstens waren die Samstage und Sonntage frei. Obwohl sich die meisten Jungs die ganze Woche lang die zwei freien Tage herbeisehnten oder die Wochentage nur mit der Aussicht auf diese beiden Tage zu ertragen waren, war nicht ausgeschlossen, dass gerade diese beiden Tage oft von Langeweile gezeichnet waren.

In Pöham konnte das Leben ebenso aufblühen wie sinnlos sein. Der Hoffnung erweckende, auf der Vorderfront der Pöhamer Kirche angeschriebene Bibelspruch «Kommet her zu mir, die ihr mühselig und beladen seid» galt nicht mir. Worthülsen, die mich an Tagen des Verzagtseins zynisch anmuteten. Meistens war das Gebäude ohnehin verschlossen. Lediglich sonntags zur Messe beherrschte ein Pfarrer die Szene der Gläubigen und Scheingläubigen. Vielleicht war es ein guter Pfarrer für Erwachsene, mich Heranwachsenden konnte er von diesen Bibelworten nicht kosten lassen. Wer dieser Ausgesorgten verstand schon die seelischen Nöte und Leiden von Rotzflegeln?

Gab es auf der Suche nach Hoffnung Mühseligkeiten und Beladenheiten, wurde das in den Gasthäusern, in den Hinterhöfen oder auf den Straßen ausgestritten, ausgerauft und ausgelangweilt. Ein solcher Tag, Anfang Juni, war dazu erkoren, allerlei Blödheiten in Erwägung zu ziehen. Die letzten Mädchen hatte man schon beleidigt, und sie hatten sich verzogen. Die Jungs übten sich in irgendwelchen Mutproben, die schließlich in lebensgefährliche Leichtsinnigkeiten ausarteten.

Ich war in solchen Fällen gern derjenige, der Mut bewies, auch ziemlich leichtsinnig Risiken in Kauf nahm und alle Vernunft entgleisen ließ. Meine mir selbst gestellte Mutprobe an diesem Tag bestand aus einem steilen Weglein, das vom Haus meines Freundes Sepp im rechten Winkel zur Bundesstraße hinunterführte. Dieses Weglein hieß es mit dem Rad hinabzurasen, in vollem Tempo quer über die Bundesstraße. Die hoch gewachsene Gartenabzäunung beiderseits des Weges ließ eine Sicht nach links oder rechts nicht zu. Ein unübersichtliches Spalier. Das Auto – falls es käme – würde so plötzlich da sein, dass ein Abdrehen oder Bremsen nicht helfen würde. Es nützte kein Taktieren, kein Überlegen.

Das war nicht vergleichbar damit, auf Bäume zu klettern oder von Baum zu Baum zu springen. Mein Schicksal war allein vom Zufall abhängig: Würde zur selben Sekunde, in der ich über die Straße raste, ein Auto kommen? Allerdings war die Straße nicht stark frequentiert, die Chancen zu überleben waren wesentlich höher als beim russischen Roulett. Trotzdem war in dieser Situation mein Schicksal genauso dem Zufall ausgeliefert. Die stupide Mutprobe konnte schnell zur Katastrophe werden.

Mit Spannung warteten die anderen Jungs. «Lass den Scheiß», sagte Sepp. Mein Freund Sepp war immer schon der Vernünftigere gewesen. Doch genauso groß wie die Angst war da eine gewisse Verlockung in mir. Wie jene, damals, als ich am Ufer des Hochwasser führenden Fritzbachs stand und dem Reiz, den übers Wasser hängenden Baum anzuspringen, nicht widerstehen konnte. Oder viel später in jener Wasserrille, am Tag meines Gleitschirmunglücks, wo ich mich in höchste Lebensgefahr brachte. Ich wollte mir selbst Feigheiten nicht zugestehen.

Als ich für meinen Sohn Christian einen Ferrari baute, konnte ich meine über die Jahre gerettete Verspieltheit richtig ausleben.

Würde ein Auto kommen? Ich saß schon am Rad, einen Fuß noch am Boden. Man musste nichts können, nur den Fuß heben und Mut haben. Je länger ich nun wartete, umso näher würde das nächste Auto schon sein.

Abspringen? Bis zum Halse spürte ich das bange Schlagen des Herzens. Ja, ich würde einfach abspringen, falls ein Auto käme. Einfach vom Rad hechten. Ich würde mich verletzen. Vielleicht schwer verletzen. Aber nicht tot sein. Höchstens, es kämen aus beiden Richtungen Autos. Scheiß drauf, den Fuß hoch, und ab ging die Post.

Wie soll man sich derartige Dummheiten später erklären? War es eine Demonstration der Wertlosigkeit des Lebens? Ein Akt, der aus der frustrierten Ohnmacht hoffnungsarmer Jugendzeit herausführen sollte? Oder eine Botschaft, ein Behaupten der eigenen Existenz durch Mutproben, um sich den anderen existierend zu zeigen?

Als ginge es nur um ihn, um sein Leben. Als säßen in den Autos keine Menschen mit Gefühlen. Menschen, die mit meinem Tode weiterleben müss-

Einer der seltenen Schritte an die Öffentlichkeit: Diavortrag in Bischofshofen (links). Bei der Tischlerarbeit (rechts). Eigene Ideen zu verwirklichen konnte mich in höchste Erregung versetzen.

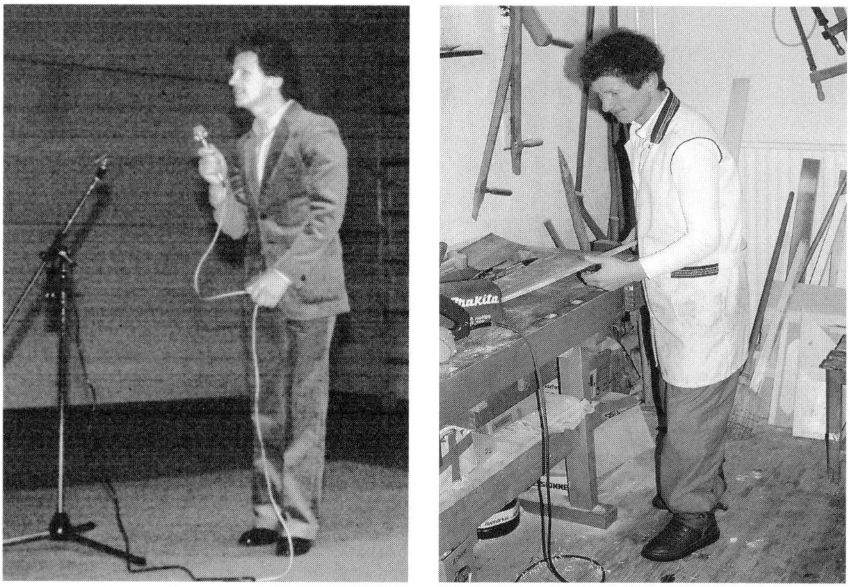

ten. Als wären diese nicht auch gefährdet, vielleicht lebenslangen psychischen Verletzungen ausgesetzt.

Heldentum? Wie dumm! In Wahrheit schäbig. Feige, ja war es eigentlich nicht feiger als ein Selbstmord? Kein Ja, kein Nein?

Abenteuer und Grenzgänge hingegen hatten andere Grundsätze. Man hatte verschiedene Optionen, konnte mit Vernunft – von Situation zu Situation variierend – Entscheidungen treffen. Das Aufsuchen der eigenen Grenzen erlaubte wenigstens das Einbringen seines Könnens, seiner Erfahrung und seines Verstandes. Das Abenteuer war kalkulierbar!

Eine sehr zutreffende Zusammenfassung meiner Ideen erschien in der Mai/Juni-Ausgabe 1996 der Zeitschrift «Berge». Anlässlich des Gebietsthemas Hochkönig schrieb Lutz Bormann unter dem Titel «Die alpine Legende» ein Porträt über mich und meine Beziehung zu den heimatlichen Bergen.

«‹Schneepassn›, ruft Herta, Albert Prechts Gattin, ins Telefon. Peter Rohrmoser ist am anderen Ende der Leitung und hat gefragt, was Albert gerade mache. In diesem Januar 1996 warten alle auf Schnee, besonders Albert, der zu seinen alpinen Leidenschaften auch Ski(erst)befahrungen von Steilwänden und das Langlaufen zählt und seinen zwölfjährigen Sohn Christian, Schüler-Landesmeister im Skispringen, mal wieder zur übernächsten Schanze fahren muss. ‹Bei uns in Bischofshofen geht nichts mehr›, sagt der Bewegungssüchtige und sitzt wie ein Häufchen Elend auf dem Sofa.

Erzwungene Mußestunden, in denen seine Tourenbuch-Bibliothek entstanden ist, die er nun seit dreißig Jahren nahezu lückenlos führt und mit der

Ein Reichtum an Abenteuern, gespeichert in meiner Erinnerung und in vielen Tourenbüchern.

er bequem eine große Regalwand füllen könnte. Jedes Jahr ein Buch, die meisten davon riesige, ledergebundene Folianten. Die Zeit, die freie Zeit, war für Albert Precht immer wichtig, deshalb ist er nach einer Schreinerlehre bald zur Österreichischen Bundesbahn gegangen, wo er noch heute im Schichtdienst arbeitet.

An einigen Expeditionen hat er teilgenommen und war mit Reinhold Messner und ein anderes Mal mit Jerzy Kukuczka zu einem Achttausender unterwegs. ‹Aber das war nichts für mich. Ich habe zu wenig Geduld, bin losgerannt wie bei uns im Tennengebirge und habe mich auf knapp 6000 Meter Höhe ordentlich übergeben. Andere gehen langsamer, als ich Brotzeit mache, aber sie kommen auf den Gipfel.›

In den vergangenen zehn Jahren hat Albert andere Prioritäten gesetzt. Er fährt nicht mehr so häufig und so lange weg wie früher, denn die Familie ist ihm wichtiger als alles andere. ‹Meistens renne ich sehr früh los, damit ich rechtzeitig vom Klettern zurück bin, wenn der Bub von der Schule kommt. Einmal sind wir nachts um drei zur Marmolada gefahren, sind die Via dell'Ideale hochgerannt, haben noch die letzte Gondel zur Talfahrt erwischt und waren zum Abendessen bei der Familie. Früher habe ich sie oft allein gelassen und bin darauf nicht gerade stolz.›

Früher war einiges anders bei Albert Precht, und der ausgeglichene Mann mit dem wettergegerbten Gesicht und den vielen Lachfalten passt so gar nicht zu seinem Ruf und dem Bild, das sich die alpine Szene von ihm im Lauf der Zeit gemacht hat. Nein, er ist nicht mehr der cholerische Einzelgänger, der Bohrhakensetzer als Hosenscheißer beschimpft und nachträglich in seinen Routen gesetzte Haken herausschlägt.

Aber dass er an diesem Ruf kräftig mitgearbeitet hat, weiß er und findet einige seiner früheren Aktionen heute eher infantil. Zu einer Bohrhakendiskussion beim Deutschen Alpenverein stürmte er mit einem Akku-Bohrhammer in den Saal und schrie, mit dem laufenden Gerät herumfuchtelnd: ‹Ist das die Zukunft des Alpinismus?› – ‹Es war zwar meine ehrliche Überzeugung, aber nach so einer Aktion brauchte ich mich nicht mehr wundern, dass man mich zu hassen begann. Da habe ich mir und meinem Anliegen nur geschadet. Die müssen mich ja für komplett verrückt gehalten haben.›

Auch seine überharte Bewertung – er schrieb für den Rother Verlag die Alpenvereinsführer ‹Hochkönig› und ‹Tennengebirge›, die mit der Faustregel ‹Precht-Bewertung plus ein Grad entspricht der tatsächlichen Schwierigkeit› in die Geschichte einging – relativiert er heute. Manche Routen sind ihm bei der Erstbegehung leichter gefallen als bei einer späteren Wiederholung. Manchmal wollte er auch demonstrieren, dass es keinen alpinen Gefahrenbonus gibt. Nach dem Motto ‹Es zählt die reine klettertechnische Schwierigkeit, egal wie weit der letzte, wacklige Haken unter einem ist› verlangte er von Wiederholern mehr Mut, als die meisten zu bieten hatten. Der Begriff ‹abprechteln› ging damals in den alpinen Wortschatz ein: Man steigt in eine Ver-Tour (nach Precht) ein, weil man sich diesem Grad gewachsen fühlt, stellt nach kurzer Zeit fest, dass die Beinchen einfach nicht vom Boden abheben wollen, und kehrt ‹abgeprechtelt› nach Hause zurück.

Ein weiterer Grund, warum Precht-Touren selten wiederholt werden, ist neben der spärlichen Absicherung der oft komplexe Routenverlauf, der so gar nicht in unser heutiges Verständnis einer ‹eleganten›, also möglichst geraden und leicht durchschaubaren Linienführung passt. ‹Ich habe einfach eine völlig andere Vorstellung vom Klettern. In einer glatten Platte suche ich die nötigen Haltepunkte, kann stundenlang mit wachsender Begeisterung wie ein Trüffelschwein nach den wenigen Schwachstellen suchen und freue mich dann riesig, wenn ich irgendwann drüber bin. Heute würde an derselben Stelle sofort der Bohrhammer gezückt und ruck, zuck bolzengerade hochgebohrt. Da frage ich mich, wer an dieser Kletterpassage mehr Spaß hat. Auch die Polemik gegen Normalhaken finde ich falsch. Nur weil keiner mehr gut Haken schla-

gen kann, ist nicht jeder Normalhaken automatisch ein Dreck. Es fehlt auch die Bereitschaft zu scheitern. Ich bin auch schon an Stellen umgekehrt, weil vielleicht nach mir einer kommt, der besser ist und in freier Kletterei diese Stelle ohne Bohrhaken schafft. Dem will ich doch diese Freude, dieses Abenteuer nicht nehmen.›

Steilabfahrten übten auf mich immer einen besonderen Reiz aus: im Weißkar am Lammkopf.

Da ist es schon eine bittere Ironie, dass von den vielen Routen, die Albert Precht der Kletterwelt geschenkt hat, nur wenige wiederholt werden. Wie Komponisten, die keiner spielen will, weil seine Stücke zu schwer sind. Gerade an ihm, der die Natur und seine Kletterkollegen so sehr achtet, ist die alpine Karawane vorbeigezogen. Das zwickt ihn, aber es lähmt ihn nicht. Seine Kraft schöpft Albert Precht aus seiner Familie und seinem Glauben. ‹Ich bin nicht religiös, aber gläubig, und Klettern ist für mich die intensivste Form, die Schöpfung zu erleben.›

1969 schrieb Albert: Ansehen, hingehen und durchsteigen, das ist die einzig faire Art.› Dreißig Jahre lang einen kompromisslos fairen Alpinismus vorzuleben, ohne zu wanken, das kostet Kraft, die sich auch aus der Hoffnung auf bessere Zeiten speist. ‹Ich halte die jetzige Entwicklung für eine Sackgasse. Vielleicht entdecken die Kletterer eines Tages auf der Suche nach echten Abenteuern wieder die Schönheit des fairen Stils.›»

Der öffentliche Druck, leichtere Anstiege
zu sanieren, wurde immer stärker spürbar.

SUCHE NACH NEUEN UFERN

Meine glorreichen Tage, das heißt meine stärksten Jahre, waren Vergangenheit. Am Ostzacken des Kleinen Fieberhorns.

Eine historische Betrachtung hat nur dann einen Wert, wenn sie stimmt und wenn sie mit Ehrlichkeit, mit bestem Wissen und Gewissen so nah wie nur möglich an den Kern der Sache rückt. Mit uneingeschränkter Authentizität die Vergangenheit aufklärt. Die Realität nachvollziehbar macht. Insofern war es mir ein Bedürfnis, die Dinge, egal ob in der Sache oder im Ausdruck, beim Namen zu nennen. Keinesfalls sollen jene frotzlerischen Bemerkungen oder geringschätzigen Benennungen heute noch als Tadel gelten oder als nachtragende Kritik verstanden werden. Schon gar nicht sollen sie dazu dienen, den Ruhm meiner Person zu heben, sondern aus meiner Sicht, aus meiner damaligen Perspektive die Entwicklung zeigen, ohne mich zu schonen, selbst zu loben oder mit dem Privileg des Schreibers zu begnadigen.

Meine glorreichen Tage, das heißt meine stärksten Jahre, waren Vergangenheit. Doch das Erlebte hatte sich mehr als alles andere in meine Erinnerung eingegraben. Der faire Alpinismus war die Art von Bergsteigen, die mich faszinierte. Bisher war ich es gewesen, der die Schlüssel zu den alpinen «Unmöglichkeiten» besaß, und nicht irgendwer, der diesen Schlüssel im Baumarkt zum Preis von 1000 Euro erwerben konnte. Nach meiner engstirnigen Denkweise hatte der Alpinismus so zu sein, wie die Tradition es vorgab. In meinen Augen waren die mit dem Akku-Bohrer verdammte, wideralpine Egoisten, die etwas tun wollten, was sie nicht konnten, zumindest nicht ohne Bohrhammer.

Die wenigen, die noch zu mir hielten, meine Anschauung teilten, bildeten eine Gruppe. Auf der anderen Seite standen die, welche mit der Bohrmaschine auf Jagd gingen. Jene, die bohrten, zerstreuten sich in kleinere Grüppchen. Sie bildeten nur eine einheitliche Opposition, wenn es gegen mich und einige meiner Freunde ging, sonst aber waren sie eifersüchtig untereinander konkurrierende Seilschaften. Man muss den meisten zugute halten, dass sie ernstlich versuchten, die Bohrhaken nur als Sicherungsmittel zu benutzen und nicht zur Fortbewegung, wie das zur Direttissima-Zeit gang und gäbe war.

Doch die Toleranzgrenze, die man sich selbst zugestand, war vielfach sehr groß. So gab es beim Hinaufschrauben immer wieder technisch eroberte Passagen, die erst zu einem späteren Zeitpunkt – nach vielen Versuchen – frei gelangen. Hinter dem Mäntelchen Sicherheit versteckt sich gern jene Doppelbödigkeit, Schwächen als Souveränität auszugeben. Aus der Not eine Tugend machend, brüsteten sie sich, dass sie die Routen von unten nach oben eingebohrt hatten, wo doch andere in anderen Gebieten diesen Akt gleich von oben nach unten vollzogen. Und es sei überhaupt viel schwerer, in einer Platte zu bohren, als ohne Haken drüberzuklettern. Im Grunde waren durch diese simple Methode die meisten Erschließungen doch nur gekaufte Ware aus den

Regalen der «Wie es euch gefällt»-Scheinwelt. Meistens noch mit der mitgelieferten Expertise «von unten eingebohrt».

Diese drei Worte sagen einiges über das alpine Denken jener Zeit aus. «Von unten eingebohrt», das muss sich ein eingefleischter Alpinist erst mal so richtig auf der Zunge zergehen lassen. Welch Mut, welch Ehr. Die drei Worte drücken das Denken respektive die Oberflächlichkeit jener Zeit am besten aus, auch lassen sie den nahe liegenden Hintergrund erkennen, es bedarf eigentlich keiner weiteren Erklärung. Obwohl inzwischen viel Zeit vergangen ist, haben sie für mich heute die gleiche Lächerlichkeit wie zu dem Zeitpunkt, als sie erstmals formuliert wurden. Die Kritik trifft aber nicht jene, die diese Worte so niederschrieben, sondern die Zeit, die eine derartige Feststellung nötig hatte.

Meiner Meinung nach kann jenes Denken auch nicht die Konsequenz aus einer maroden Ideologie des traditionellen Alpinismus sein, wie angenommen wurde. Die Fakten sprechen dagegen. Großartige Kletterrouten wie der «Weg durch den Fisch» in der Marmolada-Südwand sowie viele andere klassische Alpinrouten und der revolutionäre Alpenstil im Himalaja waren reine Entwicklungen aus dem traditionellen Alpinismus. Dem Bohrhaken-Boom liegt viel eher der moderne Lebensstil zu Grunde. Eine Zeiterscheinung, die den Menschen heute, von Allmachtsphantasien getrieben, nach neuen Ufern suchen lässt. Ufer, die jedoch unter Verzicht auf die Technik nur für wenige zugänglich sind. Der Griff zum Bohrhammer ließ die Ufer näher rücken und brach sämtliche Tabus der Achtziger- und Neunzigerjahre.

Aber das Bergsteigen hat – so wie viele Entwicklungsgeschichten der Menschheit – andererseits auch immer von gewissen Tabubrüchen gelebt und daraus Hand in Hand mit dem Wandel der Zeit neue Impulse gewonnen. Letzten Endes hat der Alpinismus auch Fehlentwicklungen gebraucht, um die Bergsteiger mit diesen Erfahrungen auf einen besseren Weg zu führen.

Der zeitweilige Weggefährte Bernd Arnold hatte mir geraten, schnellstens einen Bohrhammer zu kaufen, um die besten Ziele für mich zu erstreiten. Zu einem Teil befolgte ich den Rat des Freundes: Ich realisierte einige für mich wichtige Ziele, jedoch ohne Bohrhammer. Ziele, die ich eigentlich schon aufgegeben hatte, für die ich glaubte zu alt zu sein. Ich hätte sie gern einer späteren Generation gegönnt, die nach meiner naiven Vorstellung «meinen» Begehungsstil fortsetzen würde. Die Hoffnung hatte sich nicht erfüllt, die Generation war ausgefallen, zumindest jene, die meinem Stil nacheifern würde, sie war leider von der Bildfläche verschwunden. Die Bohrhämmer, die nun alle diese Vermächtnisse zu Bohrhakenloipen – wie ich damals zu sagen pflegte – degradieren würden, waren meine hauptsächliche Motivation gewesen, mich nochmals alpin einzubringen und mich aus meinem Herzschmerz und aus meiner Schwermut zu lösen.

Das Gefühl der Sinnlosigkeit schlug um in einen boshaften Zwang, Bernd Arnolds Rat zu befolgen, aber in dem Stil, wie man es und ich es von mir gewohnt war. Für meinen Alpinismus war der Bohrhammer kein Thema. Diese Methode war nicht die Gussform, aus der meine Figuren entstanden. Ich war auch nicht der Typ dazu: Ich, das Leichtgewicht, mit einer schweren Maschine; das passte nicht. Ganz abgesehen davon, dass mein Selbstverständnis immer auf einer anderen Ebene ansetzte und in dieser Sache keine Kompromisse zuließ. Ich brauchte keinen Bohrhammer, mir gab der Zorn über diese Entwicklung Kraft und ließ Ziele gelingen, die ich mir ohne diese Konkurrenz versagt hätte.

Mit dem «Elbsandstein-Kaiser» Bernd Arnold nach der Erstbegehung der Route «Sachsengrüße» in der Hiefler-Ostwand.

Mir steht es nicht zu, den Erschließungsstil derer zu kritisieren, die sensationelle, bahnbrechende Leistungen in ihre Bücher schreiben. Für alpine Mondlandungen – ich möchte behaupten, eine Jahrhundertleistung – wie das Solo von Alexander Huber durch die Nordwand der Großen Zinne bleibt nur respektvolles Staunen. Allein der Gedanke macht mir Gänsehaut und erhöht meinen Puls. Ich verspüre auch einfach Freude, das miterleben zu dürfen. Es bestätigt obendrein, dass das alpine Abenteuer, das wir oft totreden, durch so außergewöhnliche Persönlichkeiten wie Alexander eine Ausdrucksform findet, die als solche trotz der dazu benötigten Sportlichkeit weit über den Begriff Sport hinausragt.

Ich freue mich darüber, auch wenn es meiner damaligen Skepsis gegenüber dem Bohrhaken widerspricht, da zu derartiger Leistungsfähigkeit hauptsächlich der Bohrhaken beigetragen hat – auch wenn so manche Leistung diesen schlussendlich nicht mehr braucht. In diesem Fall hat der Bohrhaken seine Dienste in puncto Sicherheit geleistet, und das nicht als Mittel, das der Zweck heiligt, sondern als Unterstützung der Sache; nicht als Krücke des Unvermögens.

Natürlich sollte der Bohrhaken nicht nur das Privileg der Besten sein, die damit sorgfältig umgehen und neue Dimensionen erschließen. Was für die «Crème de la Crème» recht ist, muss für jene, die kleinere Brötchen backen, auch gut sein.

Ausgesetzte Felskletterei mit lediglich einer Hand voll Ausrüstung demonstrierte, dass der Bohrhaken auch in hohen Schwierigkeitsgraden nicht unbedingt nötig ist. Sehr anspruchsvolle Passage während der Erstbegehung von «Kein Weg für Idioten» in der Teufelskirchl-Nordwand.

Wie überall auf der Welt macht das Kleinvieh den größten Mist. Folglich öffnete der Bohrhaken auch denen Türen und Tore, die früher nicht das Format hatten, alpine Akzente zu setzen. Jene «mit den großen Rucksäcken» von damals. Die Grenze des Akzeptablen war nicht konsequent abzustecken, sie war beliebig dehnbar, und alle billigten sich das Recht zu zu bohren, wo immer man wollte und wie viel man auch brauchte.

Die schnelllebige Zeit und die Einstellung «alles – und zwar subito» führen zu einer verhängnisvollen Geschichtslosigkeit. Man nimmt sich nicht mehr die Zeit (oder hat auch nicht mehr den Mut) dazu, bestehende Routen zu klettern, um Freiräume für Neutouren auszukundschaften. Stattdessen wird einfach irgendwo hinaufgebohrt. Teilweise werden sogar bestehende Routen überbohrt. Einige Meter links, dann rechts davon – und wenn die Fläche enger wird, dann schrauben sie sich hemmungslos an der bereits realisierten Route hoch. Die in ihr steckenden Normalhaken lassen sich ohnehin mit einigen Hammerschlägen entfernen. Die Topos weisen dann eine tolle Erstbegehung aus, doch über den so zerstörten Anstieg fällt kein Wort. Wenn Bohrhaken markieren, wo's lang geht, klettert die alte Linie sowieso niemand mehr.

Innerhalb kurzer Zeit geriet das Klettern von der abenteuerlichen in die sportliche Denkweise. Es gibt heutzutage nur noch wenige «echte» Alpinisten. Ich habe inzwischen verstehen gelernt, dass viele Kletterer – ohne sich den Alpinismus an ihre Fahnen zu heften – gern relativ risikolose, mit Bohrhaken gesicherte Routen klettern. Auch ich gehe hin und wieder Bohrhakenrouten. Ein Boykott würde am Bestehen der Routen auch nichts ändern. Und einige Erschließungen geschehen mit rechtem Augenmaß; es gibt auch vernünftige Routen in unseren Bergen.

Leider überwiegt die Kehrseite der Medaille, und es braucht heute keine Galilei'sche Beobachtungsgabe, um die Auswirkungen zu erkennen. Vielleicht sehen diese Kletterer quadratmeterweise zerbohrte Wände als Normalfall an. Es scheint, als würde vielen das Gefühl für ein Bergabenteuer, so wie ein Alpinist es als normal empfindet, abhanden gekommen sein. Möglich, dass mit Bohrhaken gespickte Wände ein risikofreies Klettern zulassen. Doch wie lange lässt sich so etwas fortsetzen? Die Apokalypse im Alpinismus nimmt ihre Fortsetzung. Heute werden die nahe gelegenen, südseitigen Wände zu Tode erschlossen, morgen die abgelegenen Nordwände. Und übermorgen hat das Klettern seinen Reiz verloren. Und dann haben die Wände ausgedient, währenddessen die Kinder ihrer Spielwiese längst den Rücken kehrten. Diese Art von Apokalypse wird zwar nicht Luft und Wasser vergiften, jedoch manche Menschen ihrer Illusionen und Träume berauben.

Die Südwestwand der Torsäule mit den eingezeichneten Routen von 1995 (oben) und 2000 (unten) – die Apokalypse im Alpinismus nimmt ihre Fortsetzung.

Die Routennetze zahlreicher sonnseitiger Alpinwände in vielen Gebieten der Alpen sind heute beängstigend eng. Nichtsdestotrotz bohren Unverbesserliche unverhohlen ihre alltagstauglichen Loipen weiter, aber im gleichen Maß, wie sie mit der Macht der Technik protzen, sinkt der Wert ihrer Erstbegehungen. «Die kreative Leistung, der Mut der Kletterer und die Ungewissheit des Abenteuers sind heute beim alpinen Felsklettern in vielen Fällen der Gewissheit gewichen, dass mit einer genügend großen Zahl an Bohrhaken und künstlichen Griffen alles möglich ist», schreibt das Allround-Klettergenie Alexander Huber. «Deswegen finden heute, zu Beginn des dritten Jahrtausends, Neutouren im Fels der Alpen kaum noch nennenswerte Beachtung.»

Der schwächelnde Alpinismus stürzte gewisse Gebiete in eine metaphysische Endzeitexistenz, degradierte alpine Wände zu Klettergärten. Egoistisch gesehen, war für mich diese Entwicklung letztlich ein Motivationsauslöser. Ich hatte mich nochmals mit letzten Kräften und letzter Energie in Szene gesetzt. Meistens zusammen mit Sigi, aber auch durch sehr anspruchsvolle Solobegehungen. Sie waren eine Medizin für mein angeknackstes Selbstwertgefühl. Mit hinterfotziger Bosheit konnte ich es genießen, vor den neidischen Augen der Schrauber Erfolge einzufahren. Darunter gehört auch jener Weg durch die beeindruckende, senkrechte Nordwand des Teufelskirchls am Hochkönig, eine Route aus dem Jahr 1994 mit sechs Seillängen im achten Grad. Ich erwähne sie aus dem Grund, da ihr Name «Kein Platz für Idioten» auch eine Möglichkeit war, meine Verbitterung öffentlich zu machen.

Erstbegehungen sind eben auch eine Ausdrucksmöglichkeit. Der Charakter einer Route lässt sich oftmals an ihrem Namen ablesen. Neben der er-

Erstbegehung der Route «501» in der Flachfeld-Südwand am Hochkönig mit Wolfgang Haupolter. Auch eine alpin abgesicherte Route erlaubt zuweilen sportliche Kletterei.

wähnten Verbitterung demonstrierte jene Route etwas Angriffslustiges und Anklägerisches. Schaut her: Es geht auch so, aber das ist nichts für Hosenscheißer, also leider kein Weg für euch!

Andererseits habe ich mit eifersüchtigem Misstrauen zugesehen, wenn manche Ziele, obwohl ich mir einige davon wirklich nicht mehr zugetraut hätte, das Opfer der Zeit wurden. Das zu beobachten löste einen brennenden Schmerz in mir aus, war ein mich durchzuckender Schrecken.

Letzten Endes waren wir zu Nutznießern dieser Entwicklung geworden. Einige tolle Erstbegehungen waren der Lohn für den Ärger. Später verdiente ich mir noch ein wenig Geld mit zwei Auswahlführern über die Bohrhakenrouten und andere Kletterwege im Tennengebirge und am Hochkönig. Da soll mir nochmals jemand vorwerfen, ich sei kein zynisches Schlitzohr.

War es nicht recht und billig, selbst etwas schräg zu sein, um die ganze Misere als Lächerlichkeit zu enttarnen? Das Bedachtsein und die lästige Rücksichtnahme auf Name und Ruf ist ohnehin eine unrentable und auf Dauer nicht haltbare Eitelkeit. Im Gegenteil, ein nicht so edles Image eröffnet dem Menschen viel mehr Freiheiten. Frei nach Wilhelm Busch: «Ist der Ruf erst ruiniert, lebt sich's gänzlich ungeniert.» Dem Bewahren heiler Welten beziehungsweise Vortäuschen intakter Scheinwelten wird doch ohnehin viel zu viel Wahrheit geopfert. Es erfordert dauerndes Sichmanipulieren, Sichverstecken hinter der Zierde all seiner Eitelkeiten, um vor anderen makellos, in der Würde eines Wüstenbeduinen gut dazustehen.

Inzwischen waren jedoch einige Jahre vergangen, die Zeit heilte Wunden, und mir erhellten sich einige Blindheiten, die mir in meiner unbeirrbaren Sturheit passiert waren.

Die Ereignisse überstürzten sich.

Die Sportkletterer hatten inzwischen eine große Auswahl an Möglichkeiten, zahlreiche gut abgesicherte Routen. Vielen waren diese Routen zu schwierig. Die große Masse der Kletterer brauchte Routen in den unteren Schwierigkeitsgraden. Gerade diese Kletterer waren dem ernsten Alpinismus oft nicht gewachsen. Gerade diese Kletterer waren nun – wollten sie nicht untätig zu Hause sitzen bleiben – dazu verdammt, ernsten Alpinismus zu betreiben. Die Ausrüstung wurde von Jahr zu Jahr verbessert, war zweckmäßiger und sicherer geworden. Es brauchte jedoch viel Erfahrung und Übung, diese Sicherungsgeräte auch dementsprechend zu platzieren. Jene, die nicht so schwer klettern konnten und auch in den Sicherungstechniken ungeübt waren, «holte der Teufel». Sie hatten sich mit herkömmlichen Touren und allen damit verbundenen Gefahren abzufinden.

Nun war jedoch die Geisteshaltung eine andere geworden, denn der Bohrhaken hatte nicht nur die Klettertouren, sondern auch unsere Subjektivität verändert. Ein traditioneller Anstieg verlangt eine andere Einstellung, Tourenplanung und Fachverständnis. Vielleicht waren noch andere Umstände schuld. Jedenfalls wurden wir in unseren Bergen von Kletterunfällen überhäuft. Darunter waren tragischerweise furchtbare Seilschaftsabstürze. Alle in mittelschweren Routen und meistens in meinen Erstbegehungswegen.

Meine Ablehnung des Bohrhakens basierte in erster Linie auf der Erschließung von neuen Routen. Der Bohrhaken selbst ist und war nie das Problem, sondern sein Missbrauch. Der öffentliche Druck, leichtere Anstiege zu sanieren, das heißt mit eingeklebten Haken nachzurüsten, wurde immer stärker spürbar.

1

2

3

5

6

7

8

9

11

12

13

14

15

16

17

18

19

Legenden zu den Farbtafeln

1 Rissklettern war in den Siebzigerjahren meine absolute Spezialität. Bei der Erstbegehung der Kemetstein-Ostverschneidung im Tennengebirge.

2 Sigi Brachmayer im Ausstiegspfeiler der Route «Pipeline» am Hochkogel. Unten das Salzachtal, rechts der Hochkönig.

3 Das Dach im «Martin-Weiß-Gedenkweg». Unten Bischofshofen, links der bewaldete Rücken des Hochgründecks, dazwischen neben dem Hochwald der Bauernhof meiner Kindheit.

4 Abschlussüberhang am Südpfeiler des Großen Gamsleitenkopfs im Hochkönig-Gebiet.

5 Aufstieg mit Ski zum Hochkönig, rechts oben die Torsäule. Das so lange mit mir Verbundene, aber doch Unnahbare war nun eins mit mir geworden.

6 Der mittlere Teil der Mandlwand, Hochkönig.

7 Die «Skurrily» in der Mandlwand – eine außergewöhnlich schwierige Erstbegehung, die im Winter 1990 mit Walter Aschauer gelang.

8 In 66 Minuten solo durch die «Gloria Patri». Im Helikopter der Kameramann Erich Lackner.

9 Solo-Erstbegehungen zur Stilform erhoben: in der Hochthron-Südwand im Tennengebirge.

10 Diese Route im oberen siebten Schwierigkeitsgrad trägt den bezeichnenden Namen «10 000 Volt» und führt über den Westpfeiler des Großen Fieberhorns.

11 Zustieg zur Wetterwand am Hochkönig. Ich fühlte mich kleiner und kleiner, während die Felsmauer vor mir immer größer, steiler und mächtiger zu werden schien.

12 Erschreckend überschaubar lag der plattige Ausstiegspfeiler vor mir. Beim Alleingang des direkten Ausstiegs der Route «Freier als Paul Preuß».

13 Wolfgang Haupolter beim Nachsteigen im Quergang der Route «Jolli Joker» im jordanischen Wadi Rum.

14 Riesenkamine im «Amphitheater» am Jebel Ishrin.

15 Sigi Brachmayer in der Route «Waterline» am Jebel Kharazeh. Die leicht überhängende Platte, die keine Sicherungen zulässt, bildet eine heikle Schlüsselstelle im mittleren Wandteil.

16 «In voller Ausrüstung» nach dem Auf- und Abstieg am Nassranyiah.

17 Solokletterei am Draif al Murag, Wadi Rum.

18 Kleiner Mensch in großer Wand: solo in der Route «The Beautiful Lost Day». Nach unserer Erstbegehung mit 5+ angegeben, wird sie heute mit 7– bewertet.

19 Neue, ganz besondere Eindrücke auf der griechischen Insel: die «Salzkante» in den Paulusfelsen.

20 Eine «Quasimodo-Passage» in der Ostwand der Punta Ewi auf Korsika.

21 In der fünften Seillänge der Südkante des Großen Sattelkopfs, der so genannten «500-sten», vom Helikopter aus aufgenommen.

22 Noch ein letzter Haken, und die «500-ste» war vollendet.

Der Kopf ist rund, damit das Denken
die Richtung wechseln kann.

ZWEIGLEISIG

Der Mensch ist ein denkendes Geschöpf. Gerade diese Tatsache lässt es nicht zu, die Natur in respektloser Weise zu gebrauchen und wieder zu hinterlassen. Das Menschenhirn gestaltet, erfindet und baut Dinge, die ihm zu Nutzen sind, sorgt eitel für Unvergänglichkeit durch Denkmäler. Der Mensch lernt durch dauernde Handlungen, sich vor Gefahren, egal ob subjektiver oder objektiver Art, zu schützen. Der Mensch ist ein intelligentes Wesen, er sucht das Nützliche und versucht es sogar im Luxus zu finden. Letztlich fand sich der Mensch beherrscht von der von ihm erfundenen Technik wieder und stand vor der Moral- und Ethikfrage: Was liegt im Erlaubten in einer Welt, in der durch Technik alles machbar wird und die Möglichkeiten seines Tuns unbegrenzt scheinen?

Schon zu Zeiten von Sokrates – als der Philosoph und seine Schüler im Hafen verweilten und die ankernden, randvoll beladenen Frachtschiffe beobachteten – schieden sich die Geister. Nach der Überlieferung soll Sokrates verwundert den Kopf geschüttelt und den Ausspruch getan haben: «Seht, was der Mensch alles erfindet und erzeugt! Wisst ihr, was das Schönste dabei für mich ist? Nichts von alldem zu brauchen.»

Oft erinnere ich mich an diese in Urzeiten und weiß Gott wo gehörte oder gelesene Episode, die hier nur sinngemäß wiedergegeben ist. Manchmal wird sie mir bei Solobegehungen deutlich. Besonders dann, wenn mit Ausrüstung schwer behangene und von Seilen gefangene Seilschaften mir vor Augen führen, wie frei, zwanglos und leicht dagegen mein Klettern ohne den ganzen Plunder ist. Wenn mir auch das Alter so manche Einschränkung auferlegt, diese Qualität der Freiheit in den Bergen, die ist für mich die unverzichtbarste.

Was für ein edleres Motiv bezüglich der Natur könnte es geben als jenes, sie im Urzustand zu belassen? Was für einen edleren Grundsatz für den Menschen könnte es geben als jenen, durch sein Handanlegen nichts zu verändern und nichts zu verletzen? Daher versinnbildlicht für mich die Free-Solo-Erschließung das einzig wirklich Faire, das einzig wirklich Feine, Edle, Göttliche, falls man derartige Werte im Alpinismus zu finden hofft. Wenn man der Natur das Nichtverändertwerden oder Unverletztbleiben als Grundrecht zugesteht, dann muss man dieses jenem Recht, das sich der Alpinist als Eindringling zumisst, entgegenhalten. Die Mittel, die sein Hiersein erlauben, lassen eine Kluft zwischen dem Grundrecht der Natur und den sich selbst zugestandenen Rechten entstehen.

Mein Bekenntnis zum klassischen Alpinismus habe ich in vielen Unternehmungen – kompromisslos, mit Herz und Seele – abgegeben, wenn auch die Harmonie zur Natur nicht immer ungestört war und sich so manche kleinere bis große Kluft auftat. Doch in jüngerer Vergangenheit weckten gewisse

Geschehnisse das in mir schlummernde Zeitgeistkind und brachten meine bisher vertretenen Standpunkte ins Wanken. Gewissenskonflikte, Zwiespältigkeiten, welche Werte verteidigte ich eigentlich? War es der alpine Geist oder wirklich das traditionelle Edle, waren es nur alte, erstarrte Rituale oder gar egoistische Eitelkeiten?

Neue Ziele in der Torsäule-Nordwestwand? Was für ein edleres Motiv bezüglich der Natur könnte es geben als jenes, sie im Urzustand zu belassen?

Standpunkte, vom Meer der Zeit, vom Getriebe des Lebens, von Erfahrungswelten umspült. Der Zeitgeist nagt, verändert Standpunkte und legt sie stets auf die Waagschale menschlicher Vernunft. Und das ist gut so! Nur ein dummer Tropf würde seinen Standpunkt ein Leben lang egoistisch und arrogant, sich wichtig fühlend, in einer ewiggestrigen Sturheit verteidigen. So gesehen hatte auch in mir irgendwann eine Weichenstellung begonnen, die auf ein anderes Geleise führen sollte.

Obwohl dieses Geleise immer existierte, nebenher führte, hatte mein Alpinismusbild lange Zeit so etwas wie einen unzerstörbaren Wert. In vielen Situationen unerbittlich im Tun, im Leiden, zu Opfern bereit. Dafür beschenkt von Tausenden Augenblicken tiefster Gefühle. Wenn auch die Realität so manche meiner Illusionen verhöhnte, konnte ich ausgiebig aus diesem Brunnen meiner Abenteuerwelt schöpfen.

Wenn auch das Kompromisslose manchmal nur eine gespielte Realität war, forderte diese Abenteuerschiene zuweilen doch die völlige Hingabe meines ganzen Ichs. Ich wurde dafür beschenkt mit Lust und Freiheit, zahlte aber auch den Preis der Sucht, gnadenlos der beharrlichen Suche nach dem immer Neuen, dem Unerschaffenen ausgeliefert. Diese Schiene wurde parallel von einer anderen begleitet, jener nämlich, welche die Erhaltung des Ichs versprach, jene des Behagens, der Bequemlichkeit und der bürgerlichen Angst vor jeder Preisgabe meiner selbst. Diese Schiene möchte ich einem bürgerlichen Normdenken zuordnen, denn sie zielt ab auf Risikovermeidung, also auf Sicherheit. Sie entspricht einem Bewusstsein, das den Tod mit allen Mitteln vermeiden, ausschließen will.

Für viele Menschen der bürgerlichen Gesellschaft sind Abenteuer, in diesem Fall das Bergsteigen, ohnehin etwas Entbehrliches, Verächtliches, Verantwortungsloses, Selbstmörderisches. Ihrer Ansicht nach braucht das heutige Leben keine derartigen Heldenspiele. Doch wie arm wäre die bürgerliche Norm, wie könnte sie überhaupt existieren, gäbe es um sie nicht eine schützende Schicht von Außenseitern? Exoten vom Kaliber eines Kolumbus, eines da Vinci, eines Goethe, eines Mozart, eines Niki Lauda, Felix Baumgartner, Reinhold Messner oder der Huber-Buam. Ihre geniale Abnorm bestätigt erst die Normen der Bürgerlichkeit. Diese Schar von Nichangepassten, Extravaganten bereichert, ja ermöglicht vielleicht erst ihr betäubtes, zweckbestimmtes Dasein.

Andererseits lebt jedoch auch der Extravagante mehr oder weniger vom bürgerlichen Wohlstand, verkauft sich und unterwirft sich dem Gesetz des Marktes. Doch soll diese Tatsache seine Leistungen nicht schmälern. Zumindest eine Zeit lang sind diese aus der Reihe tanzenden Individuen in ihren Künsten – Film, Sport, Alpinistik, Musik, Literatur und vieles andere Schöpferische – Extremisten. Menschen, die ihr Leben als ihr Eigentum beanspruchen, unterliegen keiner festen Norm, genau das ist der springende Punkt. Nur dieser Umstand befähigt sie zu ihrem Tun, ihm verdanken sie die Erfolge.

Die Bürgerlichkeit, das so genannte Zivile, lebt im Grunde aus diesen Schöpfungen, lässt sich von ihnen unterhalten, motiviert sich durch sie und vereinnahmt alles, um sich an den Erfolgen aufzurichten. Der spießige, zur Norm erhobene Wohlstand mit allen seinen Ausartungen – auch ich koste immer häufiger von diesen Früchten – füllt die restlichen Lücken. Es lebt sich nicht schlecht als Normmensch hinter den hohen Mauern im goldenen Käfig der bürgerlichen Stube. Gar nicht so selten bin ich Gast in diesen Stuben, kenne die Freuden am passiven Zusehen, das Betäubende des Sich-berieseln-Lassens und das Maß der Verstellung.

Viele Menschen, auch aus diesen Kreisen, nehmen sich das Abenteuer zum Vorbild. Man will die Abenteuerlichkeit kaufen. Der Markt stellt heute auf jeden Anspruch zurechtgestutzte, risikofreie Abenteuer bereit. Eine Beglückungsmaschinerie, die den spröden Alltag totschlägt, ohne dass man den Schoß der Gesellschaft wirklich verlassen muss. Der Mensch von heute ist modern und hoch kultiviert, an allen Ecken und Enden abgesichert und versichert, und er hängt immer wehleidiger an seinem Dasein, so als wäre seine Sterblichkeit, sein Verschwinden aus dieser Welt eine Katastrophe für diese.

Durch diese konträren Welten zogen meine beiden Schienen, die sich gegenseitig nötig hatten, sich gegenseitig trugen und verspotteten. Dabei war die abenteuerliche Schiene immer jene, deren ich mich brüstete, die meines Stolzes, die, welche mir einen gewissen Kultstatus einbrachte. Hinter ihrer Ideologie versuchte ich mich zu Zeiten zu verstecken. Dagegen war die bürgerliche Schiene diejenige, die mein Leben finanzierte, die mich ernährte, die mich sozial auffing und die ich in undankbarer Weise – zumindest nach außen hin – mit Geringschätzung bedachte. Allerdings war meine Abhängigkeit von ihr auch eher oberflächliches Theater, eine Show, um den Wilden in mir umso mehr herauszukehren.

Was die bergsteigerische Seite dieser bürgerlichen Schiene betrifft, relativierten die Geschehnisse jener Jahre meine Abneigung. In manchen Situationen spürte ich sogar Sympathie in mir aufflackern, und immer öfter ertappte ich mich dabei, wie ich selbst nach dieser Schiene schielte. Ein klammheimliches Schielen nach mehr Sicherheit und Behaglichkeit, das ich, weil es zu einer zeitweiligen Dämpfung meiner alpinen Ambitionen führte, mit verachtender Selbstironie betrachtete.

Allerdings muss ich, wie bereits erwähnt, gestehen, dass meine Abenteuer schon länger gewissen Kompromissen, die ich mir zugestand, unterworfen waren, ohne dass ich diese Position nach außen hin ehrlich bezogen hätte. Ich lebte nicht von meinen Abenteuern, sondern von meiner Bürgerlichkeit, nur sie ermöglichte mir, die Abenteuer zu erleben. Die Weichen stellte ich nach Belieben: vom zivilen Bürgertum, aus allen Annehmlichkeiten schöpfend, hin zur glücklich machenden Abenteuerwelt. In jene Schiene des Abenteuers, die alle Unwägbarkeiten einschloss und den Tod als Teil davon akzeptierte, ihn fürchtete und liebte und in diesem Spielraum das Leben zum Blühen, zum Pulsieren, zum Lodern brachte.

Dem grauenvollen Ernst kam oft etwas Spielerisches in die Quere, und nicht selten sah ich mich als Zuschauer meines Spiels. Als beobachtete ich eine

Auf Besuch im Reich Bernd Arnolds im Elbsandsteingebirge der Sächsischen Schweiz: mit Bernd am Gipfel des Höllenhunds.

entfernte Wirklichkeit. Als beträfe eine bestimmte Bedrohung oder Ernsthaftigkeit nicht mich selbst, sondern einen anderen, dessen Tun ich je nach Situation mit Sorge, Achtung, Gleichgültigkeit oder Hohn bewertete.

Bei aller Sentimentalität, mit der ich dem traditionellen Alpinismus anhänge, und bei aller Leidenschaft, mit der ich behaupte, dass das Abenteuer in seinem Charakter weit über das heute allgemein Praktizierte zu stellen ist, muss ich doch am lieb gewonnenen Heiligenschein kratzen. So edel, so rein, so ehrlich und so ritterlich, wie er oft hingestellt wird, war der Alpinismus von gestern auch wieder nicht. Wollte ich nach Unrühmlichem grübeln, fänden sich wohl auch Erinnerungen jämmerlicher Art. Es gab Tage, an denen es mir nicht von der Hand gehen wollte. An denen sich alles wehrte und ich schließlich alle alpine Frömmigkeit ablegte. Dass mir meine begrenzten Fähigkeiten völlig unbegründet vor Augen geführt wurden, war demoralisierend und beschämend. Ängstliches, bleiernes, lustloses Sichhinauffürchten. Ärger und Aggression sich selbst gegenüber. Durch ständige Selbstvorwürfe blockiert. Goethes Faust würde sagen: «Da klettere ich ängstlicher, unfähiger Tor, und bin jämmerlicher als wie zuvor.» Diese Tage, an denen einfach nichts klappt, sind nichts Kletterspezifisches, aber man sollte sich verbieten, an solchen verhexten Tagen zu klettern.

Das klassische Bergsteigen hatte noch manch andere unrühmliche Facette. Kletterstellen zum Beispiel, die durch übertriebene Künstlichkeit jeder alpinistischen Idee – an Preuß'sche Thesen gar nicht zu denken – spotteten, eigentlich ein Frevel waren. Und das kam bei genauer Überprüfung gar nicht so selten vor, des Öfteren auch aus dem Grund, weil die Ziele, die wir uns steckten, über die Grenzen unserer Fähigkeiten hinausgingen. An diesem Punkt wäre Ethik gefragt gewesen, eine Ethik, die eine Grenze zieht zwischen dem technisch Machbaren und dem, was man sich selbst erlaubt. Doch wer hatte dies noch nicht erlebt, dass Werte wie Ethik oder Moral im Grunde nur Worthülsen waren, vor allem wenn eigener Siegeswille die Maßstäbe vorgab, welche die zu eigen gemachte Ritterehre oder andere zur Schau getragene Prinzipien schamlos vergessen machten und der Erfolgshunger neue Regeln und Gesetze wehrlos akzeptierte? Oder wenn einen ein verzweifeltes Hängen am Sein alle Traditionen und eingebläuten Ideale vergessen lässt?

Beim Durchblättern der Tourenbücher, die ich in meinen «wilden Jahren» verfasst habe, stoße ich auf einige andere Unrühmlichkeiten. Auf so genannte Seilwurfstellen. Die zwar einigen Mut verlangten und immer, wenn ich mich dieser Methode bediente, sehr aufregend waren, aber doch eine sehr zweifelhafte Sportlichkeit bewiesen. Oft war es die allerletzte verbliebene Möglichkeit, sieht man vom Aufgeben, von der Flucht nach unten durch Abseilen, ab.

Meine Tourenbücher erzählen von einem besonders brenzligen Fall aus den Bavellabergen in Korsika. Bei der Erstbegehung der Südostwand des D'a Taula, einer 600 Meter hohen, senkrechten Granitmauer inmitten der Macchia-Wildnis, standen wir auf etwa halber Wandhöhe, als plötzlich auf einem Turm dessen Abspaltung zur Hauptwand unüberwindbar schien. Eine kleine Felszacke, die ich mit dem Seil einfangen konnte, ermöglichte das Hinüberpendeln zur Hauptwand und schließlich das Weitersteigen. Es ist Ansichtssache, ob man diese alpinsportlich fragliche Handlung als Heldentat oder als Dummheit bewertet. Ich will sie keineswegs glorifizieren.

Es gab noch ein ähnliches Erlebnis, das heute schon mehr als zwei Jahrzehnte zurückliegt. Mit Alois Furtner aus Gunten in Oberösterreich verband mich seit einem Mont-Blanc-Aufenthalt mit tollen gemeinsamen Touren eine lange, innige Freundschaft. Nun wollten wir zusammen ein lange beredetes Problem in der Hochkogelwand lösen. Die Route hieß später «Unvollendete», da sie durch die Gipfelwand keine fortsetzende Linie fand und somit auf halber Wandhöhe bei der großen Terrasse endet. Es war nach der fünften oder sechsten Seillänge, ich hing an einem Haken an der äußersten Kante eines Überhanges. Fuji («Fudschi», so wurde Alois von seinen Freunden genannt) war ein Analytiker, ein intelligenter Zerstückler aller Gefühle, alles Unbegreiflichen. Er sicherte mich; er stand ausgesetzt, aber an zwei stabilen Haken gesichert auf einer schmalen Felsleiste an der Innenseite des Überhangs.

Ich war am Ende meiner Weisheit angelangt. Eine völlig glatte Platte trennte mich von einem Band, das sich von meiner Position aus nicht mehr als erahnen ließ. Die Platte völlig glatt, alle Versuche, sie zu klettern oder einen Haken zu schlagen, waren zwecklos. Wir hatten jedoch eine Reepschnur dabei, die mir eine letzte, kleine Hoffnung eröffnete. Zu dieser traditionsgeprägten Zeit verlachte ich oft Kletterer, die mit Doppelseil unterwegs waren. Sie gehörten meiner Ansicht nach zu der Gattung der Kletterer mit den großen Rucksäcken, den Angsthasen. Wir kletterten damals alles mit einem 40-Meter-Einfachseil. In größeren Wänden – und dies ist die Hochkogelwand unbestritten – hatten wir allerdings dann noch eine 30 Meter lange Reepschnur dabei, die in Ausnahmefällen zum Nachziehen der Rucksäcke oder auch für einen möglichen Rückzug in Betracht gezogen wurde.

Ich hatte die Reepschnur in Schlingen aufgenommen, so wie das die Cowboys in den Wildwestfilmen taten. Hartnäckig, aber von vielen vergeblichen Versuchen langsam entmutigt, glaubte ich, mit meinen Seilschlingen irgendetwas in meiner Ahnung Existierendes einfangen zu können. Eine hoffnungslose Anstrengung, verrückt, aber doch so symbolhaft alpinistisch. Schon hatte ich mich dem öden Gefühl der Sinnlosigkeit ergeben. Noch ein letzter

Versuch. Für Augenblicke, während ich die Seilschlingen wieder aufnahm, sah ich Fujis große, grüne Augen, las aus ihnen die Spannung, aber auch etwas, was darauf schließen ließ, dass er mich für verrückt hielt.

«Also gut, ein letztes Mal.» Ein kraftvoller Wurf. Das Seil hatte sich verfangen. Ich selbst war am meisten überrascht. Noch war der Gewinn nur halb. In scheuer Befürchtung, das Seil würde wieder herunterfallen, zog ich gefühlvoll die beiden Stränge ein. Es hielt. «Es hat sich verfangen!», schrie ich Fuji in verhaltener Freude zu. Belastete die beiden dünnen Stränge der Reepschnur gleichmäßig mit meinem ganzen Gewicht, stemmte mich dagegen, mit aller Kraft. Es war von meinem Standort aus nicht zu sehen, über welches Gebilde sich die Schnur gelegt hatte. Meine Befürchtung war, ich könnte möglicherweise einen am Band liegenden Felsblock zum Abstürzen bringen, der mich schwer verletzen oder zu Tode schlagen würde.

Der Prusikknoten um beide Stränge war vorbereitet. Bevor ich mich ganz und gar dem ungewissen Angebot anvertraute, verabschiedend noch ein Blick zu Fuji: Sein Ausdruck schien noch gespannter als zuvor. Er wusste, worum es ging. In seinen Augen las ich Zweifel, Unverständnis, als wollten sie fragen: «Ist das Ganze dieses Risiko wert?» Aber da war auch Hochachtung zu erkennen, die sagte: «Was bist du für ein brutaler Hund!» Ein Blickkontakt, der motivierte, Mut machte und die Angst überspielen half.

Das waren pickelharte Spielchen zwischen Mut und Leichtsinn in einer einsamen Ausgesetztheit, in den vergessenen Welten des Hochkogels. Sich derart riskant und verrückt abzusetzen, das war doch eine äußerst prickelnde Methode, die harte Droge Alpinismus einzunehmen. Über die Winzigkeit, die zum Erfolg reichte, möchte ich lieber schweigen. Sie war lediglich eine pikante Zufälligkeit – der Dumme hat das Glück. Das Überzeugende daran war, dass die Aktion einzig und allein einer uns selbst diktierten Pflicht entsprang, die uns trieb, die uns Wege durch die Wand, aber vor allem in uns selbst finden ließ.

Mit meinem Sohn Christian auf
Schnupperlehre.

DES GRALSHÜTERS BEKEHRUNG

Der Sohn des Gralshüters war inzwischen herangewachsen. Manchmal gingen sie, der Vater und der Sohn, gemeinsam klettern. In den Urlauben auf Korsika und auf griechischen Inseln und ab und zu daheim im Tennengebirge oder im Hochkönig. Sogar einige Erstbegehungen gelangen. Nichts Ernstes, aber Gemeinsames.

Im Grunde war der Vater froh, dass der Sohn einen anderen Sport machte. Dass er mit dem Bergsteigen eigentlich nichts am Hut hatte. Vielleicht hätte er es ihm auch verboten, so wie es sein eigener Vater bei ihm gemacht hatte. Wie berechtigt dieses Verbot und die Sorgen seines Vaters waren, begriff er erst jetzt so richtig. Insgeheim kämpfte er zunehmend mit Zweifeln, ob seine Philosophie in dieser drakonischen Form noch zu halten war. Verteidigte er hier wirklich verteidigungswürdige Ideale? Spottete dieses Ideal nicht der Verantwortung, die man für jene trägt, die in die Berge gehen? Oder war es ein Streben, auf Kosten anderer seinem eigenen Alpinismus Geltung und Würde zu verleihen? Gab es nicht noch einige so Junge und Unerfahrene, wie sein Sohn es war, im Kreise jener, die klettern gingen? Wie konnte er es anderen zumuten, seine Touren zu gehen, dies aber für seinen Sohn als lebensgefährlich ablehnen?

Muss der Alpinismus wirklich so lebensbedrohlich sein? Für viele ist die große Freiheit, die der Alpinist in seinem Tun fühlt, keine Freiheit. Die große Masse der Kletterer will ohne großes Risiko klettern, vielleicht weil sie andere Verantwortung tragen. Oder sonstige Gründe haben. Es reicht ihnen, die Bequemlichkeit des Angebots zu genießen. Genügte es denn nicht, sportliche Grenzen zu finden, ohne sich allzu großen Risiken auszusetzen?

Ein Schlüsselerlebnis war, als die Jungs in meiner unmittelbaren Verwandtschaft – die ich hin und wieder in die Berge geführt hatte – ohne meine Aufsicht zum Klettern gehen wollten. Mein Sohn Christian sowie Manfred und Martin, die Patenkinder meiner Frau, waren wie viele in ihrem Alter sportlich und talentiert zum Klettern. Mit jugendlichem Enthusiasmus fragten sie mich eines Tages, wohin sie zum Klettern gehen könnten.

«Geht in den Klettergarten», sagte ich. Sie lächelten sauer: «Das Wetter ist viel zu schön für den Klettergarten! Wir möchten was Anständiges klettern, was Alpines, mit Gipfel und so!»

Ich überlegte, aber es fiel mir keine meiner vielen Erstbegehungen ein, die ich so nahe Stehenden mit gutem Gewissen hätte zumuten können. Resignierend blieb mir nur der Rat: «Geht bitte eine Bohrhakenroute!»

Ich war an meiner eigenen Philosophie gescheitert. Mein Alpinismus war jahrzehntelang immer an meinen Ansprüchen ausgerichtet, aber ich hatte mich nie in jene Menschen hineinversetzt, die nicht mein Verständnis des Al-

Der zwölfjährige Christian als Seilerster in der Route «Greenhorn» am Südpfeiler des Hieflers im Tennengebirge.

pinismus teilten. Natürlich nahm ich die Genusskletterer wahr, doch die Konsequenz dachte ich nie ganz zu Ende: dass die Vorgabe meines extrem gelebten Alpinismus zur Falle für Freunde und engste Angehörige werden könnte.

Waren diese Gedanken grotesk? Wankelmütigkeit überfiel mich. Es passierten immer wieder Kletterunfälle. Fremde Schicksale, die sich mit dem eigenen verknüpften. Tote. Schwerstverletzte. In letzter Sekunde Gerettete. Von Gott Bewahrte. Der kurze Dialog mit den Jungs hatte mich mit weiteren Zweifeln beladen. In Alpträumen schritt ich durch ein Spalier von Abgestürzten, darunter Freunde und auch die Buben, ihre Augen anklagend, fordernd auf mich gerichtet. Aber was nützte alles Hadern, wenn ich nicht in der Lage war, ein sicheres Schiff zu bauen, und wenn, dann in der insgeheimen Angst, es könnte nicht tragen? Allmählich wurde die Schiene, die ich mir mein Leben lang selbst verboten hatte, zum Unabwendbaren, zu einer notwendigen Verpflichtung: nämlich dass der Mensch als Teil des Alpinismus im gleichen Maße zu schützen sei wie der Alpinismus selbst.

Die Weiche zur anderen Schiene war gestellt.

Mit Christian auf der Torsäule. Hinter uns liegt die Erstbegehung der Route «Prechtig».

Hatten nicht jene auch Recht, welche die Technik einsetzten, sich sicherten, sich schützten und daher – oder trotzdem, wie ich sagte – noch immer lebten? Wenn auch aus der Seefahrt ein Inselspringen wurde, war ausgefeilte, sportliche Akrobatik notwendig, und der großen Masse waren die vorhandenen Bohrhakenrouten zu schwierig.

Jetzt, wo sich der Bohrhaken eingebürgert hatte, sollte man eine Sanierung wenigstens nicht mehr ganz ausschließen. Schon in den frühen Achtzigerjahren hatte ich den Klettergarten Pass Lueg mit vielen eingebohrten Haken abgesichert; die Arbeit war für mich nichts Neues.

Einen meiner Kunden aus Bergführertagen traf ich nach langer Zeit wieder. Er war alt geworden. Wir sprachen von gemeinsamen Touren in den Dolomiten und den Westalpen. Er habe einen Schlaganfall gehabt und ginge seit Jahren nicht mehr klettern, erzählte er und überraschte mich mit der Frage: «Precht, warum machst du den Sack nicht zu?»

Den Sack zumachen? An diese Möglichkeit hatte ich wohl auch schon gedacht. In der schlimmsten Zeit, als die Bohrmaschinen die akustische Welt unserer Berge zu beherrschen anfingen. Nach so vielen Jahren des Bergsteigens, des Kletterns von Hunderten Erstbegehungen stellte sich mir die Frage, ob mir das Bergsteigen überhaupt noch etwas zu bieten hatte. Je länger ich darüber nachdachte, umso mehr kam ich zu der Überzeugung, dass die Frage egoistisch gestellt war. Sie musste lauten: Was haben die Kletterer von mir zu erwarten? Welche Verantwortung habe ich zu tragen? Und was muss getan werden, um meiner Verantwortung gerecht zu werden?

Obwohl ich lange Zeit als unbeirrbarer Streiter gegen jede Art von Bolts im alpinen Bereich aufgetreten bin, erlaubte ich mir nun, in der Überzeugung, Recht zu haben, eine Ausnahme und sanierte einige meiner Erstbegehungen. Ich hätte mich auch eitel davonstehlen können – ich hätte mir eine Menge Arbeit erspart, meine Denkmäler nicht zerstört. Aber was wogen diese Argumente gegen eine vielleicht auch nur eingebildete Verpflichtung, die mir immer stärker verdeutlichte, dass ich meine Hausaufgaben noch nicht ganz beendet hatte? Sollten jene Kletterer, die das Know-how zu risikoreichen Traditionsrouten nicht besitzen, vom Alpinklettern ausgeschlossen sein?

Orientierungslos. Hin und her schwankend zwischen Tun und Lassen. Immer wieder alle Argumente abwägend, die für oder gegen eine Sanierung sprachen. Hatte ich mich möglicherweise nicht schon viel zu lange an Urformen alpiner Verhaltensweisen und ähnliche Traditionen geklammert? Oder wurde ich von den Zeiterscheinungen manipuliert, suchte ich eine Rechtfertigung für das mir Widerstrebende? Ich musste endlich eine klare Position beziehen.

Ich habe mich für das Sanieren entschieden. Es kann nicht sein, dass wir die Tradition des Alpinismus auf Kosten des Menschen schützen. Dazu sind die Folgen zu ernst. Mein Freund Sigi half mir, soweit es sein Beruf ermöglichte, mit größtem Engagement. Später wurden es immer mehr, die bei der Sanierung mitarbeiteten oder irgendwelche organisatorischen Aufgaben erfüllten: Franz Wohlfahrt, Gerhard Reiter, Fred Schweiger, Robert Jölli, Hans Neumayer und, und, und.

Zuerst versicherten wir einige leichte Routen und später die schweren, um die Lücke zu den sportlichen Bohrhakenwegen zu schließen. Es tat weh, Kletterstellen, die ich in meiner besten Zeit mit minimaler – oder ohne – Sicherung bewältigt hatte, mit Haken zu versehen. Es war eine alpine Todsünde, und ich musste alle Eitelkeit zurückstellen.

Der Bohrhammer war für mich auch nach vielen Sanierungen ein fremder Gegenstand geblieben. Es überkam mich stets ein schlechtes Gewissen, sobald ich dieses Ungetüm in den Händen hielt. Wie Charlie Chaplin, der sein Leben lang dem Stummfilm treu war, aber trotzdem Filmtexte verfasste, bohrte ich mehrere meiner Erstbegehungen im Nachhinein ein, ohne bei den Erstbegehungen Bohrhaken verwendet zu haben.

Erstbegehungen führte ich nach wie vor im traditionellen Stil durch. Diejenigen, deren Absicherung gefährlich schien – da die Kompaktheit des Gesteins keine entsprechenden Möglichkeiten für alternative Sicherungsmittel anbietet –, wurden mit Klebehaken nachgerüstet. Mochte diese Vorgehensweise auch nicht das Ideal für den Alpinismus sein, für mich war sie ein Kompromiss, mit dem ich besser leben konnte. Ein wenig Trost war es auch, von all den Dummköpfen, die da unterwegs waren, wahrscheinlich der größte zu sein. Leider blieb dieser Versuch einer Annäherung unverstanden.

Mit Vorträgen schufen wir uns ein kleines finanzielles Fundament für den Anfang. Die Zeit arbeitete für uns, und in der Folge erkannten viele, dass wir Gutes wollten. Ohne betteln zu müssen, wurde unser Tun von verschiedenster Seite mit kleineren Geldbeträgen oder Material unterstützt. Hauptsächliche Sponsoren waren Intersport Eybl, einige Sektionen des Alpenvereins, Ortsstellen der Bergrettung und meine Freunde Resi und Oswald Schneider aus Altenmarkt, die seit Jahrzehnten meine Aktivitäten mittragen.

Gäbe es soziale Hypotheken einzulösen, so hätten wohl fünf Jahre des Sanierens ihren Dienst getan. Für so manchen wird dieser Dienst viel fruchtbarer sein als alle meine anderen Arbeiten. Obwohl meine jüngeren Freunde die schwereren Rucksäcke trugen und die anstrengendsten Arbeiten verrichteten und ich eher den Architekten spielen durfte, war es für mich immer noch eine quälende Schinderei, die meinen ohnehin schon abgenutzten und ge-

schundenen Gelenken und der Wirbelsäule fast den Rest gaben. Wäre mir nur annähernd bewusst gewesen, auf welche mörderische Sache ich mich da einließ, hätte mich sicherlich auf der Stelle der Mut verlassen. Die Arbeit brauchte viel Zeit, war gefährlich, kraftraubend, und im Vergleich zu Erstbegehungen war ich nach einem Tag des Sanierens viel ausgemergelter und erschöpfter als nach einer Hochkogel-Neutour.

Sigi Brachmayer beim Sanieren der Route «Don Juan» in der Hochkönig-Südwand. Im Hintergrund der Großglockner und das Wiesbachhorn.

Ob es schließlich zum Guten gedeihen würde, war für uns nicht vorhersehbar. Was hätte es auch für einen Sinn gemacht, darüber zu rätseln, ob dadurch Leben gerettet oder Unglücke ungeschehen bleiben würden?

Obwohl ein eingeklebter Haken ein angenehmes Sicherheitsgefühl erzeugte, wohnte in mir immer noch eine faustische Zweiheit.

DAS NEIDHANSELBAROMETER

In hinterlistiger Beharrlichkeit wurden wir bei dem Sanierungsprojekt zwar nur von wenigen, aber umso giftigeren und bösartigeren Lästerern und Neidern begleitet. Interessant: Es waren dieselben, die früher meine Ablehnung des Bohrhakens aufs Heftigste verdammten. Jetzt wollten sie das Sanieren mit dem Hervorholen von Werten wie Moral und Ethik in Frage stellen.

Dabei gibt es nach wie vor genügend Möglichkeiten, in alpin verbliebenen, schönen, ernsten Routen die Grenzen von Moral und Ethik zu prüfen. In Wahrheit aber scheuen gerade diejenigen davor zurück, derartige Routen zu gehen. Dagegen werden fast nur mehr Bohrhakenrouten geklettert – und mit dem Bohrhaken auf Bauchhöhe werden dann selbstgefällig Moral und Ethik demonstriert, in Wahrheit aber höchstens zum Aberwitz karikiert. Sie predigen anderen, wie sie zu leben, zu handeln oder sich zu benehmen haben, demonstrieren aber selbst, wie man nicht leben, nicht handeln, sich nicht benehmen sollte.

In Wirklichkeit ging es nicht um die Sache selbst, sondern die Absicht war, mir eins auszuwischen. Was zum Teil auch gelang: Ganz abgesehen davon, ob diese Kritik nun gerechtfertigt war oder nicht, wenn man ein so großes Engagement in eine Sache investiert, tut die Schelte weh. Und diese Schelte war erbärmlich. Sie zielte darauf ab, dem anderen Schmerzen und Schaden zuzufügen, einen Triumph, einen Sieg über den anderen zu feiern, um das eigene Ich aufs Podest zu stellen. Leider scheint es die Unanständigkeit des Menschen zu verlangen, dass der Schaden, das Unglück des anderen das eigene Glück umso heller strahlen lässt.

Doch ich möchte nicht über Ethik und Moral philosophieren. Ich möchte auch diese Neidhansel, Klugscheißer und Dauerplapperer nicht auf ihrem Niveau kritisieren. Wenn doch einige wenige harte Worte fallen, dann weil sie aus der Sache selbst, vom unmittelbaren Geschehen nicht trennbar sind. Eine ehrliche Kritik hätte ich durchaus verstanden, denn es war ja tatsächlich so, dass in mir eine faustische Zweiheit wohnte. Die beiden schon erwähnten Gleise. Die eine Hälfte meines Wesens bejahte die Sanierung, die andere verneinte sie und strafte mich mit heimlicher Abscheu und Selbstverachtung. Immer in der ungewissen Frage hin und her schwankend: Ist es Blödheit, oder überwog doch der Wert?

Stets musste ich ein ungutes Gewissen in mir niederringen, denn meine Leidenschaft war wie eh und je am Grundprinzip des ursprünglichen Alpinismus hängen geblieben. Je nachdem, wie und aus welcher Sicht man die Sanierung gewichtete, glänzte oder strafte sie. Verlangte, ob sie nun als gut oder als schlecht befunden wurde, von mir, meine Philosophie zu prellen. Das Sanieren war so kühl, fabrikmäßig, fertig gekauft, so unwürdig und hatte für mich etwas Totschlagendes.

Es war eigentlich ein Wildern, ein naiv-schlaues Wildern am bürgerlichen Geleise, irgendwie auch eine Anbiederung an die von mir so verachtete laue Mitte, ein Kompromiss, der mich in einen Wirrwarr von Gefühlen verstrickte. Da war einerseits der edle Hochmut des Alpinismus, der ein Leben mit so viel Feuer erfüllen konnte, andererseits aber auch seine Schrecklichkeit, wenn er seine todbringenden Fänge ausfährt. Die Abgestürzten, die vielen damit verbundenen Schicksale, man konnte sie nicht so einfach aus den Gedanken, aus dem Hirn, aus dem Herzen wischen. Die Toten, sie standen da, zuerst in den Alpträumen, dann in der fiktiven Wirklichkeit: schweigend, edel, dominant.

Wenn ich mir das Recht zubilligte, einige meiner Routen für eine breite Schicht Bergbegeisterter umzufunktionieren, dann nur aus dem Grund, eine Möglichkeit für sicheres Klettern anzubieten und weitere Unfälle von vornherein zu verhindern. Nach fünf Jahren harter Arbeit gibt es im Tennengebirge und am Hochkönigstock mittlerweile etwa achtzig sanierte Kletterrouten. Freudig stimmt mich die Tatsache, dass die sanierten Routen großen Anklang finden und durch sie eine gewisse Schicht Kletterer in vorgegebene Bahnen geleitet wurde.

Das hört sich fürchterlich an. Aber dem Kletterer gefällt's.

Das Wichtigste dabei war, dass es in unseren Kletterrouten keine Unfälle mehr gab. Laut Statistik war in den letzten fünf Jahren kein einziger Klettertoter zu beklagen, und es sind nur unwesentliche Unfälle passiert, Stürze, die von den Haken aufgefangen wurden. Vergleicht man dazu die fünf Jahre davor, gab es allein im Tennengebirge und im Hochkönig acht tödliche Kletterunfälle und mehrere Schwerstverletzte.

Ich weiß auch, dass es nicht Aufgabe des Alpinismus sein kann, ihn risikofrei und leicht erlebbar zu machen. Das wäre so, als nähme man den Schriftstellern einen Teil der Buchstaben, um ihr Geschriebenes leichter lesbar zu machen. Welche Qualität an Literatur bliebe übrig? Aber sollte es nicht eine gewisse Menge an Literatur geben, die für alle Schichten von Lesern verständlich ist?

Den Streit in mir hatte ich ganz allein mit mir selbst auszutragen, und das ganze Geschwätz wäre wohl noch viel schmerzlicher geworden, hätten sich meine Selbstvorwürfe nicht durch jene Kritiker in einen notwendigen, schützenden Trotz verwandelt. Allerdings gönnten mir meine Selbstzweifel diese Abreibung insgeheim auch. Wird man denn – wie der Bergliterat Karl Lukan behauptete – wirklich ein bisschen deppert, wenn man ein Leben lang bergsteigt? Wenn es lediglich Dummheit war, sich eine so elende Arbeit anzutun, dann hatte ich mir eine Bestrafung verdient.

Aber war mein Dienst nicht auch eine Form, für andere Menschen dazusein? Ein Dienst, der von mir verlangte, viele meiner Egos aufzugeben? Vielleicht war es nur ein fragwürdiger Dienst, denn wie alles Zeitliche mag das Sanieren möglicherweise auch nur eine Modeerscheinung sein, die gebietsweise unterschiedlich zum Ausdruck kommt. Eine Mode, die zeitlich begrenzt ist, da der Kletterer eine andere Auffassung von seinem Tun gewonnen hat oder eine andere Möglichkeit der Absicherung gefunden wurde.

Sollte ich das noch erleben, dann stehe ich zuvorderst in der Reihe derer, die sich freuen. Jede Sanierung lässt sich ohne großen Aufwand rückgängig machen, persönlich habe ich damit überhaupt kein Problem, im Gegenteil: Die Linien stehen unsaniert viel edler, anspruchsvoller und unnahbarer da.

Im Lauf der Zeit habe ich mir so etwas wie eine Sowohl-als-auch-Einstellung angeeignet. Diese Toleranz betrifft allerdings nicht den Alpinismus, den ich für mich selbst beanspruche. Und ich möchte noch einmal feststellen: Ich würde keinesfalls eine Route mit Hilfe des Bohrhammers erstbesteigen.

Ich hatte das Glück, durch einen Zufall Viktor E. Frankl, Professor für Neurologie und Psychiatrie an der Universität Wien und zugleich Professor für die von ihm begründete Logotherapie an der Internationalen Universität in Kalifornien, persönlich zu begegnen. Besonders in Erinnerung blieb mir ein Gespräch im Gebäude des Österreichischen Fernsehens in Wien anlässlich einer Jubliläumsfeierlichkeit des «Land der Berge»-Teams, das ich sinngemäß wiedergeben möchte. Der Psychotherapeut Viktor Frankl, der Schauspieler Siegfried Lowitz und ich waren etwas zu früh da. So nahmen wir an einem Tisch Platz und kosteten den Begrüßungstrunk. Der Professor konnte zuweilen sehr redselig sein, und auch der Schauspieler gab in seiner unnachahmlichen Schrulligkeit so manche Anekdote zum Besten. Mich beschlich während der teils heiteren, teils ernsten Unterhaltung das bange Gefühl, den beiden Gesprächspartnern möglicherweise nicht gewachsen zu sein. So zwang ich mich tunlichst, alles in mir lauernde Vorlaute hinunterzuschlucken. Überhaupt wollte ich mit meinen wahrscheinlich doch nicht so intelligenten Worten nicht die kurze Gemeinsamkeit vergeuden, wo es doch eine seltene Kostbarkeit war, diese Menschen persönlich zu erleben.

Am Abend war dann doch noch Zeit, dies und jenes zu besprechen. Es stellte sich heraus, dass beide recht bergbegeistert waren, und so musste ich später auch noch von meinem Leben erzählen. «Hätte ich den Fernsehfilm über Ihre Solobegehungen und diese wilde, extreme Skiabfahrt in der Hochkönig-Südwand nicht gesehen, ich hätte nicht gewusst, dass es Sie überhaupt

gibt», sagte Frankl. «Und diese Bescheidenheit zeichnet Sie aus. Sie steigen auf die Berge, weil sie da sind und weil Sie Freude daran haben. Einfach um des Bergsteigens willen. Gerade diese Umstände beinhalten eine große Qualität, dazu eine Anonymität, die bewahrt und schätzenswert ist.» In leichter Verlegenheit genoss ich das Kompliment des Professors.

Mit Reinhold Messner (Mitte) und Georg Bachler (rechts) in Bad Aussee anlässlich eines Empfangs nach erfolgreicher Besteigung aller Achttausender durch Messner.

Wir diskutierten noch über einiges, und irgendwann streifte unser Gespräch ernstere Themen. Es ging um den Charakter des Menschen, das heißt eigentlich um den Charakter der Bergsteiger. Ich bedauerte, dass mich in jahrzehntelanger treuer Beharrlichkeit einige parasitäre Neider begleiteten. «Schauen Sie, Herr Precht, wie viele dem Messner seine Erfolge neiden. Oft gerade diejenigen, die selbst für einen Achttausender nie befähigt wären und gerade aus diesem Defizit Komplexe und Neid entwickeln.»

«Schauen Sie, Herr Precht», wiederholte sich der Professor: «Sie bringen am Berg solche Kunststücke zuwege, ergo dürften Ihnen ein paar Neider doch nur ein Kompliment sein. Sie können froh und dankbar sein für Ihre Neidgemeinde. Diese Neidhanseln sind nämlich das beste Barometer für Ihre Leistung. Als Allererstes wünsche ich Ihnen, dass Ihre Neider immer Grund haben werden, Sie zu beneiden, und dass ihr Neid nie zum Mitleid werden muss.»

Danach folgte noch ein Nachsatz, der mich beeindruckte, mir aber auch zu denken gab. «Neidische Menschen müssen ja deshalb nicht unbedingt schlechtere Menschen sein. So wie nicht die Hautfarbe eines Menschen, die politische Gesinnung, die Herkunft oder die Rasse über Gut und Schlecht entscheiden und es auch nicht darauf ankommt, ob jemand ein Kind der Berge oder eben wie in diesem Fall ein Neidhansel ist. Es gibt nach meiner festen Überzeugung nur zwei Rassen von Menschen auf unserer Erde», sagte der Professor, mit beiden Händen gestikulierend, «die Rasse der anständigen Menschen und die Rasse der unanständigen Menschen. Und diese Rassen sind in allen Gruppen verbreitet und durchmischen alle Völker unserer Erde.»

Leicht aufgeregt pflichtete dem Siegfried Lowitz bei, meinte aber auch: «Glauben Sie mir, gerade in meinem Beruf könnte ich über das Thema Neid ein Buch schreiben.» Er glaube, dass der Neid fast immer einer unheilbaren Geltungssucht entspringe, ähnlich wie Eifersucht im Inneren des Menschen fräße und dass die instinktiv aus dem Neid erwachsende Feindseligkeit nicht ungefährlich sei. Er meine damit nicht jene lächerlichen Neidgefühlchen, wie sie jeder Mensch einmal verspüre, sondern eine Neidbesessenheit, die dazu befähige, furchtbare Abscheulichkeiten zu tun. Seiner Ansicht nach sei das ein angeborener, krankhafter Charakternotstand, der wohl durch Erziehung unterdrückt oder in den Hintergrund gedrängt werden könne, doch schlummere dieser im Menschen, in tiefer Verborgenheit, und lauere auf sein Opfer. Folglich ticke der Neid wie eine Zeitbombe und sei stets abrufbar, um zur rechten Zeit zu explodieren, wenn die Gegebenheiten dies verlangten.

«Es ist ein Menschenschicksal», sagte der Schauspieler, und leiser sprechend fügte er ungeschminkt hinzu: «Die Quintessenz daraus ist: Wenn jemand ein Trottel ist, bleibt er leider für sein Leben lang einer, und auch das Bergsteigen oder etwas Ähnliches kann an dem Ganzen nichts ändern.» Die Art, wie er das sagte, brachte uns alle zum Lachen. Gäste, die nach und nach eingetrudelt waren und nachbarliche Tische besetzten, schauten verwundert auf, überrascht darüber, den alten Lowitz und den seriösen Frankl so unbekümmert lachen zu hören.

«Obwohl ich aus Sicht der Philosophie einen gemäßigteren Gestus zu finden habe und daher das Problem nicht ganz so sehen kann, gebe ich Ihnen im Grunde doch Recht, Herr Lowitz», sagte Frankl. «Vielleicht kennen Sie meine unter dem Pseudonym Gabriel Lion verfasste ‹Metaphysische Conference›, die ich nach meiner Rückkehr aus dem Konzentrationslager geschrieben habe? Sie erzählt unter anderem über Notwendigkeiten der Schicksalswege. Das Leben ist ein Schicksalsweg, und Menschen – unabhängig davon, ob sie zur anständigen oder unanständigen Rasse gehören –, die uns zu einer gewissen Zeit über den Weg laufen oder unseren Lebensweg kreuzen oder begleiten, in welcher Art und Weise dies auch immer geschehen möge, diese Menschen sind Macher, Helfer oder Helfershelfer unseres Schicksals. So wie das Göttliche das Gute braucht, hat das Teuflische das Böse not und braucht Helfer, um diese Schicksalswege zu ebnen. Anständige sowie unanständige Menschen sind Werkzeuge, sie müssen so handeln, dies und jenes tun, um das eine oder andere zu bewegen, zu gestalten, zu formen oder zu beenden.»

Darauf sprachen wir noch über alte Zeiten, neue Zeiten, über Entwicklungen, und Lowitz meinte, dass die alten Geschichten über jenen Heiligenschein, den die Tradition dem Bergsteiger verlieh, höchstens Legenden oder selbst veredelnder Hochmut wären, falls dies jemand für sich beanspruche. Der Bergsteiger wäre längst oder schon immer nicht weniger heilig oder sündig wie eben andere Gruppen des Gesellschaftslebens.

Der Professor brachte ein Thema ins Gespräch, das ihn sehr zu bewegen schien, da er leicht errötete, während er sprach. «Das ewige Theater um Edelmut und die nicht enden wollende Mär von Werten wie Moral und Ethik, die völlig unverstanden und verdreht werden, hängen mir zum Halse heraus. Werte, die der Bergsteiger für sich wie gepachtet allzu gern beansprucht und hervorkehrt. Ohne dabei zu verstehen, dass diese Werte in ihrem Gebrauch oft zweckentfremdet werden und zu Sprachhülsen verkommen. Alle diese ethischen Definitionen sind zwar breit gefächert, letzten Endes geht es aber doch um jene vitalen Werte, die vor allem und im Besonderen für das ganz normale Zusammenleben Bedeutung haben und natürlich für soziale Geschehnisse und zum Schutz von Natur und Mensch oder zum Schutz der Natur vor dem Menschen. Übrigens brauchen Moral und Ethik keine Höchstleistungen, keine Heldentaten.»

Der Friedensnobelpreisträger Albert Schweitzer drückte das einmal so aus: «Der wahrhafte Ethische nimmt sich die Zeit, einem Insekt, das in einen Tümpel gefallen ist, einen Strohhalm zur Rettung hinzuhalten. Und er fürchtet sich nicht, als sentimental belächelt zu werden.»

Im jordanischen Wadi Rum: Unser
Freund Difallah chauffierte uns durch
die Wüste, bis der Treibstoff ausging.

VALLEY OF THE MOON

Es war ein schrecklich stürmischer, schneereicher Januarabend des Jahres 1988. Im Fernsehen lief ein Film über Jordanien. Ich arbeitete gerade an einem Führer über den Hochkönig, nebenbei blinzelte ich ab und zu in die Flimmerkiste. Plötzlich erregte ein Filmausschnitt meine Aufmerksamkeit. «Das ist ja unglaublich!», rief ich. Auch Herta fuhr aus ihrem Fernsehschläfchen hoch und verfolgte mit überraschender Neugierde die Szenen. Durfte das wahr sein: gigantische Felssäulen über dem weiten Wüstenraum, aneinander gereiht und dann wieder wie Schachfiguren hingestellt. Rundherum steile Wände, Pfeiler und Kanten, bis zu 500 Meter hoch. Das war wie ein Wink zu einer neuen Herausforderung.

Ein sofortiges Telefonat mit Wolfgang Haupolter aus Salzburg folgte. Kurze Terminsondierung. Schon wenige Wochen später waren wir an Ort und Stelle im Wadi Rum im Süden Jordaniens, und mehr als ein Jahrzehnt sollten sich diese Besuche Jahr für Jahr wiederholen. Die ersten drei Male begleitete mich Wolfgang in treuer Begeisterung. Manchmal schlossen sich noch andere Freunde an.

Am meisten faszinierten und lockten uns die höchsten und steilsten Wände. Auch jene, deren augenscheinliche Unmöglichkeit auf der Hand lag. Wolfgang bestach durch seine Umsichtigkeit, doch er war – vielleicht gerade deshalb – oft von Zweifeln beladen. Was ich als lockende Möglichkeit sah, war für Wolfgang oft nicht mehr als eine Unwahrscheinlichkeit. Zu einigen Zielen hatte mich der Pessimist nur der Freundschaft halber und aus Solidarität begleitet.

Nichtsdestotrotz sind, mit Ausnahme einer einzigen Wand, alle Ziele gelungen. Auch wenn Wolfgangs Zweifel durchaus berechtigt waren, denn manchmal hatten sich Herausforderungen entwickelt, die fast die Grenzen des Möglichen zu sprengen drohten. Unternehmungen, deren traditioneller Abenteuerkern im Allgemeinen das Risiko zum Symbol erhob. Ernste, anspruchsvolle Routen wie «King's Wall», «The incredible possibility», «Muezzin», «Jolly Joker» oder «Never say never», um nur einige der großen Brocken der Anfangszeit zu nennen. Die Routen wurden bis heute nur wenige Male wiederholt, sie werden trotz oder gerade wegen ihrer Großartigkeit von den meisten gefürchtet. Bei einigen dieser Routen begleitete uns Sepp Inhöger, ein höflicher, absolut verlässlicher Mensch, einer der besten österreichischen Allround-Alpinisten, in allen alpinen Disziplinen beheimatet: ob Sportkletterei, traditioneller Alpinismus, Steilabfahrten mit Ski oder Höhenbergsteigen. Er ist ein Extremalpinist, wie es nur ganz wenige im deutschen Sprachraum gibt.

Wolfgang Haupolter ist Bergführer und ein Spitzenkletterer, der sich in allen alpinen Wänden zurechtfindet. Seiner Studienzeit in Wien entsprangen einige bescheidene Kochkünste. Drei Gerichte wechselten sich ständig ab:

Grenadiermarsch aus Nudeln und Erdäpfeln, Spaghetti und Gemüse in Reis. Die Abgeschiedenheit fragte nicht nach Geschmack und Genuss, sondern reduzierte die Bedürfnisse auf rationelles Futtern von Kohlehydraten, auf die bloße Notwendigkeit beschränkt, den nötigen Treibstoff für den nächsten Tag im Tank zu haben.

Die Westwand des Jebel-Barrha-Südgipfels mit dem Durchsteigungsversuch über das markante Band in der Wandmitte. Die Umkehrstelle ist ebenfalls eingezeichnet.

Unter den vielen Grenzsituationen ist mir jene in der Westwand des Jebel Barrha, die uns schlussendlich als einziges unserer Ziele versagt blieb, in wachster Erinnerung. Die Westwand des Jebel-Barrha-Südgipfels – in seiner ganzen Breite und Höhe ohne Route – war ein faszinierendes Ziel. Unser Freund Difallah chauffierte uns durch die Wüste, bis der Treibstoff zu Ende war. Difallahs heitere Würde war einem entschuldigenden, pflichtbrüchigen Lächeln gewichen. Sein lakonischer Kommentar «Please walk to the mountain. Oil is finished» ließ Wolfgang und mich bald über den samtigen Wüstenboden stapfen.

Fast ohne Übergang wachsen die 500 Meter Fels aus der Ebene der Wüste. Nach einigen Seillängen, an Schwierigkeiten sukzessiv zunehmend, erreichten wir ein abfallendes, schmales Band, das die überhängende, rosarote Wand in zwei Hälften teilt. Da sich das Risssystem, dem wir gefolgt waren, in

Sepp Inhöger in der Route «Never say never» am Draif al Murag, Wadi Rum.

eine weißliche Wand aus losem Sand verlor, mussten wir dieses erwähnte Band nach links klettern, um ein anderes, dort beginnendes Risssystem zu erreichen. Das Band war wie kahl geschoren, ausgesetzt und abschüssig, aber nicht allzu schwierig. Möglichkeiten zum Sichern oder Ritzen für Haken oder Klemmkeile gab es nicht.

In solchen Situationen wird ein Seil zur unnützen Last beziehungsweise zur Lebensgefahr für den einen, sollte der andere stürzen. Also knoteten wir uns aus den beiden Seilsträngen, nahmen sie auf und banden sie uns einem Rucksack gleich auf den Rücken. Synchron, jeder für sein Tun verantwortlich, kletterten wir die etwa 50 Meter nach links. Die Wand brach unter unseren Füßen 200 Meter tief ab und baute sich über uns ebenso gewaltig und überhängend auf. Eine unglaublich eindrucksvolle Szenerie. Jeder kommentierte sie auf seine Weise. Sätze, die keine Antwort erwarteten, nur hörbar gewordene Gedanken.

Am Beginn des erwähnten Risssystems gab es erfreulicherweise die erhoffte Möglichkeit, weiterzuklettern. Je höher wir kamen, umso brüchiger, umso sandiger wurde das Gestein. Griffe und Tritte wählten wir bedächtig und präzise, um für Augenblicke Halt zu finden; von Schritt zu Schritt veränderte sich die Lage. Zwei armselige Hände und Füße im rauen Element, fragile Gesteinsstrukturen, als hielte man sich an den Bücherrücken in den Regalen einer Bibliothek.

Eine Zone von nur etwa 20 Metern trennte mich vom dunkelbraunen Plattenschuss – das Dunkelbraun, welches festen, stabilen Fels garantierte. Wolfgang war weit unter mir, das Seil musste bald aus sein. Unser Kontakt war beschränkt auf wenige gerufene Worte und auf den Sand, der während meines Kletterns über die Wand hinabrieselte. Eigentlich waren es meine Griffe und Tritte, die immer wieder – auch bei schonendster Belastung – aus der Wand ausbrachen, sich über Wolfgang ergossen und ihn einem Chamäleon gleich im Ton der Wand einfärbten.

Kein Stand in Sicht.

Vielleicht, und das war meine einzige Hoffnung, oberhalb der Hangelleiste, an deren Beginn ich war? Eine solche Hangelleiste im Kalk oder Granit, das wäre eine Freude. Doch dieser Sandstein hatte sich mittlerweile in eine senkrechte Sandkiste verwandelt. Es gab weder eine verlässliche Sicherung noch irgendetwas Geeignetes, an dem ich hätte abseilen können. Auch Abklettern war so gut wie unmöglich. Die Sicherung beschränkte sich auf wenige Punkte, die kaum vertrauenswürdig waren. Die Kletterei war schon im Aufstieg an der Grenze gewesen und wohl mehr aus Zufall ohne Sturz gelungen.

Die Hangelleiste zog, schön wie im Bilderbuch, in schauriger Ausgesetztheit etwa 7 Meter diagonal an senkrechter Wand zu einem sich andeutenden Absatz. Alternativen gab es nicht. Hoffentlich würde wenigstens das Seil reichen.

Meine 56 Kilo so leicht wie möglich machend, einem Gecko gleich an den Felsen geschmiegt, so schob und schlich ich in scheuer Notwendigkeit aufwärts. Die Wand war fast senkrecht, und es gab außer der Hangelleiste absolut keine Strukturen im Fels. Setzte man die Schuhsohle auf die glatte Wand, fand man keine Reibung, nur Sand rieselte ins Leere.

In meiner Not begann ich, mit der Spitze meines Hammers wie im Eis Tritte in die Wand zu ritzen. Das ging besser, als ich geahnt hatte. Die Griffe der Hangelleiste brachen immer wieder aus. Sobald es ging, bastelte ich Knotenschlingen in den hintersten Grund der Hangelleiste. Eine fadenscheinige Sicherung.

Der Vergleich mit Klettern hatte sich längst aufgehoben. Es war eine Flucht, in der jedes Mittel recht war, welches sturzfrei zentimeterweise zu dem erhofften Absatz führte. Wehe mir, meine Hoffnung würde sich nicht erfüllen! Mit dem letzten Rest meiner Kraft, dem allerletzten Meter Seil und völlig am Ende meiner Zuversicht war der Absatz endlich mein. Zwar konnte ich endlich mit beiden Füßen sicher stehen, doch mehr gab er zu meiner Enttäuschung nicht her.

Ratlosigkeit! Der Weiterweg war aussichtslos. Eine etwa 5 Meter hohe, überhängende Barriere aus weißem Sand versperrte unerbittlich den Weg in das oberhalb beginnende Kletterparadies aus wunderbaren dunkelbraunen und schwarzen, sonnenversengten Felsplatten. Auf der Plattform, auf der ich stand, hatten genau meine beiden Füße Platz. Im Augenblick eine Wohltat, jedoch mit kläglichen Zukunftsaussichten.

Eine kurze Kante, die in ihrem oberen Ende eine kurze Verflachung bildete, brachte mich auf die Idee, dem sandigen Fels eine Kerbe zu verpassen. Mit einer dünnen Reepschnur zwischen beiden Händen sägte ich eine tiefe Furche, so als würde ich einen Käseleib durchtrennen, so leicht drang die Schnur in den Fels ein. Bei vorsichtigem Abseilen würde das meine wenigen Kilos, so hoffte ich, halten. Es war meine einzige Chance. Für beide von uns war das Risiko, die Lebensgefahr gleich groß. Nur das Schicksal würde sich unterschiedlich auswirken. Ich würde samt Verankerung und Seilen in der Tiefe verschwinden, dagegen wäre Wolfgang ein mitten in der Wand Gefangener. Es gab mit absoluter Sicherheit niemanden in diesem Lande, für den es möglich gewesen wäre, an diese Stelle zu gelangen, um Wolfgang aus seiner misslichen Lage zu befreien.

Nur ja keine ruckartigen Bewegungen verursachen! Langsames Abwärtsgleiten, gemächliche Stopps, um die wenigen Zwischensicherungen auszuhängen. Immer wieder misstrauische Blicke nach oben. Inzwischen brannte auch die Sonne gemein heiß in die Wand, der Wüstenboden flimmerte, als flösse seine Sandfläche in- und gegeneinander.

«Hey, Albert, immer noch im Lande?» Ironie lag in Wolfgangs Stimme. Er stand auf dem schmalen Band, verankert an seiner Selbstsicherung. Der einzige wirklich sichere Punkt in der ganzen Wand. «Ja, man gönnt sich ja sonst nichts im Leben», gab er sich selbst die Antwort im gleich ironischen, aber heiteren Ton. Geduldig ließ er die Sandgusse, die unter meinen Fußen abrieselten, über sich ergehen. Ein Rinnsal aus feinstem weißem und rosarotem Sandstaub, der bis zu jeder erdenklichen Stelle des Körpers vordrang. Wolfgangs Haarfarbe war undefinierbar. In dem dichten Lockenschopf musste sich ein halbes Kilo Sand angehäuft haben. Der Sand knirschte in den Zähnen, füllte Nase und Ohren und alle Körperöffnungen bis hin zur Gesäßfalte.

Wolfgang war intelligent genug, um zu wissen, wann Ärger, Zweifel oder Lachen angebracht war. Es war ein zaghaftes Lachen, was er mir schenkte, mit spitzbübischem Ausdruck in seinen blauen Augen. Ein Ausdruck, den ich an ihm sehr lieb gewonnen hatte. Der Anflug von Heiterkeit, der den beinahe fanatischen Ernst unterbrach, tat gut. «Wie du ausschaust, als hätte man dich frisch geweißelt.» Erst jetzt merkte ich, dass ich genauso wie er aussah, Wandfarbe angenommen hatte.

«Die schöne fremde Welt», antwortete ich, allerdings für Wolfgang unverständlich. Mein Rachen und meine Stimmbänder waren nämlich derart ausgetrocknet, versandet und verschleimt, dass statt der Worte nur noch undeutliches Gekrächze über meine Lippen kam. «Trink erst mal!» Wolfgang reichte mir die Feldflasche. Ein Liter kalter – nun eher heißer – Cacatee, ein ägyptischer Tee, der an unseren Malventee erinnert, musste reichen, für beide, versteht sich. Wir teilten uns die letzten Schlucke.

Wie wenig es bedurfte, Glück zu empfinden. Jetzt entsprang es der Dankbarkeit, der heiklen Situation entkommen zu sein, und Wolfgangs geisterhafte Sandmännchenmaskerade erheiterte mich. Nur das Leuchten seiner blauen Augen bezeugte, dass er es war.

«Ich habe dir ja gleich gesagt, dass es nicht geht.» Ich wusste, dieser Satz würde kommen. Heute hatte er seine Berechtigung. «Nicht, dass es nicht ginge, Wolfgang», verteidigte ich meinen Wahnsinn, «ich hatte nur die falsche Ausrüstung. Eisgeräte wären gefragt.» Das weiche, fast kreideartige Gestein gleicht tatsächlich hartem Eis, und die Möglichkeit, mit Eisgeräten zu klettern, war meiner Überzeugung nach durchaus einen realistischen Versuch wert.

Fast jede Klettertour in Jordanien endete mit einer mehr oder weniger langen und komplizierten Abseilfahrt.

In Falllinie abzuseilen war nicht möglich, die Abseilfahrt würde irgendwo in der Luft enden. Also mussten wir das Sandgesimse zurückklettern, seilfrei wie beim Aufstieg. Einige zweifelhaft in den Sand geschlagene Abseilhaken erzeugten Gefühlssituationen von besonderer Pikanterie.

Nur wenige mir bekannte Kletterer gab es, die sich auf derartige riskante Abenteuer einließen. Und wenn ich ehrlich bin, suchte ich ja auch nicht nach ihnen. Leider ergaben sie sich immer wieder, auf meinen Pfaden der Abenteuerlust. In diesem Falle vernichtete das Abenteuer mehr oder weniger alle Optionen und reduzierte sich mit gottvertrauendem Leichtsinn auf die einzige Zuflucht, die uns geblieben war: den heißen Wüstenboden zu erreichen. Dafür mussten wir all unsere Intelligenz, unser Geschick und unsere Erfahrung einsetzen. Die Grenze zwischen dem Gefangensein und dem Freisein war ein schmaler Grat. Eine scharfe Trennung, so klar wie der Schatten des Berges, der unter uns über den Wüstenboden zog, diesen in zwei markante Felder teilte. Das eine dumpf und schattig, das andere in der Sonne grell flimmernd.

Endlich am Boden, im Schatten eines verirrten Wacholderbaumes. So dankbar wir waren, so wurde nun unsere Geduld auf die Probe gestellt: Nahe am Verdursten begann ein zähes Warten auf Difallah. Es schloss unsere Odyssee ab. Er würde uns abends abholen, wenn Allah es so wollte.

Das Absurde will es, dass gerade dieses groteske Abenteuer, diese Wand, diese versagte Möglichkeit, mir mehr und lebendiger als alles andere aus jener Zeit in Erinnerung blieb. Man hatte sein erträumtes Ziel nicht mit seinem Erfolg «zerstört», ihm Leben eingehaucht und ihm womöglich noch zusätzlich Bedeutung verliehen. Es kann nicht das gesuchte Glück sein, die Ziele nur den Wünschen anzupassen, sie zu erfüllen, abzuhaken. So bin ich auch all die Jahre nicht mehr zu dieser Wand zurückgekehrt. Nicht allein deshalb, weil ich Angst und Respekt habe, sondern um durch keinen unnützen Versuch meine Phantasie und Erinnerung an diese Wand und unser einsames Abenteuer zu verderben. So verkehren sich die Dinge: Das Gelungene wird verloren, und das Nichterfüllte erhält sich am Leben.

Jahrelang wiederholten sich die Jordanien-Urlaube. Inzwischen kannte ich alle Berge, war unzählige Routen geklettert und konnte viele neue Wege entdecken. Zweimal noch war ich mit Wolfgang in Jordanien. Während dieser insgesamt neun Wochen gelangen dreißig gemeinsame, vorwiegend große und bis in heutige Zeit gemiedene Erstbegehungen. Wegen des Golfkriegs wurde der geplante vierte Urlaub 1993 nach Südafrika verlegt.

Südafrika wurde zur Zerreißprobe unserer langen, schönen Partnerschaft. Wolfgang hatte Liebeskummer, nörgelte und kehrte unaufhörlich den Ober-

lehrer heraus. Seine Probleme hatten zu sehr auf die Laune abgefärbt. Ich konnte ihn nicht mehr verstehen, nicht mehr aushalten und auch sein Leid nicht mittragen, nicht mit seinem Problem umgehen oder ihm tröstlich beistehen. Obwohl ich seinen Schmerz nachvollziehen konnte – er war mir ja selbst nicht unbekannt. Als meine erste Ehe zerbrach, aber auch später noch holte mich derartiges Weh hin und wieder ein. Ich kannte den Herzschmerz, und ich erinnerte mich an die Zeiten, als mich Herta mit ihrer aufopfernden Fürsorge und familiärer Heimatlichkeit auffing, und das, obwohl sie mich naturgegeben auch nicht immer ohne Vorbehalte verstehen konnte. Hertas Liebe tröstete, obwohl sie selbst litt, bis endlich die Vernunft, die so spärlich in mir vorhandene Vernunft, beschämt die Oberhand über meine abenteuerlichen Verlangen, die über das Klettern hinausgingen, gewann.

Jetzt, wo Wolfgang zwar in einer anderen Situation, aber doch ähnlichem Liebeskummer ausgesetzt war, wollte ich das nicht verstehen. Dabei wusste ich genau, wie es ist, wenn man in schlimmer Ahnung und trauriger Hoffnung mit nicht enden wollenden Briefen den sich abkehrenden Geist eines Mädchens zurückgewinnen will. Ehrliche Worte, voller Herzklopfen und banger Hoffnung geschrieben, in fast täglichen Briefen, die vielleicht, aus arroganter Abscheu, ungeöffnet in Papierkörben landen oder höchstens unsanft geöffnet, schnell überflogen und mit nutzlosen Schuldgefühlen in irgendeine selten benutzte Schublade abgelegt werden.

Ich ertappte mich dabei, dass ich dem Freund dessen Schmerz als eine Schwäche auslegte, die Qual und Hölle, die seine Seele durchwanderte, lächerlich machte, ja verlachte. Alles hatte ich an mir selbst erlebt, und jetzt erzeugte sein Benehmen, sein Handeln, sein selbstmitleidiges Gehabe ein Gefühl von Verachtung.

Es war nicht schade um diese Tage, ich denke heute gern an sie zurück, es war aber schade um unsere bis dahin so heile Freundschaft, die einen Riss erhielt. Ein jähes Sterben einer dicken Freundschaft, für das es keinen Streit, keine Krankheit brauchte. So manche Wegbegleitung eines Lebens erschöpft sich, löst sich, zerreisst an irgendeinem Schicksal. Beziehungen, Liebeleien oder Partnerschaften sterben, oder es reicht das Voneinanderwissen, ein ab und zu geführtes Telefonat oder seltene, mehr dem Zufall zu verdankende Zusammentreffen. Abgesehen von einem gewissen Auseinanderleben war Wolfgang im Begriff, sich eine Berufsexistenz aufzubauen, und dies war allemal wichtiger als Jordanien-Urlaube. Statt seiner begleitet mich nun schon seit vielen Jahren mein Freund Sigi Brachmayer.

Wieder einmal war im Winter Sommer geworden. Wie schnell so ein Jahr vergeht, fällt einem erst auf, wenn man die Zelte wieder aufstellt und von ei-

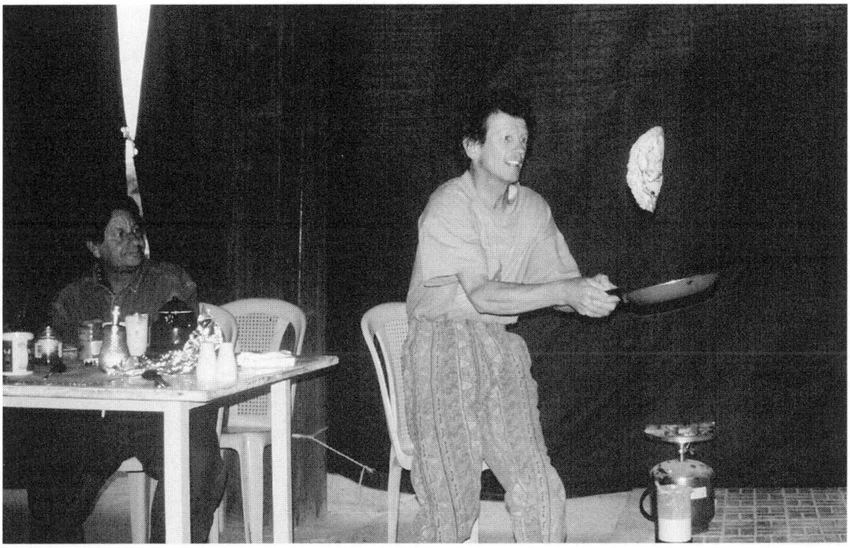

Auf unseren Reisen scheuen wir beim Kochen keinen Aufwand.

nem Gefühl überrascht wird, wie wenn man immer hier oder nur auf Kurzurlaub daheim gewesen wäre. Sigi traf den Nagel auf den Kopf, als er die Frage stellte: «In welcher Wand waren wir eigentlich gestern?» So ähnlich blödelten wir in freudiger Ausgelassenheit dahin, während wir unsere Zelte aufbauten, am gleichen Platz wie schon in all den vielen Jahren davor. Rund um uns die faszinierende, gebirgige Wüstenlandschaft.

Wir sind umlagert von mehreren Beduinenjungen. Die meisten von ihnen kenne ich von klein auf. Mit ihren Kamelen waren sie hilfreich, unser Gepäck weit genug abseits des Touristenstroms ins Talinnere zu transportieren. Mit herzlicher Begrüßung wird das Wiedersehen mit den Beduinenfreunden Sabbah und Difallah sowie Ata, Raduan und Ali vom Resthouse gefeiert.

Die nächsten Tage sind kalt und windig. Fast alle Kletterer verlassen das Wadi, sie flüchten zum Roten Meer. Wir richten uns häuslich ein. Wenn auch einer gewissen Primitivität nicht zu entkommen ist, kann mit ein wenig Aufwand doch ein gewisser Stil und ein bisschen Kochkultur erreicht werden. Eine von daheim mittransportierte, gewohnte Häuslichkeit. Mich verlangt auch nach gewissen Regeln, Sitten und Anstand. Ich empfand es immer als Disziplinlosigkeit, wenn Leute – vom ersten Hunger getrieben – mit Habgier, jeder auf eigene Faust, nach Lebensmitteln trachteten. Während andere kochten, stillten sie schon ihren Hunger mit allem möglichen Essbaren. Es erinnerte mich an neugierige Geißen, die überall herumstöbern und naschen, sich über die Töpfe beugen und in unappetitlicher Manier herumkosten. So etwas war mir immer unerträglich, und ich konnte in Wut und Zorn geraten. Bei unseren Fahrten wird jeden Tag anständig gekocht, jedes Jahr lernen wir in unseren Kochkünsten dazu, und inzwischen kochen wir mit großer Freude. Wenn ich mich auch sonst sämtlicher Pedanterie entsage, beim Kochen mag ein Kern davon in mir heimisch sein.

Die alljährlichen Kletterurlaube in den späten Achtziger-, in den Neunzigerjahren sowie an der Schwelle zum dritten Jahrtausend haben nicht nur an unseren Kochkünsten gefeilt, sondern uns auch in dieser Landschaft, mit ihren Bergen, mit dem Sandstein viel Erfahrung gewinnen lassen und die Liebe zu diesem besonderen Erdenfleck Kleinasiens entfacht. Der Mensch kann zwar phantastisch phantasieren, letzten Endes ist aber die Schöpfung doch immer großartiger als seine Vorstellung.

Das trifft besonders auf diese Berge zu. Als wären die Gedichte eines Lyrikers zu einem Bild geworden und für kurze Zeit zu Sand erstarrt, so zerbrechlich sind die Gebilde, so unsachlich ihre Formen, die in phantasievoller Würde auf den ebenen Wüstenboden getropft dastehen.

Andererseits habe ich so manchen so genannten Kletterstar sich von hier davonstehlen sehen. Gescheitert, geschlagen und bestraft von seiner überheblichen, strotzenden Kraft und Ungestümheit. Kletternde Hobelbänke, die den Fels mit ganzer Kraft einspannen, die Griffe nicht mehr hergeben und ungeschickt lange mit ihrem Kampfgewicht an ihm hängen, bis Griffe brechen oder sich in Sand auflösen. Manche Berühmtheiten mussten ihre Erfahrung machen, schossen ihre Fotos. Da gewesen sein bedeutet ja alles.

Und die meisten sah man nicht wieder. Nur wenige kehrten zurück, wie Söldner, einer Vergeltung gleich mit Bohrhämmern bewaffnet. Das von gemeinem Fels gestohlene Selbstvertrauen zurückerobernd. Im Grunde sind die Routen das Material nicht wert. Bohrhaken erreichen in diesem zusammengeklebten Sandstein nur bescheidene Festigkeit. Die Lebensdauer der Haken begrenzt sich bedrohlich und führt die versprochene Sicherheit ins Absurde. Nichts macht die Gefahr gefährlicher als eine scheinbare Sicherheit; sie verführt, verspricht und vernichtet.

Für uns sind die jährlichen Kletterurlaube seit langem zum fixen Programm geworden, und wenn man von einer zweiten Heimat spricht, könnte der kahle Fleck in Jordanien dieses Anspruchs würdig sein. Nicht allein die Landschaft ist es, die eine Heimat ausmacht. Vermutlich spielt die Landschaft die geringste Rolle im Spiel der Beziehungen und des Hingezogenseins. In erster Linie sind es die Menschen, die Freunde. Die Einheimischen, zu denen eine Beziehung wächst. Das Fremde, ihre Kultur, die man in den vielen Jahren ganz zwanglos lieben und verstehen lernte. Ihr «Inschallah»: das arabische «vielleicht», eine von Allah abhängige Verlässlichkeit. Werte, die verstanden und erlernt werden müssen, um sich mit entsprechender beharrlicher Gleichgültigkeit ihrer Lebensweise anzupassen.

Das Faszinierende an der Fremde ist ihre Kultur. Wir reisen in die Fremde, um Einblick in Geschichte, Kunstschätze, Religionen zu erhaschen. Die schöne fremde Welt: Wir malen, fotografieren und beschreiben sie mit Freude. Und genau diese fremden kulturellen Werte werden plötzlich zu Problemen, sobald jene Fremden sich in unserem Land ansiedeln. Es ist das Fremde, ihre Kultur, ihre Religion, wovor wir Angst haben. Die bestehende Enge unseres Lebensraumes erscheint uns noch enger zu werden, und außerdem fühlen wir uns verpflichtet, meinen, unsere Traditionen und unsere Religion vor den ihren schützen zu müssen.

In der großen Familie der Fremden gibt es drei Hauptgruppen: die Reichen, die kommen, um zu investieren. Um sie wird gebuhlt. Ihnen werden rote Teppiche ausgelegt. Die Urlauber, früher nannte man sie Fremde, heute sind sie Touristen. Schließlich dann die echten Fremden: Flüchtlinge, Emigranten, Asylanten, Gastarbeiter, die sich, manchmal von falschen Vorstellungen getrieben, in Mitteleuropa eine Lebenszukunft versprechen. Der goldene Westen verlockt, ist manchmal aber nur ein sicheres Rezept, um sich perfekt und endgültig zu vernichten. Einem Beduinen würde es nicht in den Sinn kommen, sein Land, die Wüste, den unendlichen Freiraum, seine Traditionen und starken Familienbande zu verlassen oder aus ihnen auszubrechen. Das ließe sein Stolz, seine Würde und Erhabenheit nicht zu.

Für unsere momentane Verfassung fanden wir die Wände fast unnahbar, sie schienen sich aufgesteilt zu haben. Mit großem Respekt gelangen trotzdem zwei neue Routen und ein Versuch im windgeschützten Mhakman Canyon. Unser ersehntes Urlaubsziel war die Erstbegehung des Ishrin Tower, und zwar über seine 500 Meter hohe Westwand. Der erwähnte Versuch brachte uns vom innersten Grund des Mhakman Canyon etwa 150 Meter empor, bis der Wind zu stark wurde, dann seilten wir ab. Begeisternde Kletterei, doch wir mussten uns gedulden, das Wetter sowie auch unsere Form sollten sich erst mal bessern.

Nach einer Woche der erste Ruhetag. Sigi machte einen Trail in die Wüste, mich verschlug es – vorerst ziellos wandernd – in die von den Remy-Brüdern erstbegangene Route «Alia» am Westgipfel des Ejil. Mit Turnschuhen und natürlich ohne Ausrüstung eine anspruchsvolle Reise, wobei ich mir bis zuletzt nicht sicher war, ob ich die Route wieder abklettern musste oder ein kletterbarer Übergang zum südlichen Gipfel möglich wäre. Meine Bedenken waren unbegründet. Ohne größere Probleme gelang der Abstieg.

Der nächste Tag ist der erste heiße unseres Urlaubs und gut geeignet für eine Nordwand. Am Jebel Kharazeh gelingt uns eine neue Route. Der Name «Reise nach Kurdistan» ist treffend, da sich der Aufstieg mit Ausnahme von zwei Seillängen im achten Grad als «Wanderung» in senkrechter Wand entpuppt. Die Passagen im Bereich des vierten und fünften Schwierigkeitsgrades gehen wir wie immer seilfrei. Hochinteressant ist die Wegsuche durch diese steile, von vielen Platten und Rissen zergliederte Wand. Dazwischen liegen gelbe, weit überhängende Wandzonen. Vis-à-vis von uns die gewaltige Ishrin-Südwand mit dem markanten Amphitheater. Erinnerungen an verschiedene Erstbegehungen hängen in dieser Steilwand; es ist die höchste, die das Wadi zu bieten hat.

Die Montagmorgenstunden waren mir schon oft die unsympathischsten der ganzen Woche, trotzdem taumelten wir beim Ruf des Muezzins schlaftrunken aus den Zelten. Nicht einmal der sonst so gute ägyptische Cacatee schmeckte heute. Die ganze Nacht über war es drückend warm, und ich war beladen von Ängsten, von selbst auferlegten Zwängen und durchlittenen Träumen. Nur selten kam ein Wort über unsere Lippen, während wir uns wie programmiert zum Einstieg schleppten.

Der hinterste Grund des Mhakman Canyon ist einer jener geheimnisvollen Orte, die förmlich nach Abenteuer riechen, die den Puls hinaufjagen, ohne dass man überhaupt abgehoben hat. Ergriffen von dieser magischen Grabesstille, vom wilden Wandbeginn, der Ehrfurcht fordernd die Angst im Zwerchfell spüren lässt. Ein Anblick, der lähmt und betäubt, ungelenk macht. Das wohl bekannte Gefühl des Widerstreits zwischen Resignation und Lockung. Mit der heutigen Tour sollte unser diesjähriges Wunschziel erfüllt werden. Ein gewagtes Ziel, das war uns bewusst, und die dadurch erzeugte Spannung drückte auf unsere Moral. Andererseits lockte das Unbekannte, das wir so oft auf Bildern zu enträtseln versuchten.

Die Seillängen des ersten Versuches hatten wir bald hinter uns. Allmählich genossen wir die Kletterei, die vielen Lochplatten und herrlichen Verschneidungen. Wir kamen gut voran. In mittlerer Wandhöhe, dort, wo der Blick in den engen Einschnitt des oberen – noch von keinem Menschen betretenen – Mhakman Canyon fällt, konnten wir uns eine von drei Möglichkeiten aussuchen. Wir nahmen die ganz rechte, sie war die logischste. Diese wenigen Seillängen in der Wandmitte sollten die leichtesten des gesamten Anstiegs bleiben.

Darüber liegt der große Ringwulst, der die Wand in ihrer ganzen Breite durchzieht und nur in seiner Mitte eine halbwegs kletterbare Schwachstelle anbietet, um in die Gipfelwand vorzudringen. Die Natur hat hier mit Hilfe des

Windes eine dünne Säule geschaffen, die als Standsicherung und weiter oben als etwas bedenkliche Zwischensicherung diente. Zusätzlich stieg ich mit einem Fuß auf Sigis Schulter, um in einem im überhängenden, sandigen Bereich beginnenden Riss einen Haken anzubringen.

Die letzten zwei Stunden waren die kältesten und vergingen am langsamsten. Nach der Biwaknacht am Ishrin Tower.

Immer wieder brach die rechte, sandige Lippe aus. Ich gab es auf, der Fels war nur fürs Streicheln geschaffen! Die andere Möglichkeit war eine sich außer Reichweite befindende Schuppe. Mit Vehemenz versuchte ich, eine Schlinge um sie zu werfen. Nur dieser eine Meter trennte mich von der hier beginnenden kompakten Plattenfront, die nicht nur das Weiterkommen, sondern genussreiches Klettern versprach. Immer wieder verblies mir der Wind die Schlinge, doch endlich, nach vielen Versuchen, verfing sich das Ding auf einer Seite der Schuppe, die wie ein sich lösendes Pflaster auf der Platte haftete.

Nun musste Frechheit siegen! Die Pulsuhr hätte Alarm gepiepst. Sigi hatte längst die nötigen Vorarbeiten getroffen und beide Rucksäcke und sich selbst dort platziert, wo vermutlich ein Sturz auf das Band geendet hätte. Ein Partner wie Sigi schenkt eine Menge Vertrauen und vermag Energie zu übertragen. Sekunden der Angst – dann hing ich wie geselchtes Rindfleisch am äußersten Rand des Überhangs. Die Schuppe hielt!

Verschwommen lag der Wüstenboden unter unseren Füßen. Gottes Besen kehrte die Wüste aus. Ein Sandsturm, der für uns, dem Boden nun schon weit enthoben, lediglich als eher angenehmes Lüfterl zu spüren war. Das sollte sich aber bald ändern, denn im Westen schoben sich bereits dicke Wolkenwülste über die Wüste, mit Regensäcken bepackt.

Uns aber begeisterten die phantastischen Möglichkeiten, die herrlich griffigen Platten, die nun ausgebreitet wie auf einem Gabentisch vor uns lagen. Seillänge um Seillänge lockten sie uns höher. Unser Zustand war vergleichbar mit der Verrücktheit eines Motorradfahrers, der in seinem Rausch nach Geschwindigkeit ästhetisch in den Kurven liegt, das Gas aufdreht und immer gewagter, fast liegend die Kurve nimmt, um der Schwerkraft durch das Gewicht und das bisschen Gummi, das die Reibung am Asphalt sicherstellt, entgegenzuwirken. Alles Sonstige um sich herum vergisst. Das Menschenmögliche bis zur Grenze auszuloten mag der wichtigste Faktor des Sports, aber auch des Abenteuers sein, der allerdings jenseits dessen liegt, was ein vernünftig denkender Normbürger unserer Gesellschaft verstehen will. Wie der Motorradfahrer hatten wir eine Art Trance erreicht, die uns nicht mehr logisch überlegen ließ. Die Vernunft hätte gesagt: sofort umkehren! Doch das Wort Vernunft schien uns von der Euphorie Getriebenen völlig fremd zu sein.

Der Sturm hatte an Heftigkeit zugenommen, heulend sang er sein Lied. Noch war es warm, aber wir hätten eigentlich wissen sollen, wie schnell es in der Nacht abkühlen würde und dass es letztlich eiskalt wie in unseren Nordalpen sein konnte.

Irgendwann wäre das Abseilen von dem inzwischen vom Sturm umpeitschten Pfeiler sowieso ein zu großes Risiko gewesen. Als das Tageslicht ziemlich schnell in ein stark bewölktes Nachtgrau versank, gelangten wir auf das kleine Plateau des Turmes. Zunehmend kühlte der Wind ab. Nur von einigen Kletterfetzen bekleidet, auf den Seilen sitzend, die Füße in viel zu kleinen Rucksäcken verstaut, zähneklappernd und von leichten Krämpfen geplagt, zerstückelte sich jede Stunde in endlose Zeitabschnitte. Wie Beifall klatschend hallte es, wenn sich der Wind an den Ecken und Kanten brach. Eine Wolkenfront nach der anderen jagte über unsere Köpfe und über die umliegenden Gipfel hinweg, deren Konturen sich geisterhaft gegen den Wolkenhimmel abhoben. Der Sturm, der die Fronten brachte, schickte sie auch wieder fort, ohne viel Feuchtigkeit zu verlieren. Die Hölle vor Augen, ängstigte ich mich vor dem Regen. Ich kenne die Regentage im Wadi Rum, wenn sich der Himmel auszuschütten scheint und halbe Niagarafälle über die Wandfluchten stürzen.

Die Sorgen und Gebete behielt ein jeder für sich in dem Gedanken: Lieber Gott, nur kein Regen bitte, und für den morgigen Tag nur so viel Wind, dass er ein Abseilen zulässt. «Wenn wir da jemals heil hinunterkommen, soll der Weg ‹Geschenk Gottes› heißen», sagte ich zu Sigi. Das war doch ein faires Angebot: Gott schenkt uns Dummen Glück, und wir machen ihm eine super Werbung, und das mitten im Reich Allahs. «Allah oder Gott, da kommt am Ende doch dasselbe raus!», entgegnete Sigi. «Ich weiß nicht, hat Allah einen Sohn?», fragte ich. «Unser Gott hat einen Sohn. Die Botschaft ist so einfach: Wenn wir an ihn glauben, schenkt er uns sogar die Ewigkeit!» – «Ewigkeit? Nach dieser Nacht wissen wir wohl mehr über diesen Begriff», sagte Sigi, sarkastisch lachend. Es folgten weiteres Nachsinnen und vage philosophische Betrachtungen über Ewigkeit, Unendlichkeit, Schöpfung und Erlösung.

Der tosende Sturm riss uns nicht nur die Worte vom Mund, sondern zupfte und zerrte auch ständig an unseren Kleidern, als wollte er uns ausziehen. Das wären Erinnerungsfotos gewesen! Leider hatte mein Fotoapparat unbemerkterweise die Flucht in den Abgrund angetreten. Von den zwölf Stunden, die eine Nacht in diesen Breiten für sich in Anspruch nimmt, war keine einzige Sekunde von Schlaf erfüllt. Die letzten zwei Stunden waren die kältesten und jene, die am langsamsten vergingen. Fast plötzlich drang Farbe in den werdenden Tag, die Wetterlage besserte sich, und so wuchs auch unsere Zuversicht.

Wegen des noch immer heftigen Windes riskierten wir es nicht, uns über die dem Sturm ausgesetzte Aufstiegsroute abzuseilen. Wir entschieden uns für die Nordseite, wo der Turm dem Ishrin-Hauptmassiv anhängt. Glücklicherweise fanden wir einen überraschend angenehmen Abstiegsweg mit guten Abseilmöglichkeiten und dazwischen Strecken im vierten und fünften Grad, die sogar seilfrei geklettert werden konnten.

Jedem Bergsteiger steht ein Maß an Dankbarkeit zu, wenn er selbst seinen Rucksack heimtragen und auspacken darf. Selten zuvor hatte ich diese Dankbarkeit mehr gefühlt, den Geruch der blühenden Weißdornstauden und die Schönheit der blaublättrigen Akazien stärker empfunden als damals, als wir durch den Mhakman-Canyon hinausspazierten.

Die engen Risse hatten meine Finger arg zugerichtet. Besonders die Wunden unter den Fingernägeln, die bei leichtesten Unachtsamkeiten wieder zu bluten begannen, schmerzten. Das Paradoxe daran war, dass ich die Schmerzen genießen konnte und dankbar war, sie zu spüren. Sind das nicht die glücklichsten Zeiten, in denen Schmerzen Wohlbefinden auszulösen vermögen?

Eine Woche später. Einige schöne Touren waren gelungen, darunter ein Versuch in der 500 Meter hohen Ostwand des Ishrin Tower. 100 Meter unter dem Gipfel bereitete ihm ein schmaler, aber völlig glatter Wandriegel ein

Alleingang durch die 500 Meter hohe Südwestwand des Nassranyiah. Der Wüstenboden mit dem kleinen Städtchen Rum liegt schon weit unter mir.

Ende. Dafür war die Wiederholung der «Sabbah's Homelands» auf den Nassranyiah eine Wahnsinnskletterei. Vor ihrer Erstbegehung zwei Jahre zuvor waren meine Augen und Gedanken unzählige Male in diesen Wandfluchten, bis ein mutiger Tag den Traum Wirklichkeit werden ließ.

Der 22. April 1994 sollte sich zu jenen Tagen reihen, die im Kalender mit fünf Sternen markiert sind. Ein Tag, an dem ich meiner Sucht, aber auch gewissem Talent nicht entfliehen konnte – aber auch ein Tag, den man angesichts meines fortgeschrittenen Alters einer gewissen Torheit zurechnen muss.

Die Nassranyiahtürme, mächtige, die Landschaft beherrschende Bergstöcke mit rundherum senkrechten Wänden, sind 1986 durch die beiden Remy-Brüder erstbestiegen worden. André Heller singt in einem Lied: «Die wahren Abenteuer sind im Kopf.» Und in meinem Kopf hatte sich seit langem die Idee festgefressen, einen dieser Türme allein und vor allem seilfrei zu ersteigen. Der nördliche Turm ist der höhere, und die «Hiker's Road» durch seine 500 Meter hohe Südwestwand mag andeuten, dass er im Verhältnis zu den anderen Routen auf diesen Berg als der humanste Anstieg gilt. In Wirklichkeit gehört der fast 1000 Meter lange Kletterweg im oberen fünften Grad zu den ganz großen Klassikern im Wadi Rum.

Nach einer inhaltsreichen Stunde stand ich am Gipfel. Was für ein Tag! Unter mir der rosa Wüstenboden, umgeben von violetten Gebirgszügen: der Südliche Nassranyiahturm, der Jebel Kharazeh, der mächtige Ishrin und auf der anderen Talseite der Jebel Rum. Weiß leuchteten ihre Gipfelbereiche in der heißen Sonne, gleich zu Stein erstarrten Gewitterwolken lagen sie unter dem blauen Himmel. Was für ein Tag, und was für eine Welt! Wie ein Tal auf dem Mond.

Über das Hinunterkommen vom Berg hatte ich mir oft den Kopf zerbrochen. Bei all meinen vorangegangenen Touren in Jordanien nützte ich jede Möglichkeit, mich im Abklettern zu üben. Vertrauen zu diesem oft schwach verfestigten Sandstein zu bekommen, dessen Griffe und Tritte nicht selten auch unter meinem Leichtgewicht zerbröselten. Der Sandstein präsentierte sich in seiner eigenwilligsten und für unsere Begriffe auch ungewöhnlichsten Form, aber gerade deshalb weckten die Berge meine Neugierde.

Nichts lässt sich wirklich voraussagen, allem Rationalen zum Trotz, weil das die Eigenart, die Verformung und das Verspielte dieser Gesteinswelt nicht erlaubt. Die Felswände leben durch das Unvorhergesehene, das Verführerische, machen das Bleibende wahrnehmbar veränderlich. Das Gefühl der Bergfreiheit schwindet zur halben Freiheit, weil nichts, aber schon gar nichts wirklich sicher hält. Spätestens wenn Griffe oder Tritte, die als todsicher befunden wurden, nichtsdestotrotz zu Sand zerfallen und zertreten werden, weiß man,

dass bisherige Künste im Klettern zur Armseligkeit verkommen sind. Ein zerbrechlicher Ort. Der Fels bettelt um Liebkosungen, als genösse er die Streicheleinheiten, er lässt die Herzen seiner Liebenden beben und in scheuer Ahnung von Mut hineinwachsen ins Staunende, ins Wollüstige, in ein Meer versteinerter, barocker Wellen.

Berge haben keine Worte; um sie zu verstehen, um ihre Geheimnisse zu lüften, müssen wir in sie hineingehen. Im Bergsteigen fängt das Staunen erst mit der Freude, mit dem Sehen des Unmittelbaren an, und das Lachende, wenn Unerbittliches zum Genuss gedeiht. Das Vertraute im Großen wächst eben nur durch das oft im Kleinen Erlebte.

Schlussendlich schien es mir am besten, die Anstiegsroute wieder abzuklettern, so wie es auch Paul Preuß gemacht hätte. Preuß schrieb in den Dezember-Mitteilungen des Österreichischen Alpenvereins aus dem Jahr 1911: «Was für den Aufstieg aber recht ist, muss für den Abstieg billig sein! Einem Berg ist ja die Jungfräulichkeit nicht genommen, wenn man zwar frei hinauf – nicht aber wieder herabgekommen ist, – im Gegenteil sogar [...].» Difallah, einer der ganz großen Wüsten-Bergführer unter den Beduinen, hatte nie etwas von Paul Preuß oder von den Preuß'schen Grundsätzen gehört, aber seine erste Frage, als er später von meinem Alleingang erfuhr, war: «Have you been on the top without a rope?»

Die Schlüsselstellen, darunter eine sandige Querung in der Gipfelwand, gelangen hinab fast leichter als im Aufstieg. Nach genussreicher Abkletterei stand ich nach einer weiteren Stunde wieder am Wandfuß. Sigi erwartete mich dort und machte einige Fotos. Mittags aßen wir im Resthouse, tranken Tee und Kaffee. Fouzi Fiami, unser Freund aus Akaba, war zu Besuch. Als angenehm empfand ich die Ruhe, die der schwergewichtige Mann ausstrahlte. Einer der Kellner warf uns einige Orangen zu. Alles nette Kerle, die sich hier für 100 Dinar Monatslohn achtzehn Stunden am Tag abrackerten.

Die Sonne hatte jene Werte erreicht, die die Landschaft vibrieren und uns auf der Suche nach Deckung jede schattige Oase anvisieren ließ. Doch wie wollte ich sie lieben, die Sonne! Um 3 Uhr startete ich zum zweiten Ziel meines Soloprogramms. Bald glückte mir die Flucht in den Schatten meines Berges, und ich verfolgte das Steiglein entlang der aus dem Felsen gehauenen Wasserrinne, welche die Nabatäer vor 2400 Jahren angelegt hatten. Vom «Lawrencebrunnen» bis hinunter zum flachen Wüstenboden, da, wo die Ausgrabungsstätten der Nabatäer liegen, leitete einst diese Felsenkerbe das Wasser.

Die Hitze des Tages forderte viel an Energie und noch mehr an Konzentration. In beiden machte sich ein Defizit bemerkbar. Mein Tempo reduzierte sich von selbst, ich hatte es nicht eilig und freute mich über den Klettergenuss. Die steilen, von vielen Schüppchen gezeichneten Platten waren oft von wundervollen Rissen begleitet, und der abschließende Wulst, an dem einige winzige, aus der Sandplatte herausstehende Kiesel das Klettern ermöglichten, ergab die Schlüsselstelle. Unseren englischen Freunden Toni, Diana und Wilfried gelang 1986 die Erstbegehung dieser Himmelsleiter, die in unseren Breiten alle Voraussetzungen für eine Modetour erfüllen würde, mit eingeschlossen der bezeichnende Name: «The Pillar of Wisdom» (350 Höhenmeter, bis 6b). Als Free Solo verlangten die letzten Stellen viel Vertrauen auf die Wenigkeiten, an denen die Gummisohlen die nötige Reibung finden sollten. Ein ausbrechender Kiesel hätte gereicht …

Unser Freund Fouzi Fiami aus Akaba mit seinem Sohn.

Zuletzt ging es noch ziemlich kühn direkt über die Pfeilerkante. Den allerletzten von drei Haken in der ganzen Route nahm ich als Kletterhilfe. Mit einem Finger in seiner Öse musste ich sehr hoch steigen, bis ich einen guten Griff oberhalb eines kleinen Wulstes erreichte. Die Sonne stach in den Augen, und die Hitze des späten Nachmittags klebte an den Felsen. Die Flasche Mineralwasser vom Einstieg rann mir aus den Fingern, und ich wünschte mir eine Prise Magnesia. Denn diese allerletzte Passage, dort, wo sich der Pfeiler bereits nach hinten legt, jagte mir Angst in die Glieder. Ein völlig griffloser «Katzenschleicher» brachte mich auf den Pfeilergipfel: verrückt, aber wunderschön zugleich! Ein Wahnsinn!

Hatte diese Tour nun meine Lebensqualität erhöht? Im Augenblick vielleicht ja! Ich weiß es nicht genau. Jedenfalls war ich sehr glücklich, und das Glück brannte bis unter die Fingernägel. Und das im wahrsten Sinne des Wortes: Sie brannten höllisch. Nichtsdestotrotz fühlte ich mich andererseits wie verhaftet, meinen Zielen verhaftet. So dasitzend und in die Runde blickend, jagten meine Gedanken schon wieder neuen Ideen entgegen. Kaum war ein Wunsch erfüllt, war bereits ein neuer geboren.

Ich hatte Angst davor, würde ihnen aber nicht entfliehen können. Es war wie ein Perpetuum mobile des Ausgeliefertseins. Ein immer wiederkehrendes Haschen nach Wind. Eigentlich hätte ich genug haben müssen vom Wind. Die Schatten wurden länger, auch jene über dem Wüstenboden. Aber es blieb genug Zeit, die Beduinenroute abzuklettern. Der Weg bestätigte mir, mit welchem Können und mit welchem Gefühl für Wegsuche diese von der Jagdsucht getriebenen Beduinen im Preuß'schen Stil die meisten Berge hinaufgeklettert sind.

Am Abend saßen wir noch mit jordanischen, palästinensischen, englischen, französischen und Schweizer Freunden beim Rotwein. Was für ein Tag! Die fünf Sterne im Kalender würden nicht ausreichen, um seinen Inhalt genug zu würdigen. So manche Flasche Rotwein half dabei, neue Freundschaften zu besiegeln. Und was für ein Problem sind schon verschiedene Sprachen, wenn der Flaschengeist für die nötige Verständigung sorgt und wenn man sowieso weiß, wovon man spricht?

Einige Jahre später. Jedes Jahr zum Winterende standen unsere Zelte für einige Wochen am gewohnten Fleck am Beginn des Wadibachs, am Fuße der Ostwand des Jebel Rum. Diesmal waren es vier Zelte, je eines für Sigi, Oswald und mich und eines für die Ausrüstung. Von einem vorgelagerten Felsgrat abgeschirmt, genossen wir die Abgeschiedenheit von Staub und Wirbel des Wüstenstädtchens Rum.

Die Stille wurde allein von einer dauernden Melodie begleitet, die aus der riesigen Felsmauer der Jebel-Rum-Ostwand drang. Wie von einem unsichtbaren Orchester wurden Geräusche des Windes herübergetragen – vom hoch tönenden Säuseln bis zu drohend dröhnenden Bässen und Getrommel, wenn sich die Winde hart in den Felsen brachen. Ein musikalisches Spektakel. Begleitet wurde diese Windkulisse vom Widerhall, der alles Akustische, ob Muezzin, abgespielte Hymnen, Motorengeräusche, wie ein Mischpult in Musik verwandelte.

Nachts, nachdem die Zeltfeuer erloschen waren, stand ich oft lange, andächtig den Kopf nach hinten gebeugt, verloren in Vorstellungen über die Ewigkeit und Unendlichkeit, unter einem unbegreiflichen Firmament. Nichts kann die Erhabenheit der Schöpfung stärker ausdrücken und die Verbundenheit der Seele spürbarer machen als die «Sterne, die Boten der Schönheit, die jede Nacht mit ihrem mahnenden Lächeln das Universum erleuchten». So formulierte es der Philosoph Ralph Waldo Emerson.

Unser Freund Oswald Oelz, der Expeditionsarzt vom Makalu 1974, hatte uns eine Woche lang begleitet. Nun rief wieder die Klinik in Zürich nach ihrem Primarius. Für Sigi und mich stellte sich nun die Frage, ob wir noch einige Erstbegehungen klettern oder erstmals die vielen Türme der Ishrin-Gruppe überschreiten sollten. Sigi hatte dieses Ziel spaßeshalber vorgeschlagen, und mich hatte die Idee sofort begeistert. Schon am nächsten Tag überschritten wir drei der Türme, jeweils über die längsten und schwierigsten Routen. Das waren mehr als 1300 Höhenmeter im Aufstieg, die logischerwei-

Mit Oswald Oelz (links) und Sigi Brachmayer (Mitte) nach einer gemeinsamen Erstbegehung am Jebel-Rum-Südgipfel.

se auf der anderen Turmseite wieder abgeseilt werden mussten. So gelangten wir nach drei Tagen im fleißigen Auf und Ab bis zum Mhakman Canyon.

Möglicherweise war es eine Überreizung oder eine unbedachte Kletterbewegung, jedenfalls war es mir am nächsten Tag nicht mehr möglich, allein aus dem Zelt zu kommen. Ich kannte den Befund meiner Bandscheiben zu genau, um mir noch große Hoffnungen auf weitere Klettertouren in diesem Urlaub zu machen. Anstatt die Überschreitung fortzusetzen, fuhr ich zum nahen Roten Meer. Die Wärme und das Salzwasser waren mir in so einem Fall schon öfter eine gute Therapie. Etwas gesünder kehrte ich nach drei Tagen ins Wadi Rum zurück. Noch zwei Tage des Nichtstuns verstrichen.

Es waren schöne Tage, Tage des Ruhens, Lesens, Schreibens und des Staunens über die großartige Bergwelt. Lawrence von Arabien hatte diese Reihe von Felstürmen als die sieben Säulen der Weisheit bezeichnet. Ihre Überschreitung war ein besonderes Erlebnis, nicht nur in der Gegenwart einzigartig. Gerade im Rückblick taten sich immer wieder Erinnerungen auf. Viele Routen in den Wänden dieser Säulen tragen unsere Namen. Sie beginnen im Süden mit dem Draif al Murag, der durch seine rote Wandflucht auffällt. Da-

Das schnell wachsende Städtchen Rum am Rand der arabischen Wüste. Links die beiden Nassranyiah-Gipfel, dahinter rechts der Bildmitte der Draif al Murag.

nach schließen sich die beiden wuchtigen Türme der Nassranyiah-Gipfel an, die aus dem ebenmäßigen Wüstenboden wie Pilze herauswachsen, gekleidet in eine faltige Haut. Sie erinnern mich an die Lederhose meiner Kindheit.

Der stark zergliederte und turmreiche Jebel Ejil und der kolossale Jebel Kharazeh schließen sich nach Norden hin an. Der Jebel Kharazeh besticht ganz besonders durch seine tiefen Canyons, mit denen er sich abgrenzt und aus denen er mit senkrechten Wänden in die Höhe wächst. Der Mächtigste von allen und der Geheimnisvollste dazu ist der Jebel Ishrin. Gewaltige Wände, nach allen Seiten hin. Seine Gipfelbesteigungen können an den Fingern einer Hand abgezählt werden. Der riesige Gipfelaufbau aus übereinander gehäuften, semmelartigen Sandhügeln. Wie naive Malerei in die Landschaft gestellt. Traumbilder, zu Wirklichkeit versteinert.

Die nach vorne offenen Beduinenzelte gaben genau den geschilderten Ausschnitt frei. Noch einige Kletterer französischer, englischer, Schweizer und sächsischer Herkunft belebten die Szene. Ein kleines Grüppchen von großer Internationalität. Whiskyflaschen machten die Runde. Leider immer wieder. Nur mit Überwindung gelang es uns, das warme, grässliche Zeug, zu dem wir genötigt wurden, hinunterzuwürgen und diese Qual noch mit einem freundlichen Lächeln zu quittieren.

Die Franzosen hatten ihre Mädchen dabei. In saloppen Shorts, blond, sexy, kettenrauchend und biertrinkend. Es war ihnen sichtlich langweilig. Sie schlugen nach den Fliegen; es gab reichlich davon, und man konnte sie niemals besiegen.

Nur wenige waren es, die 2002 den Mut hatten, hierher zu kommen. Auf Grund der aktuellen geopolitischen Lage – der Krieg der Israelis gegen das palästinensische Volk spitzte sich zu – hatten viele diese Gegend gescheut. Die reichen Staaten sprachen von moderner Globalisierung, während man landlose Völkergruppen, die zur Belastung geworden waren, wie heiße Kartoffeln fallen ließ.

Die grauenhaften Selbstmordattentate der Palästinenser waren die Antwort auf alle nicht eingehaltenen Versprechen und auf die Brutalitäten des israelischen Militärs. Für mich erhob sich die Frage: Waren Racheakte der Israelis besser oder zu rechtfertigen, nur weil sie von einer staatlichen Armee mit modernen Waffen ausgeführt und von einer Weltmacht wie Amerika geduldet wurden? Die Motive zum Selbstmordterror waren nicht vom Himmel gefallen. Ohne den schrecklichen Terror verharmlosen zu wollen, sehe ich darin doch einen erbitterten Hilfeschrei, die allerletzte Konsequenz eines gedemütigten, entrechteten, verzweifelten Volkes. Eines Volkes, dem nicht mehr

blieb als ihr eigenes Fleisch und Blut und der Selbstmord als Waffe gegen die Panzer und Raketen ihrer Feinde. In die Ecke getrieben, der Aussichtslosigkeit ausgesetzt und meistens einseitiger Schuldzuweisung aus dem nahen und fernen Westen unterworfen. Dazu jahrzehntelange Unterdrückung vor den Augen aller Welt, die keinen Finger rührte. Das erzeugte den Hass, der diesen furchtbaren Terror erst möglich machte und schürte. Der Weisheit letzter Schluss: Man baute wieder einmal Mauern!

Politische Hilflosigkeit und starres Machtdenken unterdrückten jede Vernunft, auch jene Vernunft, aus der Vergangenheit zu lernen. Dabei gäbe es wohl genug Beispiele dafür, dass man mit Mauern keinen Frieden, sondern Ghettos schafft, eine Apartheid, die noch mehr Hass erzeugt. Die Zeit, in der Macht Völker unterdrückt, ausgrenzt oder einsperrt, war bisher immer begrenzt. So heißt es warten, bis zu einem nächsten 11. September.

Ein Telefonat mit Herta – ihre Worte liebend, reizend, heimlockend ihre Stimme – stachelte meine Sehnsucht nach ihr noch mehr an. Bald feierten wir silberne Hochzeit. Ihre Liebe musste viel Verständnis aufbringen, aber wir sind heute tiefer verwurzelt als je zuvor.

Der Krieg und die traurige Ahnung über das Elend der Menschen ließen meine Motivation zusätzlich sinken. So wundervoll der Spielplatz in der Wüste Jordaniens war, die Tatsache, dass das in so naher Entfernung, praktisch fast hinter den Bergen, an denen wir kletterten, passierte, stellte die Sinnhaftigkeit unseres Tuns doch sehr in Frage. So gesehen sollte die Überschreitung nur noch ein Abschiedsunternehmen sein von diesem Land. Natürlich auch immer in dem Bewusstsein, so manche Fels gewordene Traumfrau hinter sich zu lassen. Traumfrauen sind nicht da, um bestiegen zu werden; tut man es, verblasst das Besondere zum Gewöhnlichen. Traumfrauen sind zum Träumen da, wie das Wort schon sagt. Sie begleiten und verschönern unser Leben, schulen unsere Phantasie, bis wir sie ablegen, weil sie unnötig geworden sind. Alleine Fotos werden noch Erinnerungen wachrufen, Möglichkeiten zeigen und Genüsse erahnen lassen. Sie lassen lange träumen, bis verlagerte Werte die Sehnsucht danach abschwächen und die Bilder wie auch die Erinnerungen und Sehnsüchte verblassen.

Wolken zogen über den Himmel, nahmen das Licht aus den Wänden und Türmen. Nur die Konturen ließen die Steilheit der Türme noch erkennen. Die Fronten waren in gleichmäßigem Maße verblasst, als hätte ein Maler mit riesigem Pinsel Kleckse auf den milchigen Hintergrund gesetzt. Der Wind wirbelte Sand in die Luft und ließ den Wüstenboden wie ein milchig wogendes Meer aussehen. Die Berge weiter im Süden waren nur mehr als dunkle Schatten in dem dunstigen Staub-Luft-Gemisch zu erkennen.

Am letzten Tag unseres Urlaubs angelangt, wagten wir doch noch einen Versuch, die Überschreitung fortzusetzen. Endlich der Muezzin, das Signal zum Aufstehen. Es war eine warme, fast schwüle Nacht gewesen, zu schwül, um erholsamen Schlaf zu finden. Müde und mit flauem Magen zog ich die letzten noch nicht gebrauchten Kletterklamotten über.

Zwölfmal war ich nun in Jordanien gewesen, fast hundert neue Routen waren im Verlauf dieser Urlaube gelungen. Ich hatte in den Jahren miterlebt, wie sich aus dem Nest mit Polizeigebäude, Resthouse und wenigen Beduinenzelten eine kleine Stadt mit regem Tourismus entwickelte.

Wenn man anfängt, Bilanz zu ziehen, stellen sich gleichzeitig Fragen über die Sinnhaftigkeit weiterer Ziele. Die gleichen Ziele, die früher Sehnsüchte, Gefühle und Gedanken weckten, die in neue Freiheiten aufbrechen ließen, können irgendwann zum Fluch werden, wenn die Sinnperspektive mit der gebotenen Herausforderung nicht mehr übereinstimmt. Man ist zerrissen in Gefühlen und Geisteshaltungen. Ist im Labyrinth seiner zerfallenen Illusionen wie eingesperrt. Steht zwischen dem Tun, welches das vorgegebene Ziel einfordert, und dem Vernunftgedanken, der die Sinnhaftigkeit in Frage stellt. Wie beim Zauberlehrling, der die Geister, die er rief, nicht mehr los wird.

In einer solchen Situation befand ich mich. Ich zweifelte am selbst auferlegten Zwang, jetzt klettern gehen zu müssen. Warum tat ich mir das an? Konnte ich diesen Menschen noch verstehen, der gegen seinen Willen den Rucksack fertig einpackte, die Wasserflasche mit Mineralwasser füllte und schließlich schlaftrunken und lustlos im Licht der Stirnlampe über den sandigen Wüstenboden torkelte? Immer in die Richtung des riesigen Schattens, welcher das Bergziel vorgibt.

Und ich ließ alles geschehen, obwohl mir eine innere Gewissheit die Chancenlosigkeit meines Vorhabens schon lange prophezeite. Zwar brauchte ich keine Hilfe mehr beim Aufstehen oder beim Anziehen der Schuhe, aber die Schmerzen der demolierten Bandscheibe waren nicht wegzuzaubern. Die Schmerzen zogen sich bis in die Oberschenkel hinab, ließen meinen Rücken noch deutlicher verkrümmen, machten die Schritte noch hinkender. Jede unbedachte Bewegung jagte mir einen stechenden Schmerz durch den ganzen Körper.

Das Rufen des Muezzins war längst vom Geschrei der Hähne abgelöst worden. Fast im Einklang dazu stand das Bellen der Hunde, die ihr Revier mit lautem Gekläffe verteidigten. Die Stille der Nacht wurde unterbrochen von durchdringendem, hoch tönendem und dazwischen dumpfem Gebelle. Die Schmerzen machten müde und demotivierten mich. Unrast und Überdruss waren in mich gefahren.

Blick vom Jebel Ishrin in den oberen Teil der Nordwand des Jebel Kharazeh; in Gipfelfalllinie die Route «Waterline».

Beeindruckend hob sich die Silhouette der Gipfel vom nachtblauen Himmel ab. Langsam verblassten die Sterne, und der erwachende Tag zeichnete zunehmend lichtere Strukturen in den Scherenschnitt.

Am Einstieg zwei Aspirin. Zuerst kletterten wir seilfrei die ersten Seillängen vierten und fünften Grades empor. Bei jeder einzelnen Anstrengung, bei jeder notwendigen Verrenkung, bei jedem Piazzug oder Spreizschritt hämmerte mir der Schmerz vom Rücken bis ins Hirn hinein. Normales Klettern war, wie ich befürchtet hatte, unmöglich; zu zögerlich geschahen die Kletterzüge, das Hinsetzen des Fußes. Jeder Schritt ein Schmerz – und Tausende solcher Schritte würden es sein bis zum Gipfel. 27 Seillängen zieht sich unsere Route «Amphitheater» durch die höchste Steilwand der jordanischen Wüste.

Das Unterfangen stellte sich als hoffnungslos heraus, wir seilten wieder ab zum Wandfuß.

Sigi und ich. Unser Zusammensein war in vielen kritischen Situationen oder auch nach derartigen Niederlagen von Blödeln und Lachen begleitet. Damit wurden viele Ängste verdrängt, viele Zwänge und Notwendigkeiten relativiert. Der Humor und die Phantasie waren neben dem Glauben sehr wichtige Wegbegleiter auf allen unseren Abenteuern. Wie schon Albert Camus sagte: «Die Phantasie tröstet die Menschen über das hinweg, was sie nicht sein können, und der Humor über das, was sie tatsächlich sind.»

Wir gaukelten noch eine Weile im Canyon herum, fotografierten, erzählten, spazierten zu den Einstiegen früherer Erfolge. Nahmen Abschied vom Glanz der Vergangenheit. «Das waren Zeiten, da haben wir noch gebrannt vor lauter Agilität und Abenteuerlust», sagte Sigi.

In der Tat, es gab nichts Lebenswichtigeres, als diesen Möglichkeiten zu folgen, bis zum Gipfel des Jebel Kharazeh. Durch die massive Wandfront führen mehrere ausgesprochen schöne Routen, «Reise durchs wilde Kurdistan», «Rock Fascination», «Abraham», «Struwwelpeter»; unsere letzte Kreation war die «Waterline», die längste und schwierigste Route auf diesen Gipfel. Aus den Erinnerungstiefen kam mir fast vertraut der Duft jenes Tages im April 1999 entgegen. Mit Müh und Not waren wir bei der Erstbegehung einem Biwak entkommen: zwanzig Seillängen und Schwierigkeiten bis 7a. Die meisten unserer Routen werden mit viel Respekt behandelt und gemieden. Umso mehr gefreut hatte uns die Nachricht, dass die «Waterline» von einer sächsischen Seilschaft in der beachtlichen Zeit von lediglich neun Stunden wiederholt wurde.

Es gab sie also noch, die Alpinisten, die vor nichts zurückschreckten. Wir freuten uns darüber, dass es noch Kletterer gab, die den Mut zu extravaganten Routen hatten und nicht bloß die Nullachtfünfzehn-Wege, die alle gehen,

nachstiegen. Allerdings sind diese Sachsen, die wir von früheren Urlauben persönlich kannten, nicht nur hervorragende Kletterer, sondern sie haben auch große Erfahrung mit dem jordanischen Sandstein. Ich wagte es nach der Erstbegehung nicht, eine Zeitvorgabe für Wiederholer zu machen. So schrieb ich, man müsste sehr gut und schnell klettern können, wolle man sein Bier am selben Tag im Resthouse genießen.

Die «Amphitheater», in der wir heute keine Meter machten, gilt als die längste Route durch die höchste Steilwand Jordaniens. Natürlich kann auch der Berg, der Jebel Ishrin, auf den die Route führt, nicht gerade als Hügelchen bezeichnet werden. Der höchste Punkt wurde bisher nur zwei- oder dreimal erreicht. Da fast alle Routen sehr weit unterhalb enden, wird der Gipfel selbst kaum betreten. Es gibt auch keine vorgegebenen Abstiegswege. Bald nach dem Gipfel verließen uns die letzten Sonnenstrahlen und die ärgste Hitze des Tages, doch mit südlicher Plötzlichkeit war es auch dunkel um uns.

Getrieben vom heftigen Wunsch nach kühlem Bier, suchten wir die bald nur mehr schemenhaft erkennbaren Möglichkeiten von Absatz zu Absatz abwärts. Die Wasserflasche war längst leer, Mund und Rachen waren ausgetrocknet und schleimig, die Hände blutend und dick geädert. Alle Spöttereien, die normalerweise zwischen uns ausgetauscht werden, waren verstummt. Das Sprechen fiel schwer.

Im Kopf hatten wir uns eine Abseilmöglichkeit ausgemalt, die es nun zu suchen und zu finden galt, in der sternenhellen, aber doch finsteren Nacht. Trotzdem gelangten wir kletternd und abseilend relativ schnell über die abgestuften Felslandschaften der Gipfelzone. Wir waren an der Kante zu einer Steilwand angelangt, die wir mit dem Fernglas schon ausgekundschaftet hatten. Wir wussten, dass die Wand senkrecht etwa 400 Meter zum Außenrand des Mhakman Canyon abbricht. Jetzt so mir nichts, dir nichts in die unbekannte Finsternis hinabzuseilen, das war trotzdem ein starkes Stück. Eine schwere Entscheidung, die mit weniger Glück auch eine verhängnisvolle Entscheidung hätte sein können.

So wie zu Hause am Hochkogel versuchten wir auch hier, die Ausrüstung, die man normalerweise im Rucksack verpackt, auf ein extremes Minimum zu beschränken. Pedantisch wurde jeder kleinste Gegenstand auf die Goldwaage gelegt und mit dem Geiz eines Milliardärs ausgesondert respektive nach mehrmaligem Umdrehen doch im Rucksack verstaut. Jeder von uns musste mit einem Liter Wasser auskommen. Das war natürlich viel zu wenig, in einer heißen Südwand, die noch dazu kein Ende nehmen wollte. Andererseits hätte man die Menge Wasser, deren es eigentlich bedurft hätte, gar nicht mitschleppen können.

Dieser drakonischen Zensur fielen auch alle Biwakutensilien, inbegriffen die Stirnlampe, zum Opfer. Die karge Flamme eines Feuerzeugs musste genügen, um das mit Händen und Fingern Ertastete im Zweifelsfall zu beurteilen. Meistens gibt es im Sandstein irgendwo Sanduhren. Man konnte sich darauf aber nicht verlassen, und man musste sie in der Finsternis erst mal finden und erkennen, ob sie für einen Abseilstand stabil genug waren. So suchten wir uns geduldig, fast gemächlich, zwischen Idee und Wirklichkeit, zwischen Gedanken und Gefühlen eingebunden über die absolut senkrechte Felsmauer nach unten.

Einmal hing ich in einem Überhang, das Seil war fast aus – nur Luft unter meinen Füßen und kein Land in Sicht. Irgendwo zwischen Zeit und Ewigkeit von den letzten Kräften verlassen, prusikte ich an den Seilsträngen zurück. Das Gehirn ausgebrannt, trockengelegt genauso wie die Kehle. Die Denkfähigkeit reichte nicht einmal mehr aus, um sich über unsere dumme nächtliche Abseilerei zu ärgern oder sich darüber zu wundern, dass wir nicht schon längst samt Verankerung und Seilen über die finstere Wand abgestürzt waren. Wir waren nur noch auf die augenblickliche Handlung als letzte Chance fokussiert. Es galt, eine Fixierung für die nächste Abseillänge zu finden. Nach einigem Hin und Her blieb ein kreisrundes Loch, in dem ein mittlerer Friend unterzubringen war, die einzige Möglichkeit. Der Sandstein schien kompakt zu sein, und im Notfall musste eben dieses eine Mal ein einzelner Friend als Abseilverankerung ausreichen. Danach wurden die Standplätze wieder besser.

Das Seilabziehen war jedes Mal mit besonderer, banger Spannung und stillem Bitten an Gott verbunden. Es wäre fatal gewesen, wäre es an einer der vielen Schuppen oder an einem Zacken hängen geblieben. So gesehen war die Steilheit der Wand ein entscheidender Vorteil. Endlich und Gott sei Dank war irgendwann nach Mitternacht der Wandfuß, der sichere Boden, erreicht. Eine Erlösung. Um eine Neugeburt im Leben reicher.

Alles war entbehrlich geworden außer dem in uns alles andere verdrängenden Wunsch nach Bier. Wenn auch viel Damaliges sich aus meinem Geist verlieren sollte, die Biere jener Nacht werden sicher nicht dabei sein. Diese Augenblicke des Rauschglücks gruben sich als die genüsslichsten des Lebens in mir ein.

Überall auf der Welt findet ein leidenschaftlicher Abenteurer seine Erlebnisse:
Urlaub auf der geheimnisvollen Insel.

GEHEIMNISVOLLE INSEL

Herta liebt das Meer, und ich vermute, sie könnte ohne Skrupel unsere schöne Alpenlandschaft gegen die kahlen Küstenstreifen des Mittelmeeres eintauschen. So sind unsere Familienurlaube seit vielen Jahren ein Kompromiss: Herta hat ihr Meer, ihren Strand, ihre Sonne, und ich habe die Berge oder zumindest meine Kletterfelsen. Hertas Meeressehnsucht scheint eine nie endende zu sein, mich hingegen beschleicht nach wenigen Wochen schon ein Gefühl des Heimwehs. Waren Plätze wie die in Korsika oder hier auf der Insel einmal lieb gewonnen, wollten wir immer wieder dorthin zurückkehren. Eine Ersatzheimatlichkeit war gefunden. Die Vertrautheit mit dem Land, den Menschen, den Gegebenheiten wuchs von Jahr zu Jahr und von Urlaub zu Urlaub. Die unendliche Weite des Meeres faszinierte, beflügelte mit Kraft und Poesie und setzte Erotik frei. Die unergründliche Ferne ist nirgends so nah spürbar wie am Rand eines Meeres. Es wächst eine Beziehung zum Land, zum Meer, zu den Bergen oder Felsen – vor allem aber zum Meer. Und was vielleicht am wichtigsten ist, es verändert sich auch das Verständnis für andere Kulturen. Es wachsen Horizonte, die mit dem Standpunkt aufräumen, dass eine – unsere – Kultur besser sei als die andere.

So verbrachten wir früher viele Sommermonate auf Korsika und die Urlaube der letzten zehn Jahre auf «unserer» Insel in Griechenland. Orte, an denen ich in der Erinnerung unseren Sohn immer noch als Kleinkind, als Knaben und im zarten Jugendalter vor mir sehe. Mit Wehmut läuft diese Zeit an meinem inneren Auge vorbei, und im Verlauf des Alterns trauere ich dem immer mehr nach. Ein Zurückstarren in den unverrückbaren, gemeinsamen Lebensabschnitt.

«Meine» Felsklippe, die wie ein mächtiger, schattiger Keil zwischen das azurblaue Meer und den blassblauen Himmel drängt und diese Bläue in zwei Hälften teilt, ist etwa 2 Kilometer lang und zieht sich als Steilwand vom Randbereich der Insel bis hinein ins Meer. In den Neunzigerjahren erschloss ich hier eine Menge neuer Linien, oft in Begleitung von Freunden, aber auch in vielen Alleingängen ohne Seil.

Die meisten dieser Routen sind vom fünften Schwierigkeitsgrad aufwärts angesiedelt. Die Wandhöhe von nur etwa 120 Metern spiegelt eine eigentlich nicht gegebene Harmlosigkeit vor. In Wahrheit haben alle Routen alpinen Charakter, sowohl in der Beschaffenheit des Kalkgesteins wie auch in der kargen Absicherung der Kletterei.

Eine rationale Betrachtungsweise würde der Insel nicht mehr oder weniger Geheimnisumwittertes nachsagen können als anderen mediterranen Inseln. Das mit den Augen Sichtbare ist aber doch nicht mehr als die Eisbergspitze des Unsichtbaren. Allein der Besucher selbst kann diesem Juwel durch

Herta an ihrem geliebten Meer.

seine persönlichen Phantasiebilder eine Aura von Heimlich- oder Unheimlichkeit einhauchen. Erst die innere Mystik des Menschen, seine Ahnung, seine Phantasie, seine Romantik, seine Sensibilität, mit der er die sichtbaren Dinge mit seiner geistigen Übermalung umgibt, weckt die Geheimniswelten der Insel zum Leben.

In diesem Falle sind auch egoistische Motive nicht ausgeschlossen. Die Anonymität dieses kleinen Paradieses soll bewahrt bleiben, damit diese Vollkommenheit der Naturwelt nicht zerstört werde. Dieses Sprießen, dieses Blühen wundervollster Blumen und Sträucher und Disteln. Orangefarbene Herbstkrokusse, üppige Feuerlilien und purpurrote Rhododendren entwachsen wie hingesetzt den senkrechten Felsfronten. Scharen von Besuchern würden den vielen sehr scheuen Geißen, die dort in Wildheit leben und mit erstaunlicher Fertigkeit durch steilstes Felsgelände steigen, den Lebensraum einengen. Außerdem hätte ich Sorgen um die allerschönsten Exemplare von Ringelnattern, die man zwar selten, aber doch hie und da antreffen kann. Ihre Dicke ist beinahe die eines Kinderarmes, und die Länge – sie lässt sich schwer schätzen – kann, so schien es mir, die Körperlänge eines ausgewachsenen Menschen nicht weit verfehlen.

Der so genannte Hertaspfeiler gehört zu jenen Paradetouren, ohne deren Begehung das Heimfahren nicht denkbar ist. Vor Jahren, es war 1993, hatten mein Urlaubspartner Uli und ich die Route erstbegangen und den Kletterweg unseren Frauen, den beiden Hertas, die wegen der Schule mit den Kindern eine Woche früher heimmussten, gewidmet.

Die alljährliche Solo-Muss-Route war heute meine Eingehtour im Auf- sowie auch im Abstieg gewesen. Das eigentliche Ziel war jedoch etwa 20 Meter links davon. Beim Schwimmen am Wandfuß hatte ich diese Möglichkeit entdeckt: eine riesige, auf den ersten Blick glatte, gelbliche Plattenflucht. Ging man der Sache näher auf den Grund, erkannte man Linien und zerfressene Felspassagen, die inmitten der Glätte des Gesteins ein beinahe zusammenhängendes System von Klettermöglichkeiten anboten.

Das Meer war heute besonders unruhig. Poseidon, der Meeresgott, war zornig. Mit ungestümer Regelmäßigkeit drängte er Welle um Welle herbei, die ihre Gischt über die Felsen der Steilklippe weiß schäumend ergossen und wieder, das Meeresblau zurückgewinnend, abflossen, um erneut, mit neuer Energie, ihr Weiß auf die Felsen zu schleudern. Ich war völlig nass, als ich den Punkt erreichte, von wo aus das eigentliche, an Höhe gewinnende Klettern beginnt. Auch wenn ich nicht unbedingt etwas Schwieriges klettern wollte, war in mir doch die unbeherrschbare Begierde, meine Neugier zu stillen, erfüllt auch von jenem Zauber, den jeder Anfang in irgendeiner Weise innehat.

Zuerst musste ich den Wulst der Auskerbung, den das ewige Wasser aus dem Fels gewaschen hatte, überklettern. Akrobatisch, kraftraubend und glitschig. Eine Welle nahm mir fast den Halt. Aber das war nur Spiel; das Meer ist tief, und wenn mich die Lust überkommen hätte, wäre ich mit einem Freudenschrei ins Wasser gestürzt. Ich ließ es dennoch nicht zu, kletterte über senkrechten Fels mit winzigen und scharfen Haltepunkten empor, immer darauf konzentriert, mich reflexartig kräftig von der Wand zu stoßen, sollten die Hände oder die nassen Schuhsohlen zu rutschen beginnen.

Nach den ersten 30 Metern war die Situation gleich ernst, gleich gefährlich wie in jeder anderen Solo-Erstbegehung, egal wo. Auch wenn hier das Meer zu Füßen lag und die Wand nur 120 Meter hoch war. Sie legt sich nämlich für einige Meter zurück, und ein Absturz würde zunächst auf dem Band ein kurzes, schmerzhaftes Intermezzo finden, bevor er unkontrollierbar im Meer endete.

Der Meltime – eine Art Föhnwind – blies aus vollem Rohr, strich fordernd um meine nackte Haut. Mit Vorsicht musste man die starken Windböen ausgleichen, mit Druck dagegen halten. Andererseits empfand ich die erfrischende Brise als besonders angenehm, sie erzeugte ein Gefühl ungestümer Jugendlichkeit und heimlicher Wonnen. Der Einsamkeitszauber hatte seine Fänge nach mir ausgestreckt.

Dem Hotelleben mit all dem Luxus und seinen Bedrängnissen schon wieder auf so wundervolle Weise entflohen zu sein beglückte mich. Ich war in froher Erregung über das nun unmittelbar Bevorstehende, das Unvorhergesehene, das Zufällige und das Verborgene vor mir, was sich höchstens ahnen ließ.

Wenn man Sinn und Gefühl dafür hat, lassen sich immer wieder und überall kleinere oder größere Offenbarungen finden. Hin und wieder sehe ich zwar meine in mir stets lauernde Sucht mit Misstrauen beziehungsweise eher mit einem fröhlichen, manchmal auch bangen Unverständnis gegenüber mir selbst, aber es liegt so viel Reichtum, so viel Wahrhaftes in diesem Tun, dass ihm einfach nicht zu entfliehen ist.

An jenem Tag gab vor allem die Natur die Inhalte vor. Der Sturm, der sich mit lautem Knallen an den Kanten brach. Das tosende Meer, das seine Gischt erbittert an die Felsen schleuderte, als griffen die Schaumfontänen wie gefräßige Arme nach mir. Die Wand, wohl klein, doch jeder einzelne Meter aus einer fabelhaften Inszenierung gewonnen, wie sie in diesen paradiesischen Gegensätzen nur Mutter Natur zu schenken weiß.

Jeder einzeln herausgegriffene Meter erfordert seinen Teil an Mut, Kraft, Überlegung und verzeiht grausamerweise obendrein keinen Fehler. Wie schnell sie doch verspielt sein kann, diese hochmütige Einsamkeit! Wie schnell geht er doch dahin, der Mensch, und wie verletzbar und zerbrechlich ist sein Körper. Eine Unaufmerksamkeit. Ein Sturz. Ein Klatscher. Ein Spritzer, und das Meer hat ihn verschluckt. Hat sich mit einigen Wellchen und Kreisen über ihm geschlossen und ruht, wellt und rauscht, als wäre nicht das Geringste passiert. So wie auch die Erde nicht ein Tausendstel einer Sekunde anhält, eines Menschen zu gedenken. Sie dreht sich unaufhaltsam – für einige etwas trauriger, für ganz wenige viel sinnloser.

Der Mensch ist in gewisser Weise – auch in der Annahme, die göttliche Schöpfung hätte ihn vorgesehen – zwar einzig, doch das ändert nichts daran, dass sein Dasein oder Nicht-mehr-Dasein nicht den geringsten Einfluss auf den Weltengang und die waltenden Naturgesetze nimmt, wenn er auch in seiner Selbstherrlichkeit vom Wahn der Unersetzbarkeit besessen ist. Der Mensch wird die Welt nicht verändern und die Erde nicht aus ihrer Achse heben, am Ende reicht seine Intelligenz höchstens aus, sich selbst zu vernichten.

Die starken purpurnen Farben und die Empörung von Sturm und Meer gaben der Szenerie etwas Anmutiges, etwas Nobles. Azurn bis türkisblau das Meer, ewig aufgewühlt und erregt. Ein unendliches Muster aus leuchtend weißen Kronen aufgesetzt, so als badeten Tausende von weißen Schäfchen, die sich stetig veränderten, im Meeresblau verschwanden, um ihm erneut zu entwachsen.

In mittlerer Höhe ist die Wand stellenweise mit satt blühenden Pflanzen und Winzlingen von Sträuchern bewachsen, an denen Spinnen kunstvolle Netze befestigt haben. Es ist nicht möglich, alle diese Kunstwerke unzerstört zu lassen. In einer Spinnwebe fraß eine fette Spinne gerade eine um ein Vielfaches

Der «Weg der Schlange», der seinen Namen nach dem eindrucksvollen Erstbegehungserlebnis erhielt – hier bei einer späteren Wiederholung.

größere Heuschrecke, die im Netz hängen geblieben war und nun ihr Auffressen live miterleben musste, bis die Spinne endlich die Gnade hatte, von den lebenswichtigen Organen zu kosten, die sie von den Qualen erlöste. Fressen und gefressen werden. Ist dieser Ringeltanz das viel gepriesene Wunder des Seins?

Immer sollte oder muss man während des Kletterns auf verschiedenste Überraschungen gefasst sein. Ab und zu sind die nötigen Griffe, kleine Ritzen und Fugen von Heuschrecken, Spinnen, Hornissen oder auch Mäusen besetzt, die sich plötzlich bedroht sehen und möglicherweise zwicken, stechen oder zubeißen. Ein seltener Fall – aber man sollte trotzdem stets aufmerksam sein, um den Überraschungseffekt klein zu halten. Auch Falken oder kleinere Vögel haben in den Wänden ihre Nistplätze. Ihr Aufschrecken kann für den Kletterer, insbesondere den Solokletterer, eine Gefahr sein.

Fast überall auf der Welt scheint ein leidenschaftlicher Abenteurer seine Erlebnisse zu finden. Auch muss man mit den Jahren erfahren, dass alles Erlebte, alles Gewesene – ob man das nun will oder nicht – irgendwann, zu einem völlig unerwarteten Zeitpunkt, wiederkehrt. Dazu gehören zwar nicht immer lebensgefährliche, aber doch mit einigem Erschrecken verbundene Begegnungen mit Sandvipern oder Kreuzottern. Auf der Insel war ich bisher nur Ringelnattern begegnet. Stets war es mir ein interessantes Ereignis, eines dieser riesigen Exemplare, die dort heimisch sind, zu beobachten.

Wieder einmal der Boshaftigkeit ausgesetzt, dass Griffe für einen klein Gewachsenen wie mich stets zu hoch oben oder gänzlich unerreichbar scheinen, ließ mich jener Umstand voll durchstrecken, um den auserwählten Griff, der kompakt aussah und der sich nach hinten nischenartig vertiefte, einzufangen. Auf einen kleinen Absatz in der sonst glatten Wand wollte ich gelangen, um kurz zu rasten und um meine schon bedenklich dick geränderten Hände auszuschütteln. Der Griff war schon in erreichbarer Nähe, meine linke Hand näherte sich ihm.

Ein durch und durch dringendes Zischen ließ mich die Hand wie nach einem elektrischen Schlag zurückziehen. Der Schreck überfiel mich mit Panik und Angst. Schlagartig wurde mir meine unentrinnbare Lage bewusst, die sämtliche Hochgefühle vertrieb. Ich befand mich in einer sehr ausgesetzten Position: Die Passage war im siebten Grad, meine Beine waren weit ausgespreizt, die eine Hand umschloss mit festem Griff eine Felsleiste, die andere war einfach so auf die Platte gelegt.

So verfolgte ich mit ängstlichem Misstrauen die Flucht der Natter, die gleichermaßen von Schreck erfüllt wie ich ihren Weg nach oben nahm. Und das ausgerechnet mitten durch die sehr steile Wand, deren Platten nicht etwa von Rissen zergliedert waren, sondern eher einer Raufasertapete glichen. Ab

und zu noch eine Vertiefung, eine Abstufung, ein Vorsprung, vereinzelt kleine Sträucher oder Disteln. Toll für Klettermenschen, aber ob auch für Schlangen ein derartiges Gelände kletterbar ist?

Als hätte sie Spaß daran, mich zu ängstigen, kletterte die Natter genau in meiner Falllinie empor. Die grausige Vorstellung nahm von mir Besitz, dass die Schlange auf mich herunterfallen könnte. Im Nachhinein empfand ich dann meine Angst als übertrieben, die Schlange war weder giftig noch hatte sie das Gewicht eines Krokodils, andererseits fehlte mir ein Erfahrungswert, wie das Tier reagieren würde, wenn es auf mich fiele …

Gegen meinen Zweifel sprachen jedoch ihre geradezu grazilen Bewegungen. Ihr schwarz und dunkelgrau gemusterter, seidig glänzender Körper war von beträchtlicher Länge und in Kurven gelegt wie eine an die Wand gepresste, sich drehende Spirale. Manchmal gerade so, als käme sie sich selbst entgegen, schlängelte sie sich die hellgraue Platte empor. Kein Tier vermag in sich so viel Geheimnisvolles bewahren wie eine Schlange, und in einem aus meiner Lage schaudernden Schauspiel presste, schob, zog und hebelte sie ihren schlanken Körper in sicherer, naturgegebener Eleganz über den steilen Fels. Ab und zu einige Momente innehaltend, den Kopf vom Fels ziehend, sich orientierend, den besten Weg suchend, um dann der einen oder anderen Möglichkeit zu folgen.

Mein glücklicher Übermut war verflogen, einem leisen Zittern und Schaudern gewichen. Noch eine kleine Weile verharrte ich wie angewurzelt und beobachtete, wie sich die letzten Windungen der Schlange verloren. Ich war schließlich froh, das letzte Schwänzchen hinter einer Felswölbung verschwinden zu sehen. Über dem Ganzen stand der in vornehme Bläue getauchte Himmel mit unerreichbarem, zierlichem Gewölk, das über dem nahen Horizont der Klippe trieb. Der Meltime spielte mit den weißen Wolkenbäuschen, trug sie über den Himmel, bis sie von der trockenen Luft wie durch einen Zauber aufgelöst wurden.

Langsam kehrte die innere Ruhe und die Stille in mir wieder. Nicht mehr so ausgelassen und locker wie zuvor kletterte ich über die Platte, nahm den Weg der Schlange, der auch für meine Bedürfnisse der idealste zu sein schien.

«Der Weg der Schlange»: Der Routenname zu einer wunderbaren Tour war geboren. Es wird aber ein Geheimnis der Natter bleiben, welches Ziel sie ausgerechnet zu diesem Platz führte, wo es nur Fels, aber weder Wasser noch Mäuse, noch – nach meinem Ermessen – irgendetwas sonst gab, was einer Schlange ein Reiz hätte sein können.

Vorausschauend möchte man nicht in Erwägung ziehen müssen, eine derartige Ausgesetztheit möglicherweise mit Schlangen zu teilen. So wie man lebensbedrohliche Situationen in Schlüsselstellen sich gar nicht vorstellen mag und jene Gedanken weit von sich schiebt. Anders verhält es sich in der Perspektive der Rückschau: Da lebt das Abenteuer aus dem Stoff der ganz speziellen Erlebnisse. Ist es nicht so, dass die eine oder andere Schlüsselstelle, die man am liebsten verwünscht hätte, einen zentralen Teil der eigenen Geschichte bildete, wenn sie schließlich gelungen war?

Im Gesamtwert gesehen, waren diese Trainingswochen auf der Insel von hoher professioneller Qualität, in deren Verlauf erst noch das Familienleben mit eingebunden war. Vor dem Frühstück gemeinsames Schwimmen im Meer, danach ein halbstündiges Quälen in der Kraftkammer und ein vierzigminütiges Gymnastik- und Dehnprogramm unter Anleitung eines Trainers des Hotels. Danach Ausschwimmen, etwas Ruhen auf dem von der Sonne erhitzten Kies am weiten, menschenarmen Strand. Mittags endete Hertas Mittun, meistens trennten sich unsere Wege. Während Herta den Nachmittag auf ihre Art genoss, führte mein Weg anstatt zum Mittagessen auf die Laufstrecke in Richtung Kletterwand.

Für meinen Alpinismus war es nicht nötig, nicht erwünscht, aufgeblasen wie ein Bodybuilder auszusehen, sich an Griffen festzuklammern, als wolle man sich nie mehr im Leben davon lösen, oder seine Athletik zwischen Bohrhaken zu beweisen. Meine Alpinistik war von Anfang an immer darauf abgestimmt, mich innerhalb jenes Schwierigkeitsgrades zu bewegen, den ich beherrschte, und dies sollte gelingen, egal ob allein oder in Seilschaft – meistens aber doch in Erstbegehungen, und dazu brauchte ich keine Bohrhaken und auch nicht das weit übertriebene Ausrüstungs- und Sicherheitsdenken von heute. Es erfüllt mich trotz fortgeschrittenen Alters mit Freude, gewisse Routen im Auf-, aber auch wieder im Abstieg ohne Seil klettern zu können. Diese Inseltage schenkten mir das Selbstvertrauen, das Wissen über mich selbst und die psychische und physische Stärke, um Solo-Erschließungen gehobener Art in den Heimatbergen, in Jordanien oder anderen Gebieten gelingen zu lassen. Dieser – auch teils mit Mühe und Gefahren – erhaltene Freiraum bereitet mir viele Kostbarkeiten, ich würde ihn nicht dadurch eintauschen wollen, höhere Schwierigkeiten zu klettern, dafür aber von Bohrhaken abhängig zu sein. Nicht selten war ich nach diesen Inselwochen in einer Jahreshöchstform, besonders aus psychischer Sicht, was so mancher extravagante Moralkiller bezeugt, der im Anschluss mit Freunden oder auch allein als Erstbegehung gelang.

Die Behauptung wird nicht beweisbar sein, ich bin aber trotzdem überzeugt davon, dass Reinhold Messner auch nach seinem sechzigsten Geburtstag – sollte es in seinem unbeugsamen Willen liegen – nochmals alle Achttausender besteigen könnte, und das, getragen von seinem umfangreichen Knowhow, innerhalb weniger Jahre. Ich erwähne das, weil sich die Perspektiven für das Alter im alpinen Klettern ähnlich wie beim Höhenbergsteigen verhalten. In erster Linie ist Klettern ein steiles Gehen, zumindest bis zum sechsten, manchmal auch siebten Schwierigkeitsgrad. Wenn man eine saubere Technik hat, braucht es relativ wenig Kraft. Ich kenne einige Bergsteiger, auch Wegbegleiter wie zum Beispiel den Pfarrer Franz Guggenberger, meinen Freund Hans Neumayer oder Lois Denk, die sich in sehr fortgeschrittenem oder hohem Alter in extremen Routen noch immer recht wohl fühlen. Sie sind meine heimlichen Vorbilder. Das Schätzenswerteste und Begehrenswerteste für mein alpines Tun ist die Unabhängigkeit von Technik oder auch Menschen. Dieses Tun will ich für mich so fest bewahren, dass ich es bis ins Greisenalter oder lebenslang wenn schon nicht immer genießen, so doch wenigstens leben darf. Freude über jedes Tun, unabhängig vom Alter oder vom Schwierigkeitsgrad, das im Vermögen liegt. Dankbarkeit für das, was im Erreichbaren liegt und zu dem man befähigt ist.

Das vielleicht beste Hotel der Insel liegt 10 Kilometer entfernt. Eine ideale Laufstrecke, um sich für das Klettern aufzuwärmen, und umgekehrt ideal zum Auslaufen nach dem Klettern. Sengende Sonne, die Asphaltstraße wie ein Lavastrom. Sonne von oben, Widerhitze von unten, aber doch immer der Inselwind, der mich nach anfänglicher Qual nach wenigen Kilometern mit Genuss über die teppichweiche, träge fließende, zu Falten gezogene Teerauflage schweben lässt.

Bevor die Sonne ihre Strahlen für diesen Tag zurückzieht, kommt noch das Hineinfallenlassen in die wonnigen Fluten des sanften, erfrischenden Wassers. Die Wellen tragen mich davon. Wie viele Gesichter das Glück doch hat, erkletterte, erlaufene und erschwommene Glücksgefühle! Wieder im Hotel, erquickender Luxus, duschen, ein Bier trinken, das Herta in einem großen Weinschwenker in der Dusche serviert, golden, mit einer weißen Schaumkrone. Doch wären diese Köstlichkeiten auch Genüsse ohne das Laufen, das Klettern?

Lange Abende. Unwiederbringliche Einmaligkeiten gemeinsamer Stunden bei griechischem Rotwein. Hertas Zärtlichkeit, ihre Liebe. Gott, wie schön das Leben sein kann! Ausgefüllte Tage und Nächte, wo die Zeit keine Eile kennt. Bald würde ich müde ins Bett fallen, Herta spüren und schlafen. Schlafen, der südlichen Wärme ergeben. Das dauernde Rauschen der Wellen im Ohr, die dem wirklichen und dem träumenden Sein die Grenzen nehmen.

Am jenseitigen Rand der Nacht das Konzert der frühen Morgenstunden. Das Krähen der Hähne, lautes Vogelgezwitscher, Motoren einsamer Fischerboote am kalt wirkenden, stählernen Meer, über das sich ganz langsam ein kaum auffallendes Rosa legte. Ein winziger, wie von Zauberhand aufs Meer gelegter, missglückter Bindestrich wurde still und vornehm, in ungeahnter Schnelle zum roten, protzigen Ball. Als würde sich ein roter, bald in Orange verwandelter mächtiger Ballon aus dem ruhenden Wasser erheben. Gleich einem Phönix aus der Asche. Die wenigen Wolkenstreifen erhielten eine zarte Helle, und auf die Wasserfläche fielen Spiegelungen, als wären glühende Balken aufgestapelt. Das Meer, ein silberner Streif mit goldenen Spiegeln, darüber dunkelorange bis violett eingefärbte Luftfeuchte, von einem allmählich ins Grau sich wandelnden Passepartout umgeben. Schwalben auf Beutejagd durchkreuzten im Tiefflug und im Zickzack – als hätten Minihäschen Flügel bekommen – die Lüfte. Als wollten sie sich gegenseitig die Beute abjagen, als spielten sie, als freuten sie sich über die aufgehende Sonne, über das Licht des neuen Tages. Weit draußen im Meer ein kleines Boot, man konnte es nicht hören. Aber es sehen, wie es in geisterhafter Gleichmäßigkeit ruhig über das Meer zog, fast auf der linearen Grenze, die das Wasser mit dem Horizont bildete. Mit der Gleichmäßigkeit eines Satelliten, den man nächtens als leuchtenden Punkt das Firmament durchqueren sieht.

Inzwischen war die Sonne zu den Wolken emporgestiegen, zeichnete phantasievolle Bilder an den Horizont, die ihre gespenstisch anmutende Gestalt von Minute zu Minute veränderten. Der Balkenstapel verwandelte sich zu einem im Meer liegenden Atompilz, der immerfort glitzernde Signale der Sonne vermittelte, so als buchstabierte die Sonne ihre Nachrichten auf den Wasserspiegel. Dort, wo die Sonne den Atompilz auf die Wasserfläche malte, schwindelte dieses Bild dem Auge eine Erhebung vor. Wie ein Geschoss in extremer Zeitlupe zog das Boot unbeirrbar auf diese Spiegelung zu, wurde vom Licht verschluckt, aufgelöst und auf der anderen Seite wieder freigegeben. Langsam krochen die Farben auch über das Land. Der wilde Hafer glänzte golden, die wenigen Olivenbäume wandelten ihre Schwärze in glänzend silbernes Grün.

Der steinige Strand verwandelte sein mystisches Leuchten in sein wirkliches, zartes, südliches Hellgrau zurück. Wellen klatschten in symmetrischer Regelmäßigkeit über die Ufer, mit schlürfenden Geräuschen, als wollten sie Sand in sich hineinfressen oder gar die Insel verschlucken. Nur die weit entfernte, leicht umdunstete Landzunge, welche die weite Bucht im Westen einfasst, behielt hartnäckig ihr Dunkelgrau. Als würde der Landarm in der Luft hängen, so unwirklich täuschte es die Ebenmäßigkeit, die Wasser und Himmel vereint, vor. In einer Schnelligkeit, die nicht zu ahnen war, drehte sich die Erde der Sonne entgegen, ließ sie für den Betrachter zum Himmel aufsteigen und Wasser, Luft und Land mit ihrem Licht in Besitz nehmen.

Bergsteiger – doch eher Figuren, die aus dem üblichen Rahmen fallen?

ORIENTIERUNGSINSTANZ BERG

Wie ein Kalb, das man nach langer Winterzeit erstmals ins Freie lässt, so übermütig laufe ich über den steilen Hang der Werfener Hütte abwärts, tauche in den Wald ein und hetze wie ein Gejagter die Serpentinen hinab. Bald erreiche ich den Alpengasthof Mahdegg. Eigentlich sollte ich schon zu Hause sein, ich freue mich auf meine Lieben, auf ein gutes Essen und einen gemütlichen Abend. Überwältigt vom Farbenspiel des endenden Tages setze ich mich berauscht und feierlich einige Minuten auf mein Lieblingsbankerl bei den Ahornbäumen. Während das Salzachtal schon in Schatten getaucht daliegt, leuchten die Felszähne des südwestlichen Tennengebirges kitschig rot in der jetzt schnell untergehenden Herbstsonne. Noch halte ich den Erfolg des fast vergangenen Tages fest in den Händen. Es war ein beglückender Tag, und ich applaudiere mit meiner Dankbarkeit dem zusätzlichen Schauspiel. Verliebt und hingerissen hänge ich an diesem wohl vertrauten Bild eines Stückes Heimat: das Dreigestirn Hochthron, Großes und Kleines Fieberhorn, westlich der flache Pfeiler des Hieflers und das Raucheck mit den steilen, zur Schnepfriese abbrechenden Wänden.

Hunderte Male hatte das Bild für mich zu leben begonnen: die Wände, Pfeiler, Kanten und Risse. Gedankliche Linien wurden zum Traum, zum Lebensinhalt, zur Herausforderung, die mein ganzes Denken und Streben erforderte, mich gefangen nahm, die ich in meinem Enthusiasmus als höchste Kostbarkeit des Herzens fühlte und die gleichzeitig eine existenzielle Schrecklichkeit spüren ließ.

Der Tag sah mich erst am späten Vormittag das liebliche Steiglein zur Griesscharte hinaufspazieren. Es war noch frisch, und ohne eigentliches Ziel stand ich bald am Einstieg einer Wand, die als einzige vom Sonnenlicht bedeckt war. Der Südwestpfeiler des Hieflers, die bekannte «Greenhorn»-Route, musste schon öfter als Verlegenheitstour herhalten. Das Gelände bietet keine zwingende Kletterlinie, nur die vielen Haken zeigen den Weg. Nichtsdestotrotz ist sie eine sehr genussvolle und stellenweise anspruchsvolle Kletterei. Bald stand ich am Gipfelrücken, verließ diesen über eine Rampe und lief und kletterte über die schrofige Ostwand abwärts. Schließlich befand ich mich unter der nun von der Sonne beschienenen Ostwand des Hieflers. Kurz entschlossen stieg ich über die wundervollen, von Wasserrillen bedeckten Platten hinauf zum eigentlichen Einstieg des «Botanikfensterls».

1985 gelang mir mit Hans Neumayer diese Neutour. Damals hatte ich sie mit dem oberen fünften Grad bewertet, jetzt, ein Jahrzehnt später, würde ich die Route zu den Sechsertouren zählen. Ja, man wird älter, und die Berge werden zunehmend steiler! Als ich dem Felsloch entschlüpfte, das der Tour den Namen gab, lag das Ärgste hinter mir; danach führten steile, griffige Platten

Gemütliches Beisammensein nach erfolgreicher Tour mit Franz Wohlfahrt (links) und Sigi Brachmayer (Mitte) vor der Werfener Hütte im Tennengebirge.

zum Ausstieg. Vis-à-vis beeindruckte die Nordwestwand des Großen Fieberhorns mit der «Rainer/Schintlmeister»-Route. Ich könnte sie wieder einmal aus dem Dornröschenschlaf wecken.

Edi Rainer und Josef Schintlmeister waren in den Dreißigerjahren eifrige Erschließer der Salzburger Berge. Rainer starb 1936 mit Hinterstoißer, Angerer und Kurz in der Eiger-Nordwand. Er ist lange tot, doch seine Denkmäler, wie diese Route oder auch die Südverschneidung an der Torsäule – eine Linie, als wäre sie mit der Axt aus Stein gehauen –, blieben uns erhalten und lassen alle, die sie klettern oder am Wanderweg an ihnen vorbeigehen, an ihn, den exzellenten Erschließer, denken.

Am großen Fieberhorn gelangen Rainer und Schintlmeister die sehr anspruchsvolle Westwand und wenig später die Nordwestwand. Der Fels ist meistens nass, doch von bester Qualität. Es war einer der seltenen Tage, an denen die Route halbwegs trocken aussah. Obwohl es kalt war in dieser schattseitigen Wand, bot der Anstieg einen erstklassigen Genuss. In meiner Euphorie und aus Freude an der Bewegung steigerte sich meine Wanderung zu einem rekordverdächtigen Lauf. Nur bei der nassen Verschneidung war der Fels plötzlich von einer rutschigen Staubschicht überzogen. Der Verschneidungsgrund war nass und schmierig, doch rechts an der senkrechten Platte fanden sich Möglichkeiten, diese heikle Stelle zu umgehen.

Ich halte wenig von Rekorden, doch manchmal geht die Freude an der Bewegung mit mir durch. Die Ausgesetztheit sehe ich nicht mehr als Gefahr, sondern sie ist Doping, das mich von allen Schranken der Angst, aber auch von Verantwortungsgefühlen befreit. Bald konnte ich die Slicks wieder mit den

Turnschuhen vertauschen und hetzte über die schrofige Gipfelabdachung dem höchsten Punkt zu, lief über den flachen Rücken und später über die Griesscharte zurück, einem neuen Ziel entgegen.

Während das Kleine Fieberhorn in seiner Formschönheit den Betrachter sofort gefangen nimmt, versteckt sich sein großer Bruder verschämt dahinter. Der wuchtige Koloss sieht aus, als ob ihn der schwarze Ritter mit seinem Riesenschwert enthauptet hätte. Den Zorn über diese Verstümmelung ließ er seine frühen Erschließer spüren: Mit brüchigem Fels trat er ihnen abweisend entgegen. Doch fast jeder Berg hat auch seine Schokoladenseite, und betrachtet man das Große Fieberhorn von der Griesscharte aus, dann fasziniert auch seine Gestalt. Das elegante Kleine Fieberhorn verkümmert aus dieser Perspektive zum spitzen Anhängsel.

Vom Kar aus die Wand betrachtend, schweiften meine Gedanken die wenigen Tage zurück. Ein besonders tiefes Erlebnis saß noch wie ein wunderlicher Traum in mir. Verlockend schwer sah die Wand aus, und mein Herz bebte beim Hervorholen jener Erinnerungen, die ich in verkürzter Fassung erzählen möchte.

Fast ein Jahr lang hatte ich das Geheimnis der Neutourenmöglichkeit über den Nordwestpfeiler am Großen Fieberhorn mit mir herumgetragen. Bei einigen «Spaziergängen» in der gegenüberliegenden Hiefler-Ostwand hatte ich die imaginäre Linie ein ums andere Mal studiert, hypnotisiert, ja fast angebetet. Ich fühlte, dass meine Liebesbezeugungen erhört werden würden. Lasse ich heute, in der unverklärten Rückschau, das Unternehmen «Schwarze Sonne» Revue passieren, dann war gerade diese Zeit, in der ich der Psyche ein Fundament baute und der Begehung entgegenfieberte, das Reizvollste an der ganzen Unternehmung. Der Kletterei selbst gibt man den größten Reiz nur, indem man sich in seinen Mitteln beschränkt und den Fels annimmt, wie er ist: mit seinen willfährigen Ritzen und Spalten, aber ohne kreisrunde künstliche Dübellöcher. Nur so konnte der Pfeiler – ich glaube, es ist keine Übertreibung – zu einer Meisterleistung der konservativen Erschließung werden.

Aber ich muss doch ganz von vorne beginnen, denn meiner Meinung nach war es wieder einmal typisch, wie wichtig – wie trügerisch – Medien sind. Seit Wochen lagen sie uns schon mit lästiger Penetranz in den Ohren, und in den letzten Tagen wiesen dicke Lettern allüberall auf das nun unmittelbar bevorstehende sensationelle Naturereignis hin: Die Sonne wird sich hinter dem Mond verstecken. Im Radio gaben immer neue Fachleute ihren weisen Rat zum Besten, das Fernsehen brachte am Abend wieder eine Sondersendung, und wahrscheinlich war alles doch nur eine Zeitungsente oder die billige Geschäftemacherei gewiefter Tourismusmanager. Die Meteorologen prognostizierten für den Tag des einzigartigen Schauspiels Wolkenauflösung im Flachland, aber in unseren Bergen würde uns wohl – so war es vorhergesagt – die geschlossene Wolkendecke beharrlich vor jedem Sonnenstrahl schützen. Was soll's!

Die Luft war warm, und der Westpfeiler liegt vormittags sowieso noch im Schatten. Vor wenigen Tagen waren wir von unserer griechischen Insel heimgekehrt, und gleich am nächsten Tag konnten Sigi und ich die untere Hälfte des Pfeilers klettern; dort hatten wir auch schon die alles entscheidende Schlüsselpassage der Route geknackt. Nun war es so weit: Heute, am Tag der Sonnenfinsternis, wollten wir den Weg vollenden. Vermutlich zog außer Sigi und mir alles, was sich in ein Auto setzen oder eine Zugkarte kaufen konnte, ins Flachland auf Wolkenlöchersuche. Die Berge um uns lagen da wie ausgestorben: Nicht ein einziger Kletterer weit und breit, nicht einmal ein Wanderer war zu sehen.

Eben war uns der Überhang zum oberen Pfeilerabschnitt gelungen, als plötzlich, wie durch einen von Geisterhand geführten Peitschenhieb, die Wolkendecke aufriss und der halb verdeckte Sonnenball zum Vorschein kam. Viel schneller, als ich es mir vorgestellt hatte, schob sich der Mond vor die Sonne, bald war nur mehr ein heller Reifen sichtbar. Währenddessen verfinsterte sich unsere Umgebung, tauchte alles um uns in ein glänzendes Violett. Verstört sprangen Gämsen im Kar auf und ab, einige Krähen kreischten und stürzten sich wie trunken durch die mystische Dunkelheit.

Auch Sigi und ich waren tief bewegt von dem uns dargebotenen Geschehen. Nicht in der gewagtesten Ahnung hatten wir uns einen derartigen Zauber vorstellen können: Er rührte mich bis tief in mein Innerstes. Die gewalti-

Sonnenfinsternis neben der Westwand des Großen Fieberhorns mit den beiden Pfeilern, über welche die Routen «Schwarze Sonne» (links) und «10 000 Volt» (rechts) führen.

Martin Stindl im Dachlquergang der Route «Panorama». Heute hängt in dieser Passage ein Fixseil. Im Hintergrund das Kleine Fieberhorn, ganz hinten der Hochkönigstock.

ge Kraft und Größe, welche die Schöpfung uns vorführte, ließ mich jauchzen und weinen gleichermaßen. Der Kopf war unfähig, Gedanken zu finden, wir fühlten nur die unwiederholbare Einmaligkeit unseres Weges in Verbindung mit dem begleitenden Schauspiel. Die Sonne, das Synonym für Schöpfung, für Kommen und Gehen, das Zeitmaß für Frühjahr, Sommer, Herbst und Winter. Sie zeigte uns die Gegenwart als das, was sie ist: schnelles Licht. In scheuer Frohlockung spürte ich Dankbarkeit, als die Sonne sich endlich wieder aus dem Mondschatten löste und uns ihr Licht und ihre Wärme zurückgab.

Doch zurück zu meinem Solo-Klettertag. Die Route «Panorama» ist ein neu sanierter Anstieg an der östlichen Seite der Griesscharte. Der erste Teil führt über eine steile Wand und über den Plattenschuss zwischen Kleinem und Großem Fieberhorn zum Verbindungsgrat dieser beiden Berge. Nach der eindrucksvollen Dachquerung geht die Route schließlich durch die Ostwand direkt zum höchsten Punkt des Großen Fieberhorns. Organisch windet sie sich um den Berg herum und lässt den Begeher in einer phantastischen Gipfelwelt mit schwindelerregenden Tiefen ein eindrucksvolles Panorama erleben.

Nach dieser abwechslungsreichen Genusskletterei lief ich nochmals über den fast englischen Rasen des Gipfelrückens, der mit einer flachen Senke dem Plateaurand anhängt. Diesmal stieg ich das Throntal ab und querte im Laufschritt das schöne Steiglein am Fuße der Thronplatte in Richtung Werfener Hütte.

Geschichtlich gesehen hätte die Thronplatte viel zu erzählen. Die eigentliche Erschließung begann im Jahr 1948 Walter Grutschnigg, der mit seiner außerordentlichen Route diagonal durch die Plattenfront für seine Unsterblichkeit im regionalen Alpinismus sorgte. Die so genannte «Grutschniggplatte» gehört heute zu den am meisten begangenen Klassikern. Dem Zeitgeist folgend, hatten auch hier Bohrhaken-Erschließer ihre Triumphe gefeiert. Diesem Tun zum Trotz fanden wir zwischen zwei solcher Routen eine fast provozierende Möglichkeit, die sich mit sanften Mitteln erschließen ließ.

Wie in allen Bereichen bewegen sich die Herden auf den breiten Wegen. Alpinrouten sanfter Erschließungsart sind schmale Wege, sind ernste Musik, sind Musik, die ihre Wertigkeit bewahrt. Diese Routen sind Bach, Beethoven, Bruckner ... Man braucht Musikverständnis, um sie zu verstehen, und eine umfangreiche Ausbildung, um sie zu spielen. Vielleicht bin ich ein Traumtänzer, eine Art Don Quichotte, der bekanntlich mit Waffen der Vergangenheit die Gegenwart berannte. Und ich wage auch nicht zu prognostizieren, welche Stilart in der Zukunft, in fünfzig Jahren vielleicht, noch Bedeutung haben wird. Während der Bohrhaken einen menschlich berechenbaren Stil ermög-

licht, verurteilt die sanfte Methode öfter dazu, die Fesseln der Vernunft zu sprengen.

Einige verscheuchte Gämsen rissen mich aus dem Nachdenken über Vergangenes und aus der freigesetzten Phantasie über Kommendes, denen ich besonders heute, so planlos dem Abenteuer nachhetzend, ausgesetzt war. Jetzt, knapp vor der Werfener Hütte und dem Bier, ließ ich dies doch nicht zu, denn es trieb mich plötzlich noch zur «Hillinger/Lanz», einer traditionellen Vierertour. Nach den vorangegangenen Klettereien glaubte ich über einen Klettersteig zu rennen, es war so einfach, so leicht und leichtfüßig, eine Freude!

Die Romantik der Anfängerzeit war dem Leistungsdenken und dem Höherschrauben persönlicher Limits doch etwas gewichen. Das Bergsteigen war rund ums Jahr fester Bestandteil meines Lebens – dieser Droge war ich weit über das normale Maß hinaus verfallen. Heute, der Sturm-und-Drang-Zeit wieder entronnen, brauche ich gewisse Auszeiten, schöpferische Pausen, wo sich Körper und Geist erholen können. Meine Droge besteht dann vielleicht aus einem Lauf- oder Langlaufwettbewerb oder einem Viertel Veltliner.

Betrachte ich die vergangene Zeit aus heutiger Sicht, ließe sich natürlich vieles anders und das meiste wahrscheinlich besser machen. Das Bergsteigen selbst oder meinen Weg als Alpinist bereue ich nicht. Im Gegenteil: Dies war für mich «the spice of life». Nur auf einige der aufregenden, riskanten Abenteuer würde ich eher verzichten wollen – die größten Abenteuer, die macht man eben kein zweites Mal. Wüsste man den Ablauf eines Abenteuers im Vorhinein, würde man sich auf einiges nicht einlassen. Das Abenteuer trägt das Unsichere mit, daher ist das Hoffende, das Bittende so schmerzlich aufregend und so süchtig im Menschen vergraben, der sich dem Tun aussetzt.

Nun, in die Jahre gekommen, lässt mich das Älterwerden doch öfter über den Tellerrand hinausblicken und mein Leben resümieren, die Frage von Beweggründen meines Bergsteigens auf die Waagschale stellen. War die Bergliebe, die Freude und die Leidenschaft wertfrei, oder war die Sucht doch ab und zu am Ruhm, an der Ehre oder auch an Eitelkeiten ausgerichtet? Kann es ganz allein der leidenschaftliche Trieb zum Abenteuer sein, dem ein derartiger, fast primitiver, lebenswichtiger Stellenwert zugestanden wird, der sogar existenzielle Auswirkungen in Kauf nimmt?

Das Abenteuer meiner Erstbegehungen beginnt einmal aus einer langen Planung, ein anderes Mal als Hirngespinst, das dem Bergalltag irgendwie in die Quere kommt. Der Bergsteiger oder besser der Extremist dieser Spezies mag doch eher eine Figur sein, die aus dem Rahmen der Allgemeinnormen fällt. Berge waren immer wieder auch zum Instrument geworden, mich aus eingefahrenen Geleisen zu befreien, und sie wurden in all den Jahren zu ei-

Die Hochthron-Südwestwand hat eine bewegte Alpingeschichte aufzuweisen. Links die Thronplatte, in Gipfelfalllinie zwischen Licht und Schatten die «Hillinger/Lanz» und ganz rechts der beliebte Südgrat.

nem Teil meines Seins. Die selbst verschuldet manipulierte Welt schreit nach Ursprünglichkeit und Selbstfindung – wo sollte Heilung besser gelingen als in der ursprünglichen Natur?

Bei genauerer Betrachtung kann man nicht ausschließen, dass Erfolge – in diesem Fall Erstbegehungen – in gewisser Hinsicht auch eine Psychotherapie sein können, die das Selbstwertempfinden erheblich verbessert. Ein Selbstwertgefühl, das aber in meinem Fall ein fast krankhaftes Streben bedingt. Es schließt nicht aus, dass Leistung überbewertet wird und gerade dieses Streben von den wahren Werten des Tuns wegführt. Die Sucht entwickelt hier einen Widerspruch, denn eigentlich müsste der gewonnene Selbstwert die ehrgeizige, unerschöpfliche Begierde nach immer mehr zu kompensieren wissen.

Das Verhängnisvolle am Ich: dass die Tiefen des Menschen unergründlich sind und er sich selbst im Grund fremd ist. Und in vieler Hinsicht nicht ahnt, welche Dinge er unter gegebenen Umständen zu tun bereit ist. Der Mensch trägt Möglichkeiten des Guten und des Bösen in sich, beides ist stets abrufbar. «Merkwürdig», schrieb der Schriftsteller John Steinbeck in seinem Roman «Jenseits von Eden», «wie ein so wohlwollender Mensch wie ich gleichzeitig,

Schicht auf Schicht, von einer gefühlslosen Grausamkeit sein kann, zu allem fähig, von einer unerbittlichen Grausamkeit, die nur eine bestimmte Richtung braucht. Ist das Geleise vorhanden, kann mein Gemüt ein Würgeengel sein.» Wer kann von sich behaupten, sein Wesen bis ins Innerste zu kennen?

Die abenteuerlichen Herausforderungen können den Menschen sensibel und tiefgründig werden lassen, und gerade der Bergsteiger müsste das Spiel zwischen Höhenflügen der Phantasie und zu Boden ziehender Realität sehr gut kennen und daraus Erkenntnisse für sein Leben gewinnen. Mir gelang es nie, diesen Spielraum der Gefühle ohne eine gewisse Portion Angst zu leben. Insbesondere während der Vorbereitung von Erstbegehungen oder beim Zugang zur Wand trage ich Angst oder zumindest das bekannte flaue Gefühl in der Magengrube mit mir. Gar nicht zu denken an die nächtlichen Angsthöllen, die es immer wieder einmal zu durchleiden galt. Nichtsdestotrotz stieg ich fast immer in die Wand ein. Wie könnte man die Angst überwinden, wenn man ihr ständig aus dem Weg ginge?

Das Gefühl, immer wieder ein blutiger Anfänger zu sein, der erstmals unter einer Wand steht, verfolgte mich bei jedem ernsthaften Unternehmen aufs Neue. Im Grunde war es immer nur eine weitere Chance – manchmal unter Lebensgefahr –, die Wirklichkeit Stück für Stück meinen Hoffnungen und Zielen anzupassen. «Vor allem durch die Liebe zu den Bergen habe ich die Angst ertragen. Man löst ein Problem nicht dadurch, dass man es aus dem Hirn wegfiltert», sagt dazu Viktor E. Frankl.

Die Auseinandersetzung mit gewissen problematischen Unternehmungen war neben der Angst von Demut und Ehrfurcht begleitet, Umstände, die sich bis heute nicht geändert haben. Mein Zugang zur Ehrfurcht vor gewissen Dingen, insbesondere vor der Natur, wurzelt in meiner Kindheit. Als Bub habe ich im kargen Bergbauerndasein erfahren, dass man säen musste, wollte man etwas ernten. Als die Kälte unsere Wasserleitung einfrieren ließ, wurde mir die lebenswichtige Bedeutung von Wasser vor Augen geführt, und der lange Weg zur Schule zeigte mir, dass man auf Füßen auch sehr lange Strecken zurücklegen konnte. Alle diese Erfahrungen tönten in mir nach bis zum Erwachsensein. Gott hat mich auf einen Flecken Erde gestellt, der meinen Sinn für die Natur schärfen ließ. Vor allem die Berge besaßen für mich immer eine göttliche Aura.

Die Berge empfangen uns – naturgegeben – nicht immer mit Sonnenschein. Unsere Breiten teilen das Jahr in vier Jahreszeiten, die dem Bergsteiger zwar großartige Abwechslung schenken, andererseits durch die wechselnden Verhältnisse zusätzliche Gefahren ins Spiel bringen. Gar nicht zu sprechen von den großen Weltbergen; da multiplizieren sich die Gefahren mit jedem Meter, den man an Höhe gewinnt, in objektiver und auch subjektiver Hinsicht. Aber auch die kleinen Berge und Wände, wo auch immer sie stehen mögen, haben ihre Tücken.

Nun liegt es am Bergsteiger, auch die Schattenseiten des Berggehens mehr oder weniger zu akzeptieren und Niederlagen mit der nötigen Getragenheit wegzustecken. Man hat so viel investiert, der Gipfel ist schon so greifbar nahe, doch das Wetter drängt zum Aufgeben. Als mein Freund Georg Bachler 1981 vom Himalaja heimkehrte, feierten wir bei einem guten Glas Wein das Wiedersehen. Joe berichtete sein beeindruckendes Abenteuer am Makalu, dessen Gipfel er so nahe, aber schließlich doch unendlich fern war. Diese Geschichte erzählt auch ein Kapitel in seinem Buch «Spitzenleistung»: «Ich gehe los Richtung Gipfel. Der viele Neuschnee macht den Aufstieg mühsam. Ich wühle mich hinauf zur steilen Nordflanke. Aber wie langsam! Denn jetzt sind die Felsen vereist und mit einer Neuschneeschicht überzogen. Jeder Fehltritt kann den Absturz bedeuten. In einer Höhe von 8400 Metern, am Einstieg einer vielleicht 10 Meter hohen Felswand, lasse ich meinen Rucksack liegen, um schneller zu sein. Die Felskletterei ist schwierig, und erst nach drei Versuchen komme ich durch. Die Lungen pfeifen. Ich erreiche den Gipfelgrat 50 Meter unterhalb des Gipfels, 150 Meter seitab. 50 Meter in dieser Höhe, an diesem Berg: noch eine halbe Stunde vielleicht. Das Klettern und Steigen in der vereisten Wand hat meine Handschuhe durchnässt; die Kälte ist fast unerträglich. Wie viel Grad hat es hier? 20, 30 Grad unter null? Hier am Grat kann ich zum ersten Mal zur Südseite hinunterschauen und erschrecke: Eine neue Sturmfront zieht auf. 50 Meter unter dem Ziel, auf das ich mich monatelang vorbereitet habe. 50 Meter nur. Und doch bedeuten sie eine Stunde mehr, vielleicht sogar ein ganzes Leben weniger, denn in dieser Zeit kann die Sturmfront den Berg erreichen. Es wird wieder zu schneien beginnen, die Aufstiegsspur zuwehen, und meine Handschuhe werden zu Eisklumpen. Und wenn die Finger erfrieren? Wenn ich mich auf dem Abstieg verirre? Was tun? Umkehren? Aufgeben? So knapp unter einem Gipfel? Ich taxiere die Wolkenbank noch einmal. Sie ist näher gerückt. Ich kehre um. 50 Meter unterhalb des Zieles gebe ich meinen ersten Achttausender-Gipfel auf – und gewinne dadurch wahrscheinlich mein Leben.»

Die Vernunft, mit der ein erfahrener Alpinist wie Georg Bachler mit jener Situation umzugehen wusste, fordert mir gehörigen Respekt ab. Weil ich ja aus eigener Erfahrung weiß, wie weh so ein Verzicht tut, dass gewisse Situationen zum Aus-der-Haut-Fahren sind. Vergleichbar mit einem Marathonläufer, der seinen Olympiasieg vor Augen hat, doch – so wie man es in schlimmen Träumen erlebt – nicht in der Lage ist, diese verdammte Ziellinie zu überqueren.

Es liegt in der Natur der meisten Menschen und ist auch verständlich, sich momentan zu ärgern oder enttäuscht zu sein. Aber was nützt es, auf «Gott und die Welt» zu fluchen? «Der Berg», so Bischof Dr. Reinhold Stecher, «erzieht schweigend zur Kühnheit und Vorsicht, zur Hilfsbereitschaft und Rücksichtnahme, zur Ausdauer und zum Ertragen von Frustration.» Weshalb der Freund Joe – und das ist meiner Ansicht nach das Beeindruckendste der Geschichte – sofort das Positive am Scheitern herausfilterte und es mit Dankbarkeit annahm.

Besser ist es, auch für Dinge, die uns nicht schmecken, einfach zu danken. Sehen wir das Bergsteigen oder das Leben überhaupt in göttlicher Größe, dann lebt doch das Schöne durch das Hässliche, die Freude durch den Schmerz und die Liebe durch den Hass. Ich will damit sagen, dass man das Schöne, die Freude, die Liebe nicht erkennen kann ohne die gegenteilige Erfahrung. Wer könnte das Licht ohne die Finsternis schätzen, und was wären Erfolge wert, gäbe es die Niederlagen nicht? Sogar der Tod zeigt uns letzten Endes das Wertvolle am Leben.

Sucht die Herausforderung Bergsteigen nicht gerade diese Gegensätze? Wenn man nicht erlebt hat, wie ein Krug guten Wassers nach einer langen Kletterei in den Wüstenbergen schmeckt, kann auch seine Bedeutung nicht verstehen. Kein Geld der Welt könnte ausreichen, diesen Wonneschauer zu ersetzen. Wer noch nicht nach anstrengenden Bergtagen erlebt hat, wie morgendlicher, ans Fenster peitschender Regen – der zum faulen Liegenbleiben im Bett einlädt – dem Gemüt wohl tut, der wird die Annehmlichkeit dieses Glückgefühls nicht nachvollziehen können. Dieses Gefühl entschädigt für vieles.

Es gibt eine Reihe von triftigen Gründen, die einen Menschen in eine wundervolle, aber auch gefährliche Welt ziehen lassen und in einen mehr oder weniger süchtigen Zustand versetzen. Aber wie weit unterwirft sich das Tun einer Verantwortung? Richtig oder falsch – praktisch, vielleicht auch philosophisch gesehen verwischen sich diese beiden Begriffe, sie ändern ihre Bedeutung, denn nur der Erfolg oder das Überleben bestätigt, ob eine Handlung richtig oder falsch war. Die Natur kann unberechenbar und launisch sein, wie auch unsere Entscheidungen Launen und damit Schicksalen ausgesetzt sind und nach dem Sinnhaften fragen.

Letzten Endes sind Werte und Fülle entscheidend. Sie machen das Abenteuer reich, sie lassen die Früchte des Erlebten – bessere und schlechtere – sammeln, in einem Korb, der Leben heißt. Analytisch mag bedeutend sein, wie weit der Mensch diesen Früchtekorb in sein Alltagsleben, in die gelebte Normalität des Gesellschaftslebens einbringen kann. Können die positiven Aspekte die negative Seite, die das Bergsteigen zweifellos auch hat, überwiegen? Wie groß ist der soziale Gewinn, nicht nur egoistisch betrachtet? Kann die Menschheit aus unserem Tun irgendeinen Gewinn davontragen? Oder ist es doch nur eine unnütze Sache?

Oft kann erst die historische Betrachtung über Richtig oder Falsch, Gut oder Böse, Sinnvoll oder Sinnlos, Wertvoll oder Wertlos urteilen. Letzten Endes schafft man sich seine eigene Wahrheit, bevor die Flucht in andere Zeiten beginnt. Aber der Wolf lässt sich nicht so ohne weiteres aus dem Märchen streichen, die Schattenseiten sind einfach da.

Gerade mein Bergsteigen war zu Beginn ein Fliehen aus den Gefühlen der Wertlosigkeit, Selbstverlorenheit und Sinnlosigkeit. Von falschen Vorstellungen begleitet in die Leere der Gesellschaft hineingestürzt, endete meine Selbstfindung vorerst in einem Wertlosigkeitsgefühl, das es sehr schwer machte, Fuß zu fassen, mich zu entfalten, zu verwirklichen. Entfaltung ist erst möglich, wenn das Fundament gegeben ist, nämlich eine Harmonie zwischen Innen- und Außenwelt des Menschen.

Abenteuer bestehen lernen war für mich ein gutes Rezept, mich zu stärken, reifen zu lassen, abzuhärten, Anschläge gegen mein Ich zu verkraften oder abzuwehren, einen Dialog mit mir selbst zu finden. Durch das Bergsteigen vermochte ich später dieses Fundament immer wieder zu erneuern und zu stärken. Die Achtziger- und Neunzigerjahre waren meine süchtigsten und nicht nur alpin gesehen die wichtigsten. Je stärker ich dem Berg verfallen war, desto intensiver konnte ich das Familienleben genießen. Zu allmählich, als dass man es wahrgenommen hätte, begann ein Wandel in unserer anfänglichen Verliebtheit. Das Verwandeln hatte aber nichts Negatives. Nein, im Gegenteil, es war so etwas wie die freudige Empfindung nach inbrünstigem, schmerzhaftem Lachen.

Unsere Gemeinsamkeit erfuhr in all den Jahren viele Werte. Liebe ist wunderschön, aber sich gegenseitig schätzen zu können, den anderen, so wie er ist, zu akzeptieren, stelle ich über alles. Das sind Fundamente einer Partnerschaft, ein Ergebnis gegenseitiger Beobachtung und Bewährung. Ein Zeugnis, das man nach jahrelangen Prüfungen ausstellt oder erhält. Aus diesem Schätzen entsteht eine andere Art von Liebe. Eine, die nicht das Selbstsüchtige sucht. Eine des Verzeihens und Vertrauens. Eine des Verzichtenkönnens. Eine zu Opfern bereite Liebe, die über Frustrationen und Schicksalsschläge hinwegträgt und dem anderen Freude und Erfolg gönnt. Eine Liebe, die sich nie wirklich verliert oder abnützt, auch wenn sie nicht dauernd nach Zärtlichkeiten und Umarmungen verlangt.

Die Talnot, die mich hin und wieder einholt, unzufrieden macht, und auch die schönsten Errungenschaften ziviler Freuden können die Sehnsucht nach den Bergen, nach prickelnden Abenteuern, nicht unterdrücken. Herta, meine Frau, hat ein goldiges, unkompliziertes Wesen mit dem natürlichen Hausverstand einer Unverbildeten und trug, als wäre es das Logischste der Welt, meinen Bergrausch in all den Jahren mit. Hat gewartet. Sich gesorgt. Um mich geweint. Sich mit mir gefreut. Mich mit ihrer Fürsorge verwöhnt. Ich lebe in einer wundervollen Familie, ein großer Clan in unmittelbarer Umgebung. Ein Humus, der Wurzeln schlagen lässt. Ein Federbett, das zum Müde-Hineinfallen einlädt. Ich hatte keinen Grund mehr zur Flucht.

Die Sucht hat sich während der letzten Jahre auch deshalb allmählich reduziert, weil mir mein Körper Grenzen setzt. Sicherlich ist es nicht die Weisheit des Alters, die meine Aktivität einschränkt. Ich glaube nicht sehr an die Weisheit. Es mag in seltenen Fällen eine gewisse Weisheit geben. Einige Beispiele haben mir aber gezeigt, dass jene, die sich abgesondert hatten und laut ihren Aussagen sich bald zu weise fühlten, um so blöd auf den Bergen herumzukraxeln, in Wahrheit nur ihre Prioritäten veränderten; etwas bequemer, ein wenig rundlicher und viel ängstlicher, in die selbstgefällige Täuschung verfallen, ihr Stubenhockerdasein wäre einer wie auch immer gearteten Weisheit zuzuschreiben.

Die Berge sind zu schön, zu aufregend, zu anziehend, um darauf zu verzichten. Aber so freudig, wie sie mich hingehen lassen, so gern ergreife ich wieder die Flucht ins Tal in die Arme meiner Familie. So unglaublich es klingen mag, ich bin trotz meiner Bergsüchtigkeit viel zu Hause. Zumindest verbindet mich mit Frau und Sohn eine häufige Gemeinsamkeit. Doch auch wenn sich meine Süchtigkeit heute in Grenzen hält, brauche ich nach gewissen Zeiten des Tallebens das Gebirge, um Luft holen zu können, um Verschiedenes im Kopf zu klären, Belastendes abzuwerfen und neue Gedanken mit frischem Geist in mich aufzunehmen.

Es gibt in mir eine Sehnsucht nach Bergen, die notfalls alles andere Notwendige in Wertlosigkeit taucht. Doch spüre ich auch Drangsale von außen, die mich zur Talflucht drängen. Wenn das Fäusteballen bei den Abendnachrichten nicht mehr ausreicht und bevor ich zum Trinker werde oder mich selbst amokläuferische Emotionen befallen, schenkt mir das Hineingehen in die Berglandschaft die heilsamste Behandlung. Es ist mir zur Notwendigkeit geworden, ab und zu aus diesem Alltagswahnsinn auszusteigen. Die unzähligen kleinen wie auch großen Weltprobleme sind für mich irgendwann nicht mehr zu ertragen. Der Mensch lernt offensichtlich nicht aus seiner Geschichte, und ich frage mich, welchen Bestand die Errungenschaften unserer heutigen Zivilisation haben.

1992 gelang meine 500. Erstbegehung. Sie führte mich mit Wolfgang Haupolter über die Südkante des Großen Sattelkopfs in der Mandlwand. Das Ziel,

der Weg über die wundervoll ausgesetzte, auch optisch sehr eindrucksvolle Kante war ein einzigartiges Erlebnis. Doch die größte Überraschung jenes Tages passierte nach gelungener Tour, oben am Gipfel. Wie hingezaubert überspannte ein weißes Tischtuch eine große Steinplatte, auf ihr standen vier bleikristallene Gläser und in der Mitte eine Flasche Champagner. Woher kam der Zauber?

Zum Jubiläum der 500. Erstbegehung erwartete mich am Gipfel eine unerwartete Überraschung.

Hinter einem Block in der Scharte, welche die beiden spitzen Gipfel verbindet, fanden wir bald die Zauberer. Die Freunde Uli Kaltenböck und Christian Bogensberger hatten sich auf der anderen Seite des Berges zum Gipfel gepirscht und diese nette Überraschung vorbereitet. Jener gelungene Tag hatte zu diesem Zeitpunkt also erst richtig begonnen, und er endete irgendwann am nächsten Morgen in Ulis Lokal «Treffpunkt».

Aus Anlass dieses Jubiläums gab es später noch ein großes Fest mit vielen Bergsteigern, persönlichen Freunden und Angehörigen, Ansprachen vom Bürgermeister und von anderen Vertretern von Sport, Politik und Wirtschaft. Der Landesrat Otmar Raus überreichte mir den goldenen Sportehrenlorbeer des Landes Salzburg. Es war ein schönes Fest, sogar meine alten Freunde Franz

Hawelka und Sepp Hippolt waren gekommen. Bernd Arnold hatte den langen Weg vom Elbsandstein ins Salzburger Land nicht gescheut.

Alle Bergsteiger aus dem Tal wohnten dem Fest bei, waren wir doch zu dieser Zeit noch eine verschworene, harmonische Familie. Nur wenige Monate später begann der Hakenzwist, und es zeigte sich, an welch fadenscheinigen Werten das Leben gemessen wird und an welch Seidenfäden Freundschaften ab und zu hängen. Was waren alle diese wie Honig um den Mund geschmierten Komplimente, die dem Menschen gemacht werden, wert? Andererseits: Wie ehrlich oder moralisch vertretbar ist Erworbenes?

Das von Zeitgeist und Umfeld abhängige Ich hat oft mit dem wahren Selbst wenig zu tun, und je höher die Stellung, umso deutlicher ist meistens die Kluft, denn der Schein muss die Brücke zwischen Wunsch und Wirklichkeit ersetzen. In seinem an Sisyphus erinnernden Bemühen – die vollen Terminkalender bezeugen es – hat der Mensch ziemlich alles, nur nicht Zeit. Nicht für den anderen und kaum für sich. Zeit haben ist im heutigen Gesellschaftsleben zum negativen Begriff geworden. Wessen Kalender nicht voll ist, der ist ein Erfolgloser. Oft sind krank machende Stresssituationen die Folge: psychische Störungen, Depressionen, Krebs, Schlaganfälle, weitere Zivilisationskrankheiten. Sie gehen Hand in Hand mit Terror, Gewalt und anderen Abscheulichkeiten. Schaut die Gesellschaft in den Spiegel, so sieht sie, wie Fundamente des sozialen Zusammenlebens im Kleinen wie auch im Großen immer mehr abbröckeln. Welche Hoffnungen lohnen sich überhaupt, Gedanken an sie zu verlieren? Wem sollte man Glauben schenken? Viele Fragen ohne Antworten.

In meiner Tageszeitung, den «Salzburger Nachrichten», stand vor ewigen Zeiten ein Bericht über Leonardo da Vinci. Den Namen des Journalisten weiß ich nicht mehr, aber einige Aussagen sind mir in Erinnerung geblieben, da mich da Vincis «Abendmahl» als ein unübertroffener Höhepunkt europäischer Kunst tief beeindruckt. Die Art und Weise, wie der Künstler sich mit seinem Werk auseinander setzte, könnte auch ein Rezept zum Leben sein: «Er pflegte oft schon früh am Morgen das Gerüst zu besteigen, um von Sonnenaufgang bis zur Dämmerung den Pinsel nicht aus der Hand zu legen.» Das würde für die gesellschaftliche Verpflichtung sprechen. Nachfolgendes könnte aber ein starkes Symbol unserer Einzelverantwortung darstellen: «Andererseits ließ er auch Tage verstreichen, ohne dass er Hand anlegte, sondern nur vor seinem Bild verweilte, um die Figuren zu betrachten, zu überdenken und zu beurteilen.» Meiner Ansicht nach nicht nur eine Auseinandersetzung von persönlicher Wichtigkeit, sondern ein Appell an die Verantwortung des Menschen: sich über sich selbst und seine Lage klar zu sein. Sein Leben beschau-

Mit meinen Freunden Sepp Inhöger (links) und Georg Bachler (Mitte) – beide haben bereits zwei Achttausender auf ihrem Konto.

lich zu machen. Diese Orientierung erst lässt ihn seine politischen, kulturellen, sozialen Anschauungen, seine Standpunkte revidieren oder festigen, sein Gedankengut immer wieder auf die Waagschale eines demokratischen Zusammenlebens legen.

Es ist für mich sehr verlockend, in unterschiedlichsten Weltgegenden den Reichtum an Gebirgslandschaften zu genießen. Aus allen Zwängen zu flüchten. Meinen Wurzeln Flügel zu verleihen. Eine Zeit lang auszusteigen, um alles aus der Außenperspektive, mit einer gewissen Distanz, die den Blick schärft, zu beobachten. Doch das tiefste und schönste Empfinden erzeugt immer wieder das Heimkommen. Manchmal war dann nicht mehr die Frage, was ich am anderen Teil der Erdkugel erlebte, sondern was ich in der Heimat versäumte. Auch wenn die Enge Mitteleuropas manchmal erdrückt, ich hänge an meiner Heimat. Die Familie, Freunde, das gewohnte Rundherum, unser Salzburger Dialekt – alle Werte der Heimat bleiben für mich unersetzbar. Nicht zu vergessen unsere markanten Jahreszeiten, ein Symbol des Werdens und des Vergehens, der Geburt und des Sterbens. Dazu die Bilder der vertrauten Landschaft, aus dem augenblicklichen Sein und aus der verzerrten Erinnerung vergangener Tage, aus der Schau meiner Kinderjahre. Die vielen Erlebnisse ließen eine tiefe Beziehung und eine dauernde gedankliche oder tatsächliche Verbindung zur Landschaft, zum Berg und zu seinen Wegen wachsen.

Das kurze Aussteigen versöhnt. Viele Dinge sehen positiver aus. Sogar die Politik bekommt Werte, die man ihr nicht mehr zumaß. Meine Neugierde treibt mich oft außer Landes, aber es ist nur so lange schön dort, solange ich die Gewissheit fühle, dass die Wege zurück in die Heimat offen sind.

Mutter erzählte öfter von der Protestantenaustreibung. Die so genannten «Lutherischen» – das galt zu meiner Kinderzeit immer noch als Schimpfwort, und jeder Katholik brachte das dementsprechend geringschätzig oder gar verächtlich zum Ausdruck. So auch Mutter. Das weckte in mir den kindlichen Gerechtigkeitssinn und ließ Sympathie entstehen, Mitleid mit diesen Menschen, die ihres Glaubens wegen vertrieben wurden.

Unweit unseres Bauernhofes liegt am Rande des zu den Bundesforsten gehörenden Hochwalds ein Bergbauernhof mit dem Namen Lederhose. Heute werden die Felder als Zulehen bewirtschaftet, das Gebäude wird als Ferienhaus genutzt. In jener schlimmen Zeit des frühen 17. Jahrhunderts musste der Besitzer wie 21 000 andere zum protestantischen Glauben übergetretene Menschen aus dem Bezirk Pongau Haus und Hof verlassen. Die zu damaliger Zeit meistens sehr kinderreichen Familien mussten alle Nachkommen bis zum vollendeten fünften Lebensjahr zurücklassen. Aus Erzählungen weiß ich, dass der Lederhosenhof seinen Namen durch sein Schicksal erhielt, wurde doch der Besitz mit einer abgetragenen Lederhose «erkauft» und die Bauernfamilie vom Hof verjagt.

Seit Menschengedenken werden Minderheiten unterdrückt, verfolgt und ermordet. Man muss gar nicht bis zu den zahllosen Flüchtlingen vor der nationalsozialistischen Barbarei während des Zweiten Weltkriegs zurückgehen, es genügt der Blick zu unseren unmittelbaren Nachbarn und auf den jüngsten Krieg auf dem Balkan. Es liest sich so leicht über Flüchtlings- und Emigrantenschicksale hinweg.

Ich bin ein heimatbezogener, oft an Heimweh leidender Kurzzeitnomade; ich könnte es nicht aushalten, aus meiner Heimat vertrieben oder ausgesperrt zu sein, so wie es vielen Andersgläubigen, Andersartigen oder Andersdenkenden passierte. Wer versteht die Sehnsüchte nach der Heimat? Das Leid, den Zorn, die Enttäuschung der Betroffenen. Die krank machende Verhärmtheit im Herzen, über alle Gemeinheiten, die ihnen widerfahren sind. Sooft mich in Gedanken die Wege dieser Unbekannten kreuzen und solche Schicksale sich in mir festkrallen, sooft überfällt mich ein Schauder von Zorn und Traurigkeit. Sie lassen meine heile Leidenschaft und Lust kippen, töten sie ab, denn was haben alle meine Wege für Werte und Wichtigkeit gegen die ihren, die ihnen versagten, verbotenen Wege.

Es ist für mich nirgends schöner als zu Hause bei meiner Familie und in meinen Heimatbergen, und ich hänge allem damit verbundenen Vergangenen wehmütig nach. Das Wissen um die Freiheit, in ferne Länder zu reisen, auf die Berge steigen zu können, gehört allerdings zum Wohlbefinden – und natürlich ist mit eingeschlossen die eitle Befriedigung, zu Hause sehnsüchtigst erwartet zu werden. Meine über die Jahre gestutzten Flügel taugen heute nur noch zu kleineren Ausflügen, dagegen sind die Wurzeln stärker geworden, ausgeprägter, schließen das Gefieder immer mehr in sich ein. Meine Wurzeln verankern mich in einem Fleck wunderbarer Erde.

Meine Heimat Österreich kann als Insel der Wohltat angesehen werden. Ich bin mit Begeisterung Österreicher und bin dankbar dafür, in diesem Teil der Erde geboren zu sein. Aber stolz? Stolz ist in diesem Zusammenhang nicht angebracht. Welcher Österreicher hat etwas dazu beitragen können, hier im Milch- und Butterkessel Europas und nicht in irgendeinem ausgehungerten, totalitären Staat Afrikas geboren worden zu sein? Stammt jener Stolz nicht aus einer armseligen Geisteshaltung, als Österreicher, Deutscher oder Mitteleuropäer mehr wert zu sein als ein Afrikaner, ein Araber oder ein Eskimo? Ich erinnere nochmals an Viktor E. Frankl: Es gibt nur zwei Rassen von Menschen.

Stolz wäre pure Überheblichkeit! Natürlich kann ich auch stolz sein, aber es ist ein Stolz, der nicht auf Kosten anderer geht. Es macht mich zum Beispiel stolz und es bewegt mich auch national, wenn unsere Sportler ehrliche Siege einfahren. Wenn meine Freunde, die nordischen Kombinierer, erfolgreich springen und laufen oder sogar wie im Jahr 2003 die Weltmeisterschaft gewinnen. Ich bin stolz, wenn unsere Kunst botschaftend um die Welt geht, ich bin stolz auf wirtschaftliche Stabilität.

Mit Stolz und Freude erfüllt mich ein Österreich, in dem das Volk – mit der Verantwortung als übergeordneter Instanz – die Umwelt zu schützen weiß. Ebenso stolz macht mich Österreichs Spendenfreudigkeit, Caritas, «Licht ins Dunkel», «Menschen für Menschen» und ähnliche Organisationen, die jährlich Hunderte Millionen Spendengelder sammeln und an die Notleidenden verteilen. Und ich wäre auch so gern stolz über eine Politik, die sich in allen Belangen sozial und demokratisch zeigen und deren Wärme um die Welt strahlen würde.

Am Berg habe ich mein Ich gefunden – und schaue
zurück auf ein Leben, das mit Bergsteigen ausgefüllt war.

JAHRESRINGE EINES GELEBTEN LEBENS

Vater erreichte ein stattliches Alter. Er litt jedoch sehr unter dem Verlust der Mutter, seine Trauer um sie hatte er nie wirklich überwunden. Es schien auch, als wollte er diese unüberwindbare Lücke mit noch größerem Engagement in der Bauernarbeit ausfüllen. Oder als müsse er sich Mutters Landwirtschaftsliebe zu eigen machen und als ihr Denkmal pflegen. Erst im Greisenalter verließen ihn langsam die Kräfte für die bäuerliche Arbeit.

Nun möchte ich keine alten Wunden zum Bluten bringen. Tatsache ist, dass es familiäre Streitigkeiten um die Nachfolge am Hof gab. Jedenfalls verließ Vater menschlich und seelisch tief verletzt den Bauernhof und zog zu meiner Schwester Frieda nach Mühlbach am Hochkönig.

Frieda, die jüngste meiner Schwestern, war jene, die ich als Schuljunge am meisten hasste. Stets sah sie es als ihre Aufgabe an, mich zu Lernerfolgen zu trimmen, und ich Undankbarer war von klein auf zu eigensinnig und zu faul, mich von ihren Mühen beglücken zu lassen. Später hatte sie nach Mühlbach geheiratet. Jetzt, als Vater nach der Übergabe des Bauernhofs dort nicht mehr bleiben wollte, nahm sie ihn in Pflege. Frieda umsorgte ihn, versuchte mit kleinen Arbeiten Vaters Zeit zu zerstreuen, spendete Trost und Beifall, pflegte ihn liebevoll und schenkte ihm ihre ganze Herzlichkeit. Unter der Emigration, dem Verlust seiner gewohnten Umgebung, mit der so viel Gewesenes in Erinnerungen verbunden war, litt Vater bis zu seinem Lebensende.

Dem Tod eines alten Menschen gehen viele kleinere Tode voraus. Mit dem Absterben von Lebenszielen sterben auch viele Hoffnungen. Vaters Frage nach dem Sinn seines – seiner Ansicht nach zwecklosen – Daseins war fast sichtbar und bei jedem Gespräch gegenwärtig. Mit dem Ende der Bauernarbeit schienen auch seine Hoffnungen gestorben zu sein.

Eine Speiseröhrenverknorpelung, die sich zusehends mehr und mehr zu schließen begann, ließ letzten Endes nur mehr flüssige Nahrung zu. Die Ärzte motivierten uns zu einer Operation. Sollte man einen fast Neunzigjährigen noch derart quälen? Die Operation erfüllte ihren Zweck schließlich auch nicht mehr, sondern bereitete Vater nur letzte, arge Qualen. Ich werde sein totenblasses Antlitz nie mehr vergessen, beim bangen Warten an seinem Krankenbett, bis ihn die Betäubung verließ und er endlich die Augen aufschlug. Unhörbar sah ich meinen Namen über seine Lippen rollen. Sah seine Schmerzen in den Gesichtszügen. Er tat mir so furchtbar Leid, und ich kam mir so nutzlos vor, nicht helfen könnend.

Vaters Zeit war auf wenige verbleibende Wochen begrenzt. Zu seinem Gefühl der Nutzlosigkeit kam in der letzten Phase seines Lebensweges noch die Unfähigkeit für den Alltag. Einmal, wenige Tage vor seinem Tod, tranken wir noch ein gemeinsames «Stamperl» Bier. Wenige Tropfen. Uns symbolisch zuprostend. Nur der Tradition wegen. Nie vorher war unser Verhältnis so intensiv, so herzlich, so nahe gewesen. Erstmals im Leben spürte ich Vaters Liebe. Ich konnte ihn umarmen, ihn von Herzen küssen, mit Liebe und ohne die anerzogene Scheu früher Kinderjahre.

Der Kontakt zu meinen Geschwistern beschränkte sich auf eher seltene Besuche. Anni war zur Pöhamzeit sozusagen Muttersatz. Später fühlte ich mich auch zu Maridi sehr hingezogen. In der Tischlerwerkstätte des Schwagers Hiasi hatte ich viele Tage bis spät in die Nacht verbracht, um alle meine Möbel zu tischlern. Meine Schwester verwöhnte mich zu diesen Zeiten, als wäre ich in dauernder Gefahr, zu verdursten oder zu verhungern. Leider war Maridi seit langer Zeit mit gesundheitlichen Problemen belastet und viel zu früh von uns gegangen. Ich habe ihren stillen, plötzlichen Tod bis heute nicht überwunden.

Bei meiner Schwester Frieda war Vater gut aufgehoben. Bei einem Spaziergang in Mühlbach am Hochkönig mit der Wetterwand im Hintergrund.

Wenn die Eltern tot sind und die anfängliche Leere und das Gefühl der Entwurzelung langsam gewichen sind, nimmt die Einsicht Platz, jener Generation anzugehören, die nun langsam, aber sicher den Weg des Abschieds antritt. Spätestens wenn die ersten Jugendlieben aus Altersschwäche zu Grabe getragen werden, kapiert auch der verbohrteste ewig Junggebliebene, dass der First überschritten ist und der Lebensweg in zunehmendem Tempo die andere Seite der Dachfläche abwärts geht.

Ziehe ich Bilanz, spüre ich ein besonderes Nachtrauern um die schönen, unkomplizierten Zeiten während der Sommerurlaube auf Korsika. Es waren Hertas und meine jungen Ehejahre und Christians Kinderjahre. Das Leben mit Christian war von Anfang an spannend. Vorerst war die Diagnose des Frauenarztes eine Hormonstörung. So war es auch logisch, dass wir weiterhin zum Bergsteigen gingen. Zusammen über die Wermutschneid abfuhren, eine Steilabfahrt am südlichen Rand des Tennengebirges. Danach wurde bald augenfällig, dass die Hormonstörung eigentlich eine Schwangerschaft war. Christians Geburt war die erste, die ich selbst miterlebte.

Ewald Rudorfer in der Ausstiegsseillänge der Route «Bonaparte» am Südpfeiler der Petra Sulanna am Bavellapass, Korsika.

Jedes Jahr seiner Veränderung, seines Wachsens war uns gerade in den alljährlichen Urlauben am stärksten aufgefallen, denn zu Hause geschah das Größerwerden zu unauffällig. Es fiel vielleicht anderen auf, aber am wenigsten den Eltern. So blieben die jährlichen Korsika-Urlaube tief eingekerbte Erinnerungen, ja sogar so etwas wie Lebensabschnitte. Der Wert, den sie später einmal für mich haben sollten, war noch nicht zu erahnen.

Familie, Freunde, Geselligkeit, Gottessuche, Sportlichkeit auf dem Surfbrett und am Berg. Unser Sohn lernte schwimmen, klettern und vieles mehr, was zum Größerwerden gehörte. Auf dieser Insel liegt seine Kindervergangenheit. Ich wünschte sie nochmals herbei, diese Zeit und ihre Tiefe.

Ewald Rudorfer und seine Frau Doris begleiteten uns jahrelang nach Korsika. Sofort nachdem uns die verschneiten Berge der Stubaier Alpen entließen, wo die Bergführerkurse alljährlich zu Wochen des gerade noch Erträglichen ausarteten, da man einfach genug von Schnee und Winter und Kälte hatte, drängten wir mit unserer ganze Sehnsucht dem warmen Süden entgegen.

Mit Ewald verbinden mich verwandtschaftliche Beziehungen, viele Urlaube und mehrere Dutzend Erstbegehungen. Ein Freund, der lebenslang im Herzen bleibt, auch wenn die Gemeinsamkeiten in späteren Zeiten weniger wurden. Ob seines trockenen, intelligenten Humors gab es mit Ewald viel zu lachen. Seine tiefe Beziehung zu Gott war oberflächlich nicht zu erkennen. Tätowierungen – Zeugnisse jugendlicher Revolution und Loslösung aus harter väterlicher Hand – legten mehr den wilden Aussteiger nahe, der er jedoch absolut nicht war.

Der beherzte, gläubige Christ war ein ausgezeichneter Kletterer, einer meiner liebsten Kletterpartner. Gemeinsam arbeiteten wir zu dieser Zeit als Lehrer im Ausbildungsteam der österreichischen Berg- und Skiführer. Ab und zu las er uns aus der Bibel vor, erklärte Zusammenhänge, lehrte uns, das Göttliche in diesem wundervollen Buch zu verstehen. Das war nicht ein Lesen, es war ein Entdecken. Ein Forschen. Ein Auftanken. Es waren Segnungen. Es war, als hätte Gott uns berührt. Noch oft haben wir von der Heiligen Schrift gekostet; für den Gläubigen Ewald war in seiner sympathischen Zurückhaltung alles so einfach verständlich, für mich Zweifler vieles so verworren. Die wichtigste Botschaft war jedoch für alle verständlich, und diese Botschaft hat auch für so einen wie mich eine Hoffnung parat: jene Hoffnung auf Errettung, die dem Schächer am Kreuz zu Golgatha neben Jesus Christus seines Glaubens, seines Bekehrens wegen zur Gnade gedieh.

Die Urlaubsstimmung, das Familiäre, das Göttliche, alles war mit sehr ernsten Klettertouren gemischt. Viele Erstbegehungen in der Bavella waren die Beute jener Zeit. Über den Bavellapass führt ein kurvenreiches Berg-

sträßchen. Selten waren an den ersten Türmen nahe des Passes Kletterer zu sehen. Ging man an diesen Türmen vorbei zu den höheren, ernsteren Gipfeln, ließ sich eine erstaunliche Einsamkeit erleben. Dazu war man umgeben von Wänden, Kanten und Graten aus bestem Granit. Ein Schlaraffenland für solche, wie wir es waren. Süchtig. Neugierig. Hingezogen zu allem Neuen.

Die interessantesten Möglichkeiten waren leider oft die entferntesten. Zustiege von zwei bis drei Stunden waren keine Seltenheit. Die Bergwelt war aber von einer Beherztheit, in der das Staunen nie aufhören wollte. Höchstens auf dem Rückweg wurde das Gehen manchmal mühselig, wenn die Müdigkeit alles sonstige überlagerte.

Von Hunderten Erlebnissen blieb mir ein korsischer Bergtag besonders in Erinnerung. Wie schon oft verließen wir unser bescheidenes Häuschen am Meeresstrand nahe dem Städtchen Porto Vecchio um 4 Uhr früh. Nach einer knappen Stunde Autofahrt erreichten wir den Bavellapass. Von hier aus führt ein häufig begangener Steig an den ersten Bavellatürmen vorbei. Unter dem vierten Turm verließen wir den markierten Steig nach rechts und waren bald im weglosen, wilden Gelände. Über einige kleinere Scharten ging es auf und ab.

Wir waren in eine völlige Einsamkeit eingetaucht. Mit Ausnahme einiger Motorräder oder ab und zu schwerer Busse, die sich das steile Sträßchen bergauf plagten und bis hierher zu hören waren, umfing uns eine himmlische Stille. Einige Mufflons und später ein Wildschwein mit entzückend aussehenden Frischlingen, deren Harmonie wir für Momente störten, flüchteten in das wilde Gesträuch der Macchia.

Jenseits der Scharten stiegen wir fast eine Stunde über schwer zugängliches Gelände, von hohem Farnkraut und aromatisch riechendem Ginster bewachsen, abwärts. Dann standen wir vor einer etwa 350 Meter hohen Wand. Ein unbedeutender, wahrscheinlich namenloser Gipfel. Für unsere Zwecke nannten wir ihn Punta Ewi. Seine Wand sah beeindruckend aus. Bienenwabenartig ausgewaschener Qualitätsgranit, in halber Höhe von einem weit ausladenden Dach unterbrochen.

In der Route waren viele «Quasimodo-Stellen». So bezeichneten wir Passagen, die steil oder überhängend sind, sich aber wegen des Reichtums an Griffen und Henkeln relativ einfach klettern lassen. Dazu bot der Fels viele Löcher, man konnte Schlingen einfädeln und die Kletterei gut absichern. Die Route gehörte zu den schönsten Erstbegehungen, ein Klettergenuss vom Wandfuß bis zum Gipfel. Der Abstieg lag logisch vor uns, und es war noch früher Nachmittag – viel zu früh zum Heimgehen.

Schon am Morgen war uns eine mögliche Linie links in der Wand des Nebengipfels aufgefallen. Der Gedanke daran hatte uns zur Eile getrieben, und

es war nun logisch, dass wir ein zweites Mal einstiegen. An dieser Seite war die Wand nicht so hoch, vielleicht 250 Meter. Leider erwies sich der Fels jedoch als weniger kletterfreundlich und sehr kompliziert in der Absicherung.

Irgendwann verwelken die Bilderfluten des Erlebten, und es bleibt nur noch dankbares Erinnern.

Wie verflixt das Hakenschlagen sein konnte! Manchmal fraß sich ein Haken nach wenigen Zentimetern fest, ließ sich aber nur durch langwieriges Bemühen wieder herausschlagen. Das andere Mal hörte man den Haken satt in den Fels singen – ein Hammerschlag zu viel, und der Fels sprengte ab. So vertrödelten wir eine Menge Zeit. Letzten Endes wurde die Kletterei ein Wettlauf gegen die Zeit.

Es war 8 Uhr abends, als wir endlich wieder zum Wandfuß zurückkamen. Die Entfernung zu der kleinen Scharte, über die uns der Weg zurück zum Bavellapass führen sollte, war enorm. Im Vergleich dazu schien so mancher Stern in der klaren Wüstennacht näher und leichter erreichbar als dieser entrückte Punkt. Dabei war diese Scharte noch nicht einmal die Hälfte der Wegstrecke bis zum Bavellapass.

Mit zunehmender Beklommenheit und immer mehr Gewissensbissen führte unser Abstieg zuerst fast 1000 Höhenmeter durch höllisches Gestrüpp bergauf, bis wir schließlich in einem langen Auf und Ab im fahlen Licht der schmalen, scharfen Sichel des zunehmenden Mondes zum Bavellapass kamen. Der obligate Pastis und der Petit café noir mussten heute entfallen, die Gedanken galten unseren sich Sorgen machenden Frauen. Es war schließlich Mitternacht, als wir sie aus ihrem Bangen um uns und der schon verzweifelten Beratung, wie lange man mit einer Vermisstenanzeige noch warten sollte, erlösten. Ein Wiedersehen zwischen Vorwürfen, Erleichterung und dann doch wie sonst immer verzeihender Freude, dass wir endlich da waren.

Am nächsten Morgen trug uns das Brett wieder hinaus aufs Meer, wir flitzten über die Wellen dahin. Wenn sich auch unser Surfen von dem der Spezialisten anfangs sehr unterschied, entwickelten sich unsere Fähigkeiten nach mehreren Urlauben doch allmählich. Aus dem Surfbuch Gelerntes in die Praxis umzusetzen war nicht leicht. Mit einiger Hartnäckigkeit gelang es trotzdem. Die ersten Halsen und Wasserstarts gelangen, die Freude an der Geschwindigkeit wuchs. Am Ende freuten wir uns auf einen anständigen Mistral, der uns zu Beginn noch vom Brett gestoßen und vom Meer verbannt hatte.

Der nahe gelegene Weinbauer war natürlich auch immer einen Besuch wert. Weinverkostungen aus riesigen Fässern, das war eine Zeremonie von besonders köstlicher Natur. Dann die lauen Abende, weinselig, fromm, fröhlich, weltvergessen. Musik von Reinhard May, Herbert Grönemayer, Konstantin Wecker. Vom korsischen Wein berauschtes Philosophieren bis spät in die Nacht. Das Klettern ergänzte die blödelnde bis tiefsinnige Urlaubsatmosphäre. Eine liebevolle und lebenswerte Zeit. Hinsichtlich des Kletterns meine beste Zeit, der Esprit meiner alpinen Laufbahn.

Schwerer Abschied nach vier oder fünf Wochen. Zu gern hätten wir die Zeit festgehalten. In der letzten Woche zählten wir meistens die Tage. Mit zunehmender Wehmut hieß es wieder, dieses kleine Paradies zu verlassen. Korsika war uns mehr als ein Jahrzehnt lang zur Ersatzheimat geworden. Nirgends auf der Welt war der Abschied schwerer, die Klage um das Vergangene schmerzlicher als an diesem Ort. Bei fast jedem Abschied nahm mich die leise Angst gefangen, nie mehr zurückzukehren. Ergriffen von merkwürdigen Gefühlen wie Todesahnungen, Abstürzen, der Angst, unter einer Lawine zu sterben, vom Zug überrollt zu werden oder bei einem anderen Unglück zu sterben.

Widerwillig, aber doch endlich zu Hause. Die ersten Tage wie betäubt in bitterer Trunkenheit, trauerndem Versunkensein. In herrlich schmerzender Vergangenheitswehmut. Mein Schneckenhaus, in dem ich mich normalerweise wohl fühlte und mich mit Wonne verkroch, war plötzlich beklemmend eng. Auch war mir das kleine Städtchen Bischofshofen eine unerträgliche Zementwelt. Etliche Tage waren nötig, die Wurzeln wieder mit Freude auszubreiten.

Das Städtchen Bischofshofen, im Hintergrund das Tennengebirge.

Irgendwann verwelkten und verloren sich die angehäuften Bilderfluten des Erlebten, und es blieb nur noch verzerrtes, dankbares Erinnern oder vages Philosophieren.

Mich begleiten Erinnerungen wie unvergessliche Wanderungen. Wanderungen einerseits durch meine besten Kletterjahre, andererseits durch die schönsten Familienjahre, die vor allem mit dem Heranwachsen unseres Sohnes zu tun haben. Christian – musisch sehr talentiert – wechselte mit fünfzehn ins Sportleistungszentrum Stams und tauschte endgültig seine Klaviertasten gegen Skisprung- und Langlauflatten ein. Daheim war es ruhig geworden, viel zu ruhig. Die Klänge des Klaviers waren verstummt. Trotz meines häufigen Bergsteigens hatten mein Sohn und ich viele Gemeinsamkeiten, beim Fußballspielen, Langlaufen und bei seinem Skispringen, wenn ich Betreuer spielte. Selten waren wir Vater und Sohn, eher so etwas wie Freunde unterschiedlicher Generation. Schlussendlich entschwand mir seine Kinder- und Jugendzeit viel zu schnell.

Natürlich darf ich nicht für mich beanspruchen, der Idealvater oder der Idealehemann zu sein, ebenso wenig ein fachlich sattelfester ÖBB-Beamter. Meine drei zentralen Lebensbereiche Beruf, Familie, Berg – oder sagen wir besser Berg, Familie, Beruf – waren jahrzehntelang in einer ständigen Wechselbeziehung.

Es war schon eine Kunst, diese Dinge in ein Boot zu packen, es auszubalancieren und ohne dass es unterging über die Wogen des Meeres zu steuern. Herta hatte nach der Geburt von Christian, abgesehen von kleinen Ausnahmen, mit dem Bergsteigen aufgehört. Sie hatte jedoch meine Sucht danach akzeptiert, mich verstanden und diese Leidenschaft als einen Teil von mir angenommen. Als unser Sohn seine sportlichen Aktivitäten spezialisierte und an den Wettkämpfen teilnahm, waren meine Anwesenheit und Betreuung unentbehrlich geworden. Es war für mich und meinen geschundenen Körper recht gut, einige Monate mit dem Bergsteigen zu pausieren – auch um des Chaos im Hirn wieder Herr zu werden, Platz für neue Ziele und neue Motivationen zu schaffen.

Langlaufen ist ein wunderschöner, unkomplizierter Sport, gelenkschonend und vor allem ungefährlich. Kein ungutes Gefühl in der Magengrube, kein Grund zu irgendwelchen Ängsten. Stressfreies Dahingleiten durch die winterlichen Wunderwelten in einer maschinell angelegten Spur. Bald lockten mich selbst die Wettbewerbe. Sich mit Gleichaltrigen zu prüfen, egal welcher Altersklasse man angehörte, war eine wertvolle Erfahrung. Bei Solobegehungen war ich aus der Freude heraus hie und da auch gebolzt, obwohl ich normalerweise geplante Rekorde ablehne. Die Gefahren sind nämlich nicht zu unterschätzen.

Gerade hinaufzusteigen ist zwar rationell, aber genauso schnell lässt es den Puls in den anaeroben Bereich steigen. Begleitend wird die Geistesgegenwart eingeschränkt, das Denken gehemmt, und die Kletterbewegung wird unkontrollierter. Im Langlauf passieren ja auch gerade dann Stürze, wenn man die Konzentration verliert. Nur ist es da egal, man befindet sich am sicheren Boden.

Um aber Erfolge im Langlauf zu feiern, muss man, wie im Bergsport auch, mit Haut und Haaren zu der Sache stehen, angefangen mit einer langen Vorbereitung in den Sommer- und Herbstmonaten über eine geeignete Ausrüstung bis hin zur entsprechenden Ernährung. Für mich war es ein Schnuppern in eine andere Wirklichkeit, in eine von der Zeit diktierte Welt. Den eigenen Schweinehund zu überwinden ist ja auch beim Bergsteigen nötig, aber respektvolle Versuche, gegen die Langlauf-«Urviecher» zu gewinnen, waren eine neue Erfahrung, eine neue Herausforderung und eine gehörige Portion an Motivation und an Freude.

Zwischen den Wettbewerben ging ich auf Skitour, zu Steilwandabfahrten und wenn das Wetter sehr gut war zum Klettern. Lange hatte ich geglaubt, mit dem Bergsteigen das ganze Glück dieser Welt in den Händen zu haben.

Heute sind diese Geschehnisse auch nur mehr Erinnerung, vermerkt und beschrieben in einem Stapel von Tourenbüchern. Ein Bündel an Erinnerung und Sachlichkeit, wie der Bildersack Hawelkas damals ... Ein Dokument jener Jahre, in denen, so scheint es heute, doch alles anders gewesen war. Nicht so kompliziert wie heute, nein, viel lebendiger, lustiger, lebensfroher. Ihnen gemeinsam war eine Abenteuerahnung, die heute, durch die gewonnene Erfahrung und eine sachlichere, realistischere Betrachtungsweise, größtenteils verloren gegangen ist.

Der Berg war mir die Quelle sowohl vieler Glücksmomente als auch banger Kreuzigungen. Ob es dem Altwerden zuzuschreiben ist, dass ich mein Tun immer öfter bezweifle? Immer wieder ertappe ich mich dabei, diese Zeit der Kraft, die allmählich von mir wich, zu hinterfragen.

Die meisten Jahre meines Lebens waren mit Bergsteigen ausgefüllt, im Denken, in theoretischen Arbeiten und im praktischen Unterwegssein. Tausende von Klettertouren. Allein im Jahre 1990 gelangen 91 Erstbegehungen und zusätzlich noch normale Bergtouren, Skitouren, Steilabfahrten. Euphorisch habe ich die Berge, ja die ganze Welt umarmt und den Himmel und auch die eine oder andere Frau dazu.

Am Berg habe ich als junger Mensch mein Ich gefunden und die Kraft geschöpft, um dieses Ich im Tal verteidigen zu können. Mein Bergsteigen strebte nie nach Sensationen, nie nach Popularität, und es suchte nie das Laute. Angesichts des seelenfressenden gesellschaftlichen Treibens und der Verpflichtungen spürte ich Widerstände, Hemmungen und Verweigerungen in mir.

Ob mir der Berg auch des Öfteren die Sicht auf andere, vielleicht wichtigere Dinge verstellte? Ich weiß es nicht. Jedenfalls gab es keine wünschenswertere Lebensvision für mich. Es wäre auch nicht korrekt, Gewesenes durch Nichtgewesenes in Frage zu stellen.

Meine vielen Wege sind nicht mehr als Stückwerke, die zusammengefügt auf Zeit den Lebensweg ergeben. Es sind bei weitem nicht die geebneten, gesicherten oder breiten Wege, die mit Freuden und Glücksgefühlen verbunden sind. Das höchste Glück widerfährt einem meistens da, wo man es am wenigsten zu finden hofft. Glück ist zumeist auf Momente abgestimmt. Manchmal sind es geschenkte Kleinigkeiten, dann wieder lässt sich nichts im Leben schwerer erarbeiten als Glück. Damit meine ich nicht oberflächliches oder käufliches Glück, sondern dankbares, tiefstes Glücksgefühl. Völlig relativ in seiner Größe. Glücksgefühle, die auch nach vielen Jahren noch im Stande sind, Gänsehaut zu verursachen.

Der Rand des Lebensdaches nähert sich unerbittlich, und der Blick in die Abgründe offenbart uns vieles, lässt es uns aus veränderter Perspektive betrachten. Nicht dass mein heutiges Leben weniger schön wäre, weniger Qualität oder Inhalt hätte. Jedes Gewonnene gibt man im Verlauf des Lebens Stück für Stück ab, aus jedem Ende entwickelt sich wieder ein Neubeginn, ein Freiraum mit neuen Hoffnungen, neuen Erfüllungen, neuem Sinn.

Mein Körper verbietet mir inzwischen vieles, setzt mir Leistungsgrenzen. Lange Zeit in meinem Leben gaben mir meine Süchte und Sehnsüchte die Wege vor. Heute hat der Körper die Funktion übernommen, mich in meinen Tätigkeiten zu mäßigen. Mein Leben ist zum größten Teil passiert und so passiert, wie es eben geschehen musste, so wie ich es gewähren ließ, mit allen seinen positiven und negativen Seiten, oft nur den Bergen ergeben oder den Gefühlsströmungen meines Inneren hingegeben. Wirklichkeiten wuchsen zu brennenden Ideen, und Ideen gediehen zurück zur Wirklichkeit mit all ihrer Last, ihrer Spannung und ihrer Verzauberung.

Das Bergsteigen bewahrt in mir noch immer das vielleicht Mögliche, das große Geheimnisvolle und das Angst machende Unvorhersehbare, und so wird auch das Ahnende und vor allem das Hoffende tief in mir erhalten. Aber um dies zu erfahren, muss man nicht unbedingt Berge erklettern. Diese Erfahrungen lassen sich in gleicher Weise auch im Alltag erleben. Das Leben ist uns für gewisse Zeit gegeben, es schenkt Zeiten des Nehmens und des Gebens und straft mit Zeiten des Loslassenmüssens. Zu Zeiten wird mein Bergsteigen heute durch einige gesundheitliche Probleme erschwert. Nicht dass mir ein Jammern zustünde, denn ich selbst habe an meinem Schicksal mächtig gebastelt. Meine Vergangenheit büße ich heute. Nun, es ist, wie es ist, und dieses «Ist» habe ich heute und morgen zu leben. Meine Vergangenheit ist Gegenwart und Zukunft. Die Abnützung sind Jahresringe meines gelebten Lebens.

Das bedeutet jedoch nicht, mich deshalb in Wehleidigkeit zu verlieren. Im Gegenteil, dieser Istzustand fordert mich auf, das Beste aus ihm zu machen. Inzwischen habe ich gelernt oder lernen müssen, und das Bergsteigen schenkt mir heute nicht nur eine Leidenschaft, die ich nicht missen möchte, sondern eine wichtige, ja geradezu notwendige Gesundheitstherapie. Nichts kann den Bewegungsapparat besser unterstützen als ein gutes Muskelkorsett. Um sich das aufzubauen, besteht die unumgängliche Notwendigkeit eines präzise abgestimmten Trainings.

Der Alpinismus zielt nicht darauf ab, neue Rekorde oder Höchstleistungen vollbringen zu müssen. Alpinismus hat neben seiner abenteuerlichen Sportlichkeit oder sportlichen Abenteuerlichkeit – je nachdem, wo die Gewichtung liegt – Bedeutung für die Kultur, die Philosophie und als Lebensschule. Für mich war er das Leben. Alle die vielen Wege, die begeisterndsten bis hin zu den widerwärtigsten, die ich gegangen bin, habe ich auch in mir selbst, bis in mein Innerstes durchlebt. Sie sind der Stoff, der heute meine Lebensphilosophie schreibt.

Abgesehen von einigen Seitensprüngen des Sanierens, die ich jedoch nicht als Abkehr von meiner Philosophie verstehe, bin ich dem ernsten Stil bis heute treu geblieben und habe das auch durch Hunderte von Erstbegehungen manifestiert. Doch jene Selbstverständlichkeit, mit der in den großen Jahren viele Wege gelangen, ist löchrig geworden. Das Leben hat mit so manchen fundamentalistischen Standpunkten und Sichtweisen in mir aufgeräumt. Das Leben verändert Standpunkte. Manches erhält auch durch Einflüsse des Alterns andere Werte, eine andere Gewichtung, eine andere Notwendigkeit oder eben eine Nichtigkeit. Verschiedene Geschehnisse und Schicksale zwingen zum Loslassen, zwingen zum Entrümpeln festgefahrener Gewohnheiten und scheinbarer Notwendigkeiten.

An mir selbst spüre ich heute eine stärker am Leben hängende Abhängigkeit. Einen Hang zum spießbürgerlichen, ängstlichen Sicherheitsdenken, das in früheren Zeiten nicht annähernd in dem Ausmaß vorhanden war. Flüchtig wurde jener Bewusstseinszustand des höchsten Glücks, der tiefsten Freude, der innigsten Hingabe und jenes Wegtreten, in dem das Sterben ein Teil tiefsten Lebens war und auch annehmbar erschien.

Wenn Nahestehende mich verlassen und dann nicht mehr bleibt als ein Grab, um innezuhalten, dann drehen sich die Gedanken manchmal um das eigene Ableben. Denn das Zeitliche endet schnell, dann hat es sich ausgeklettert, ausgeträumt, ausgeliebt und ausgelebt. Wehe mir, wenn nicht wenigstens eine Hoffnung, jene des Schächers auf Golgatha, bleibt für jene bittere Zeit zwischen dem Leider-sterben-Müssen und dem Endlich-sterben-Dürfen. Zuweilen trage ich die bangen Wunschmomente in mir, wenigstens einen schönen Tod zu sterben. Dem Leben einfach entschlafen zu können. Nicht leiden wie Mutter oder Vater und büßen müssen, dass ich ein viel schnelleres Ende durch einen Absturz am Berg versäumt habe, wie etwa jene früh Gegangenen, deren Abschied aus dem Leben man bedauert, betrauert und beweint hatte. Was wäre dies für eine jämmerliche Moral, ihren frühen Tod am Ende noch mit Neidgefühlen zu begrüßen? Allein der Gedanke daran beschämt.

Nicht dass sich allzu große Torschlusspanik oder Todesangst einschliche und ich mich mit bald sechzig alt fühle. Gerade das Bergsteigen bietet in späteren Jahren ein breites Betätigungsfeld, das man seinen begrenzten Möglichkeiten anpassen kann. Nicht das Leben selbst macht wirklich alt, auch nicht das Bergsteigen, nein, im Gegenteil, es hat mir über die Jahre viel an Jugendlichkeit gerettet. Was wirklich alt machen kann, sind die Arthrosen oder andere Krankheiten, die so urplötzlich da sind, die zu einer Hilfsbedürftigkeit führen, die man für sich nie in Betracht gezogen hätte. Wenn Krankheiten über Körper oder Geist kommen und allen Enthusiasmus und alle Kraft aus dem Körper saugen, lässt das uns das Leben aus einem anderen Blickwinkel betrachten, lässt uns ins Grübeln kommen, an den Tod denken und entlarvt so manches ehrgeizige Streben als Eselei.

Während meiner langen Zeit des Bergsteigens hatte ich mich nie ernstlich verletzt, es waren fast alle Ziele gelungen, aber trotzdem ging nicht immer alles nach Plan. Außer meinen chronischen Gesundheitsmängeln hatte ich zweimal einen Leistenbruch, und das jedes Mal während eines Jordanien-Aufenthalts. Der erste Bruch war nicht ungefährlich. Es war am Ende des Urlaubs, der Unterleibsschmerz war heftig, und ich konnte anfangs nicht feststellen, von wo der Schmerz ausging. Zuerst glaubte ich, es wäre wieder ein Bandscheibenvorfall, der Schmerz fühlte sich jedoch irgendwie anders an. Erst zwei Tage später bemerkte ich in der Nähe der Hoden eine kinderfaustgroße Beule, die aus dem Bruch getreten war. Ein Teil des Dünndarms, wie mir später der Arzt bestätigte. Mit Müh und Not gelangte ich noch in ein Krankenhaus meiner Heimat, wo ich auf der Stelle notoperiert wurde.

Chronische Leiden wie Magengeschwüre und Stirnhöhlenentzündungen begleiten mich seit Jahrzehnten. Man lernt damit umzugehen und zu leben. Besonders aber bei Expeditionen auf hohen Bergen hatte ich stets mit ihnen zu kämpfen. Ein ähnliches Problem ergab sich bei meinem zweiten Oman-Urlaub. Eine Vereiterung der Nebenhöhlen hatte sich verkrustet, und ich hatte diese Krankheit weiß Gott wie lange verschleppt. Erst im Oman, durch die große Hitze, löste sich diese Verkrustung, ich habe Eiter gespuckt, wusste jedoch nicht, woher er kam. Meine Bronchien wurden befallen und entzündeten sich, was wiederum arge Atembeschwerden hervorrief. Schon nach der ersten Neutour verließ ich traurig die schönen Berge Omans, meine vielen Ziele und meine Freunde Oswald Oelz, Hans-Peter Eisendle und Sigi Brachmayer.

Zu Hause herbstliches Schönwetter. Die Berge waren so nahe vor der Haustür, aber es ist immer wieder erstaunlich, wie diese Berge, von einem zum anderen Mal, unerreichbar fern sein konnten.

Irgendwann im Alter wird man von allen Jugendsünden, die man sich in den hochmütigen, unersättlichen und uferlosen Jahren erlaubte, eingeholt. Wenn ich vom Altsein spreche, meine ich damit mein alpines Alter und die damit verbundenen Schwächen, die mir heute einiges verbieten. Ich meine damit nicht mein Pensionärsleben, das ich möglichst auch noch genießen möchte, aber in dem ich doch erst lernen muss, meine noch recht hohen Ansprüche abzubauen, dem anderen Leben gerecht zu werden.

Mit großer Erleichterung haben wir die Sanierungsarbeiten abgeschlossen. Immer öfter bin ich selbst froh über gut gesicherte Routen. Routen, die ich mit siebzig noch klettern könnte, würde mir das gesundheitliche noch geschenkt sein. Oftmals fühle ich mich aber heute schon wie siebzig und aller athletischen Grundsubstanzen verlustig gegangen. Die sanierten Klettereien sind dann das einzige mir Mögliche, und ich kann diese Annehmlichkeiten mit großer Freude genießen.

Vergleiche ich meine heutige Initiative mit jener früherer Jahrzehnte, darf ich mich schon eher als einen dem alpinen Geschehen Außenstehenden bezeichnen. Zunehmend liegt meine Motivation zum Bergsteigen genauso oft im Lassen wie im Tun. Und manchmal gelingt es mir schon, einer von jenen Menschen zu sein, die kein schlechtes Gewissen drückt, wenn ein Schönwettertag irgendwo im Tal verplempert wird.

Noch ist das Ruhelose früherer Zeiten nicht ganz entflohen. Allerdings hat heute die Auseinandersetzung zwischen der Verwirklichung oder Unterlassung meiner Ziele, meiner Träume, meiner Illusionen eine andere Qualität. Ich lebe heute in einer Art Erntedankzeit, die Früchte, die in meiner Reichweite lagen, sind eingesammelt. Allerdings lauert das stumme Verlangen immer noch in mir, mich mit jenem Frohmut meiner besten Jahre in die Fänge des Abenteuers zu werfen und alles zu verhöhnen, was nach Gefahr riecht. Vom alten Zauber besessen, spüre ich den Lausbuben in mir, der mit Pfeil und Bogen durch den Wald streift. Der den Drang zum ein wenig Verrücktsein spürt. Nirgends ist das Verrücktsein leichter als oben am Berg.

Vom Rausch vergangener Wirklichkeiten eingeholt, kann ich ab und zu, süchtig wie früher, zu einer verwunderlichen Form auflaufen, und es gelingt mir, aus einem gewissen Sattsein herauszuflüchten. Die beste Zeit dazu ist noch immer nach meinen jährlichen Therapie- und Trainingswochen im Frühjahr und Herbst auf der griechischen Insel. Das Laufen zur Wand ist eine gute Vorbereitung zum winterlichen Langlauf und das viele seilfreie Klettern das beste Training und die perfekteste Vorbereitung für meinen Anspruch im Alpinismus. Nach diesen Trainingseinheiten gelangen mir in den letzten Jahren allein und in Seilschaft sozusagen schon außer Konkurrenz extrem anspruchsvolle Routen wie die «Royal Slabs» in der Hochkönig-Südwand oder die «News», eine Überschreitung der Mandlwand auf neuem Weg, einige Etappen davon im Alleingang. Oder mit Sigi Brachmayer in der Nordwand der Torsäule die Routen «Nervenkitzel», «Moral Top» und der «Direkte Nordpfeiler». In einer solchen Phase gelang auch die schon erwähnte Neutour durch die Nordwand des Teufelskirchls mit dem bezeichnenden Namen «Kein Platz für Idioten».

Ob in Jordanien, im Oman oder in den Alpen: Alle diese Wege liegen im Bereich des siebten und achten Grades, alle diese Wege sind keine Superlative und schon gar keine Sensationstaten, allein der Stil der Erstbegehung ist heute durchaus extravagant. Die Steigerung der Extravaganz bieten die Solo-Erschließungen. Kreationen wie die Route «Berta, Peter, Paul» in den Eiskarplatten und vor allem die Route «Freier als Paul Preuß» in der Wetterwand auf teilweise neuem Weg und mit Ausstieg direkt über die steilen Platten des zentralen Pfeilers zählen dann doch schon zu den Alterstorheiten.

Was ich da in meiner verbliebenen, erbärmlichen Wenigkeit begehrte oder von mir forderte, waren immer noch oder sind gerade heute Trauben, die sehr hoch hängen. Verbunden mit dem Aufglänzen des Alpinismus sind heute mehr als je zuvor Zweikämpfe in mir auszufechten zwischen der dahinfunktionierenden Existenz und dem unverschämten, erbarmungslosen Leben früherer Tage. Trotz meines alpinen Greisenalters lodert das alte Feuer zu manchen Zeiten wieder auf. In dem Maß, in dem ich Angst spüre, reizt es mich, zieht es mich hin, lasse ich die alte Wildheit neu aufblühen, fliehe aus meiner eigenen Spießigkeit mit der Absicht, dem flüchtigen Leben noch einmal eins auszuwischen.

Dem Unwiderstehlichen ergeben, lässt sich der Unvernünftige allzu leicht nötigen, um auf Biegen und Brechen die eine oder andere Situation gelingen zu lassen. So machte ich im fortgeschrittenen Alter noch einige sehr anspruchsvolle Erstbegehungen. Allerdings war ich nie mehr wieder in einer derart lebensbedrohlichen Situation wie damals in der Route «Neue Dimension in Solo». Seit diesem Erlebnis hatte ich großen Respekt und Angst vor jenen Verlockungen, auch Angst vor meinem Mut, der verschiedene Dummheiten immer wieder herauszufordern versuchte. Daran ändert auch die Tatsache wenig, dass ich immer dann am stärksten, aber auch am ruhigsten war, wenn ich mich tief ins Risiko und in eine scheinbar aussichtslose Lage gebracht hatte.

Meine zwei letzten großen Wege gelangen in der Wetterwand am Hochkönig. Die Route «Freier als Paul Preuß» erhielt mit den neuen Direktvarianten und dem Einstieg über die «Ein bisschen Marmolada» – eine Erstbegehung, die ich 1986 mit Walter Aschauer geklettert war – eine außergewöhnliche Linie. Allerdings besteht zweimal die Möglichkeit, über eine leichtere Route aus der Wand zu flüchten, was dem Weg etwas an Ernsthaftigkeit nimmt. Auch waren mir einige Teilstücke von früheren Begehungen geläufig. Außerdem hatte ich – wenn auch die Ausstiegsplatten zunehmend glatter und steiler wurden und das Hinaufkommen bis zum letzten Klettermeter nicht mit Sicherheit vorhersehbar war – immer ein absolut sicheres Gefühl. Auch weil mir die Rückversicherung, jeden Meter, jede dieser Kletterstellen, die eher Gefühl und Vertrauen als Kraft und Muskeln brauchten, auch im Abstieg klettern zu können, eine wichtige Zuversicht schenkte. Trotzdem gehört diese

Der Eintrag zur Route «Freier als Paul Preuß» im Tourenbuch von 1986. Im Jahr 2001 begradigte ich sie im Alleingang mit direkten Varianten.

Solobegehung insgesamt zu meinen größten Erlebnissen, auch wenn ich diesmal, wie es sich für einen Alten ziemt, ordentlich bekleidet war.

Im Tourenbuch steht zu jenem Junitag 2001 unter anderem: «Ich sah mich kleiner und kleiner, armseliger und einsamer werden, während die Felsmauer um mich immer größer, steiler und mächtiger zu wachsen schien. Furchteinflössend überschaubar und steil lag die letzte Platte vor mir, die schwerste und steilste einiger übereinander liegender Plattenfronten. Unwillkürlich ließ mich der Anblick die Schritte leiser setzen, so als fürchtete ich, dass ich die wenigen von unten sichtbaren Unebenheiten verschrecken und alles Haltbare hinschwinden könnte.

Bald schwand mein Argwohn in ein zuversichtliches Hoffen, denn wenn man genau schaute, ergaben sich überall Strukturen, die scheinbare Glätte des Felsens löste sich auf. Überall Griffe und Tritte. Der Weiterweg ergab sich als Selbstverständlichkeit. Obwohl die Schwierigkeiten meistens im sechsten, manche Stellen nahe am siebten Grad lagen, war das Klettern ein Steigen, beinahe ein Gehen.

Ein ganz steiles Steigen und Gehen. Herrlich, wie wenig Kraft nötig war, um in dieser fast senkrechten Steilheit vorwärts zu kommen. Viel wichtiger als die Kraft war das Vertrauen, ob das bisschen Gummi der Slicks am Fels die nötige Reibung findet. Und vor allem der Glaube daran, dass die Möglichkeiten, die ein Klettern erlauben, nicht versiegen.

Das vielleicht Wesentlichste meines Unterwegsseins war jedoch, die bewusste Sicherheit zu haben, allen im Aufstieg gekletterten Metern im Notfall auch im Rückwärtsgang, im Abstieg, gewachsen zu sein. Das war jenes wichtige Vertrauen auf mein Können, das dem Unternehmen, dem Grenzgang, wenn man es so bezeichnen will, das Heldenhafte nahm. Diese Sicherheit gab dem Klettern eine Leichtigkeit, jene Leichtigkeit, die, wenn die Form und der Glaube ans Tun stimmen, auch beim Laufen oder zum Beispiel beim Skispringen fühlbar wird und so zu einer Freude und einem Glücksgefühl wächst.»

Wenn diese Beispiele des Laufens und des Skispringens im Tourenbuch zu lesen sind, dann mit dem Hintergrund, weil alpines Klettern körperlich sowie aus mentaler Sicht aus einer ähnlichen Kombination von Ausdauerleistung und Schnellkraft, unterstützt noch von der nötigen mentalen Stärke, besteht. Gelingt es, diese Eigenschaften mit dem jeweiligen Ziel optimal abzustimmen, dann wird das Klettern zur unendlichen Leichtigkeit.

Kurze Zeit später, am Pfeilerkopf, der die Steilwand abschließt, wo mich nur mehr die verbliebenen Reste der Gipfelwechte vom höchsten Punkt trennen, wurde der Rausch des soeben Erlebten, meine Glückswolke, von einer neuen Begierde, einer neuen Verlockung gestört. Nicht weit entfernt gab es eine Plattenfront links der Route «Freier als Paul Preuß», und durch diese Wand kletterte ich das Jahr darauf mit meinem alten Freund Sigi.

Unsere Wildheit hatte sich mit den Jahren langsam gelegt. Nicht geändert aber hatten sich die schlichte Ausrüstung und die bewährte abenteuerliche Einstellung, die das Risiko nicht ausschließt. Ein Tun, das keine großen Worte braucht, sondern ein Wollen und viel mehr noch ein Dürfen, das in Bescheidenheit den Alpinismus leben lässt.

Wie Kunst kann man auch Alpinismus nicht einfach machen. Der Alpinismus muss entstehen dürfen, wachsen in der Harmonie zwischen Berg und Mensch. Es ist eine Frage des Talents, der Gabe, eine seltene, von Gott geschenkte Gunst. Genauso geschenkt wie alle Widersprüche, alle Ecken und Kanten in mir, die das Leben oft so schwierig machten, aber auch zum Aufblühen, zu Tausenden Neugeburten, zu Tausenden Toden, zu Tausenden Abschieden und Tausenden Ankünften verhalfen.

Wie schon so oft standen wir noch lange vor der Wand, jeder in seiner eigenen feierlichen, fast heiligen Stille, Hingegebenheit und Andacht. Ich fühlte endlich wieder einmal jene damals oft gefühlte Freude über einen sehr großen Erfolg und über jenes Glück, das große Risiko unbeschadet überstanden zu haben. Das große Erlebnis in uns nachwirken lassend, erfüllte es uns mit Dank, aber auch mit Wehmut. Eine bange Ahnung, die mir sagte, dass sich so etwas in dieser Größe und Sattheit in meinem Leben nicht mehr wiederholen würde. Der Name, den wir der Route gaben, entsprach auch der Situation. «Nachspielzeit» – ein Nachspiel einer Zeit vieler, vieler Erstbegehungen. Jede einzelne diente allein dem Zweck, Abenteuer zu erleben. Abenteuersüchte zu befriedigen. Abenteuergeschwängerte Luft zu atmen, mit Neugier und Spannung, die Sinne fixiert auf das Unheimliche, das Unentdeckte, das Unerwartete, das auf leisen Sohlen Schritt für Schritt näher kam. Sehnsüchte in mir zu erfüllen und Glücksmomente zu hamstern. Aber auch nur meine als Knabe oft gemalten Wunderblumen in dunklen Höhlenwelten zu gießen.

Tausend neue Wege zu finden ist nicht mein Bestreben. Vielleicht werden die Abenteuer die Zahl erfüllen, es ist ohne Bedeutung für mich. Wir leben in einer Zeit der Zahlen. Die Berge erlangen eine Bedeutung, sobald die Höhenquote 8000 überschritten ist. Der Schwierigkeitsgrad, sobald er zweistellig wird. Und tausend Erstbegehungen ließen sich prächtig verkaufen. Im Grunde machen nicht Zahlen, nicht Rekorde, nicht der damit verbundene Kommerz das Bergsteigen reich und lebenswert. Für mich sind es jene nach wie vor unerstickten Werte und Leidenschaften, die dieses Buch mit meinen Worten auszudrücken versucht.

Trotz der Demut und der Dankbarkeit, die mich während meines Bergsteigerdaseins immer begleiteten, war in der damaligen Erfolgsverwöhnung und Unerschöpflichkeit der Möglichkeiten doch alles schon ein wenig zum hochmütigen Selbstverständnis abgeglitten. Heute Erlebtes nehme ich mit viel mehr Dankbarkeit und als viel größeres Geschenk an.

Wie oft habe ich dieses Gefühl erlebt, in der Vollbrachtheit des Tages, erfüllt von Erleichterung, die vergangenen Stunden zu betrachten, Abschied nehmend die Wand zu bestaunen, nicht mehr als Ahnender, sondern als Wissender. Ein letztes Mal, gefesselt im Vergänglichen, nochmals vor diesem schaurig-schönen, romantischen Bild das Spiel der Gefühle fertig zu kosten. Stärker als früher spüre ich die Leere, die jedes Vollbrachte erzeugt, und die schmerzliche Wehmut in der Freude über das vielleicht letzte Gelungene dieser Größe. Ein Gemisch von nachtrauerndem Glücklichsein über Gewesenes, Erreichtes und der Freude auf das Heimkommen in die Geborgenheit meiner Familie. Sich fallen lassen, lachen oder weinen, mit einem innerlichen Glücksgefühl. Festlichkeit und unendliche Müdigkeit, als käme ich vom höchsten Berg der Welt zurück, aber auch mit dem Hauch eines schlechten Gewissens, mich wieder einmal weit übernommen zu haben. In solchen Momenten tut es gut, Hertas Zuneigung, Mitleid und Liebe zu spüren, mich mit ihr zusammen herrlich zu vereinsamen und mich in tiefster Dankbarkeit in mein Schneckenhaus zu verkriechen, an dem die Welt vorbeiziehen möge.